日本史の現在 1
考古

山川出版社

『日本史の現在』(全6巻)刊行にあたって

二〇二〇年から始まった新型コロナウイルス感染症の拡大、二〇二二年に起きたロシアによるウクライナ侵攻、二〇二三年のパレスチナ・イスラエルの紛争の激化など、予想もできなかった事態がつぎつぎと起こり、私たちは、世界が、日本がどこに向かっていくのかわからない、きわめて不安な時代に暮らしています。その中で改めて歴史を考えることが重要なのではないでしょうか。現在に生きる私たちは、過去の「歴史」に問いかけることで、未来への手がかりを探すことができるのです。

「歴史」は日々、様々な研究がなされ、その積み重ねのもとに形成されていきます。ただ、歴史叙述は決して不変のものではなく、新史料の発見や史料の解釈、発掘調査などの研究の進展により、書き改められていくのです。

身近なところで、歴史の教科書を例にとってみると、数十年前と今現在とでは、記述内容が変わっている箇所が少なくありません。もちろんそれは書き手による叙述の違いが理由の一つではありますが、その背後にはいくつもの研究と、その積み重ねがあります。また、一つの歴史事象をめぐっても、多角的な見方・考え方があり、その事象をどのようにとらえるか、どのように評価するか、研究者のあいだでも議論があります。

ただ、そうした研究の進展や議論のすべてが教科書に記述されるわけではありません。そこで、本企画『日本史の現在』では、そうした日本史における研究・議論を、第一線で活躍している研究者に分かりやすく解説してもらい、日本の歴史学の「現在」を読者にみなさんに紹介することにしました。本書が、日本史の研究を志す方々や、歴史教育に携わる方々、さらに日本史に少しでも興味があるすべての人に、届くことを願っています。そして、日本史を学ぶための、そしてこれからの未来を切り開くための手がかりとなれば、幸いです。

なお、本シリーズは分野・時代区分ごとに以下の6巻構成としました。
『日本史の現在1　考古』／『日本史の現在2　古代』／『日本史の現在3　中世』／『日本史の現在4　近世』／『日本史の現在5　近現代①』／『日本史の現在6　近現代②』

二〇二四年四月

『日本史の現在』編集委員
設楽博己　鈴木　淳
大津　透　山口輝臣
高橋典幸　沼尻晃伸
牧原成征

日本史の現在1　考古

目次

1 日本の旧石器時代はどこまでさかのぼるか　佐藤宏之　2

はじめに　1 最古の人類文化をめぐる論争

2 現生人類のユーラシア拡散と日本列島　3 日本列島の中期旧石器時代

4 モヴィウス・ラインとユーラシアの東西世界

5 後期旧石器時代の成立

2 旧石器人と縄文人――骨とDNAからわかること　海部陽介・太田博樹　20

はじめに　1 骨から探る旧石器人と縄文人

2 DNAから探る旧石器人と縄文人

3
土器の起源と旧石器／縄文時代区分論争
――環境変動とともに
工藤雄一郎 40
はじめに　1 縄文時代の始まりとその年代・古環境をめぐる研究史
2 縄文時代の始まりの年代と古環境との対比(現在的理解)
おわりに

4
縄文農耕論の新展開
――レプリカ法による研究の成果を中心に
中沢道彦 59
はじめに　1 縄文・弥生の枠組み　2 縄文農耕論の視点
3 レプリカ法による研究成果から　4 今後の展望

5
縄文／弥生時代区分論争
根岸　洋 73
はじめに　1 研究史上の論点　2 縄文／弥生移行期論のゆくえ
3 東アジア先史時代における位置づけ

6
弥生時代開始年代論　設楽博己　91
はじめに　1　弥生時代の始まりをめぐって
2　弥生時代開始と中期実年代論の歴史　3　歴博年代への疑問と回答
4　近年の弥生時代開始年代論　おわりに

7
倭国と冊封体制の始まり——邪馬台国問題もまじえて　上野祥史　110
はじめに　1　弥生時代の変化と内外の関係
2　漢の国際関係と倭　3　中国鏡を受け入れた日本列島
4　変化する弥生の鏡　5　古墳時代への転換　おわりに

8
三角縁神獣鏡とヤマト政権の形成　福永伸哉　126

はじめに　1　三角縁神獣鏡の認識と年代　2　小林行雄氏の研究
3　三角縁神獣鏡研究の新たな展開　4　三角縁神獣鏡の歴史的意義

9　古墳と地域経営　若狭　徹　141

はじめに　1　地域開発拠点と農業
2　ムラの暮らしと技術者たち　3　古墳時代首長の姿
4　社会に必要とされた古墳

10　古墳時代の渡来人　高田貫太　159

はじめに　1　なぜ渡来人は倭にやってきたのか
2　渡来人の実像　おわりに

11
古代における都城の成立と展開　林部　均　174
はじめに　1　古代の王宮・王都　2　条坊制都城以前の王宮・王都
3　はじめての条坊制都城、藤原京　4　条坊制都城、平城京
5　これからの都城研究――まとめにかえて

12
城郭考古学の現在　千田嘉博　193
はじめに　1　城と考古学　2　考古学と文字史料
3　城郭考古学の提唱　4　城を訪ねる楽しさをすべての人に開く

13
考古学からみた日本の近代化　櫻井準也　209
1　問題の所在　2　モノの生産と近代化
3　考古資料から日本の近代化を探る　4　展望

14 近代日本の戦争遺跡を考える　菊池　実　226

はじめに――戦争を語り継ぐために　1　戦争遺跡の調査研究
2　文化財としての戦争遺跡を考える　3　最近の発掘調査事例から
おわりに――戦争遺跡の調査研究、そして保存活用

15 アイヌ民族と琉球の考古学――比較考古学の視点から　関根達人・宮城弘樹　243

1　視点と論点　2　アイヌ考古学と問題の所在
3　考古学からみたアイヌ文化史　4　アイヌ文化の変遷と時代区分
5　アイヌはなぜ国家を形成しなかったのか
6　琉球考古学と問題の所在　7　考古学からみた琉球諸島の文化史
8　琉球はいかにして国家を形成したか

16
考古学からみたＬＧＢＴＱ　光本　順　267
はじめに　1　ＬＧＢＴＱと考古学　2　同性愛と異性愛
3　人物埴輪からみた古墳時代のジェンダーと異性装　おわりに

17
動物考古学の現在――日本列島における牛馬利用の歴史　植月　学　283
はじめに――動物考古学とは　1　日本の牛馬文化　2　馬の実像
3　死後の利用　おわりに

18
植物考古学の現在　佐々木由香　299
はじめに　1　新旧教科書の記述変更点からみた縄文時代の植物利用
2　縄文人が好んだドングリ類の地域性　3　クリとウルシと縄文人
4　水場の植物利用　5　忘れられた植物利用

6 弥生時代移行期の植物資源利用

19
縄文時代と弥生時代の食生活
――同位体分析からみた食料生産の意義
米田　穣 318

はじめに――なぜ食生活が重要か　1 縄文時代の食生活
2 弥生時代の食生活　おわりに――人類史における縄文文化と弥生文化

20
自然科学による年代決定方法の現在
國木田大 335

1 考古学における年代　2 先史時代の年代はどのように決まったのか
3 放射性炭素年代測定法の登場　4 縄文・弥生時代における実年代論争
5 放射性炭素年代測定の展望

あとがき――日本史における考古学の現在と将来
設楽博己 352

凡例

・原則として、年代は西暦を主とし、日本の年号は（ ）の中に入れた。明治五年までは日本暦と西暦とは一カ月前後の違いがあるが、年月は日本暦をもとにし、西暦に換算しなかった。改元のあった年は、原則としてその年の初めから新しい年号とした。

・教科書については、平成元・十一・二十一年告示の高等学校学習指導要領の科目「日本史A」「日本史B」は「日A」「日B」、平成三十年告示の高等学校学習指導要領の科目「日本史探究」は「日探」のように、適宜、科目名を略記した。

・本書各テーマの執筆にあたっては膨大な先行研究や文献を参照しているが、紙幅や体裁の制約から、参考文献の掲載は一部にとどまり、十分な注記はできなかった。この点、ご理解いただければ幸いである。

日本史の現在1

考古

1 日本の旧石器時代はどこまでさかのぼるか

佐藤　宏之

はじめに

日本の歴史の始まりは、日本列島で人類文化がいつから開始されたかという問題に換言することができる。最新の遺伝・形質人類学によれば、最古の人類は七〇〇万年前のアフリカで誕生し、二〇〇〜一八〇万年前頃にアフリカから脱してユーラシアに拡散を開始した。最古の初期人類は猿人のアウストラロピテクス類が主であったが、二五〇万年前頃になるとホモ・ハビリスのような初期ホモ属が出現し、ほぼ同時に最古の石器がつくられた。オルドワンと呼ばれるこれらの石器は人類が生み出した最古の道具であり、この時期から考古学上の時代区分である旧石器時代が開始される。旧石器時代の継続年代や細別呼称は世界各地で異なるが、おおむね主体者である人類種と石器群の内容の差にもとづいて三期に区分することが通有で、ユーラシア東部においては、ホモ・エレクトスなどの原人が文化の荷担者であった前期旧石器時代(一八〇万～三〇万年前)、ネアンデルタール人やデニソワ人などの中期旧石器時代(三〇万～四万年前)、そして現生人類(新人)ホモ・サピエンスただ一種が支配した後期旧石器時代(四万～一万年前)に区分される[佐藤 二〇一三]。

日本列島で人類が誕生した可能性は想定できないので、日本列島の最古の人類文化は、列島外の周辺地域から列島に渡来した人類がもたらしたものと考えられる。最近二〇〇万年間の日本は列島であるため、列島への渡来は、氷期の寒冷気候がもたらした海面低下によってアジア大陸とのあいだに形成された陸橋を介するか、あるいは海洋渡航によったと想定される。本格的な海洋渡航技術は世界的にみても現生人類によってはじめて獲得された行動的現代性の一つである可能性が高いので、後期旧石器時代以前は陸橋の存在が重要となる[佐藤 二〇一六]。

1 最古の人類文化をめぐる論争

敗戦直後に開始された日本の旧石器時代研究は、日本列島における最古の人類文化の性格をめぐって戦わされた論争の歴史とも言いかえることができる。わが国最初の旧石器時代遺跡の発掘調査であった群馬県みどり市岩宿《いわじゅく》遺跡では、当時の地質学で完新世堆積物の可能性も指摘されていた関東ローム層中から、これも十九世紀以来の基準的な人類学の定説では新石器時代の標識遺物とされていた磨製石斧に類似する遺物(局部磨製石斧)が出土したことから、早くも旧石器時代の所産であることを認めるか否かに関する存否論争が惹起された。この論争は時代呼称の問題に端的に表れ、無土器新石器時代を意味する「無土器時代」や、時代性の評価を保留して土器出現以前の時期を意味する「先土器時代」の呼称が提唱されていた。しかしながら、放射性炭素年代測定などの年代測定値の蓄積や出土層序の地質学的理解が進むと、少なくとも関東の立川ローム層中に包含される東京都板橋区茂呂《もろ》遺跡や埼玉県新座市市場坂《いちばざか》遺跡などは、後期旧石器時代の所産であるとする理解が広く支持されるようになった［佐藤 二〇一〇a］。

これら立川ローム層および相当層中の遺跡出土の資料は、主として剝片石器から構成されていたが、一九六〇年代になると、立川ローム層より下層の中期旧石器時代以前に属すると思われる地層に出土層準をもつ珪岩《けいがん》製の礫器類を主体とした資料（大分県日出《ひじ》町早水台《そうずだい》遺跡、群馬県みどり市岩宿遺跡0地点など）の存在が報告されるようになり、後期旧石器時代以前の「前期旧石器」時代の資料と主張する研究者とそれを否定する研究者とのあいだで大きな論争を巻き起こした。主として石器の人為性について問題とされ、繰り返し議論されてきた［山岡 二〇〇五、Tsirk・上峯 二〇二〇など］が、論争は現在も継続している。

この前期旧石器存否論争の渦中であった一九八〇年代になると、石器として疑いを挟みえない「前・中期旧石器時代」の石器が、宮城県下を中心に陸続と検出されるようになった。二〇〇〇（平成十二）年十一月に暴露された「旧石器捏造」の産物である。この二〇年間に捏造された石器の多くは、捏造者によって地質学的に前期・中期旧石器時代に相当する更新世堆積層の中に埋め込まれていたので、前期旧石器存否論争は存在派の勝利として喧伝されたが、それは捏造の産物を根拠としていた［日本考古学協会編 二〇〇三］。捏造事件が考古学界に与えた衝撃はきわめて大きく、捏造者が関与していない少数の後期旧石器時代以前の資料を十分に検討することなく、先験的に日本列島最古の文化を後期旧石器時代初頭からとする研究者が現在も大勢を占めている[佐藤 二〇〇二]。しかしながら筆者は、捏造資料を除いても、少なくとも列島に中期旧石器時代は存在したと考えているので、そのことにもとづいて議論したい[佐藤 一九九二・二〇一三・二〇一九・二〇二〇]。

2 現生人類のユーラシア拡散と日本列島

愛知県新城《しんしろ》市加生沢《かせいざわ》遺跡からは尖頭礫器(大型石器)や削器(小型剥片石器)などの良好な石器群が検出されており、推定年代(二〇万年前)が正しいとすれば、前期旧石器時代末から中期旧石器時代初頭の所産となり、今のところ列島最古段階の遺跡といえよう。出土した石器の技術型式学的分析、出土層序の地質学・堆積学的検証(火山灰編年、理化学的年代測定など)、遺跡形成過程の検討(地考古学研究)といった各種分析を総合すると、現在のところ後期旧石器時代をさかのぼる可能性のある遺跡は列島全域で六〇遺跡程度となり、そのほとんどが中期旧石器時代(二〇万~三万八〇〇〇年前)に属すると考えられる[Sato 2016]。後期旧石器時代(三万八〇〇〇~一万六〇〇〇年前)の遺跡数は一万一五〇〇カ所にのぼるため[日本旧石器学会 二〇一〇]、対照的に中期旧石器時代の遺跡数(=人口)は著しく少ない。これまでの定説では、中期旧石器時代はネアンデルタール人などの旧人の時代で、後期旧石器時代が現生人類ホモ・サピエンスの時代と理解されてきたが、最近の研究ではこの単純な図式は訂正をせまられている。

この定説の背景には、十九世紀中頃にネアンデルタール人が発見され、現生人類以外の異なる人類としてはじめて学会で公認された時以来戦わされてきた、ネアンデルタール人は現生人類に比べてどの程度「愚鈍」であったか、それとも現生人類に近い能力をもっていたのかをめぐる論争がある。ネアンデルタール人がなぜ絶滅したかを説明するために、当時流行した社会ダーウィニズムに強く影響された説明が求められた。両者の関係は時代とともに遠近を繰り返したが、一九八〇年代末になると、ミトコンドリア・イブ仮説で知られる遺伝人類学が提唱した現生人類のアフリカ単一起源説を契機として、両者のあいだには遺伝的関係(混血)はなく、現生人類がネアンデルタール人に置換(駆逐)したとする「交代劇」説が決定的な学説として登場した[赤澤 二〇〇五]。交代劇説によれば、現生人類は三〇万年前頃にアフリカでホモ・ハイデルベルゲンシスの系統から分かれて出現し、しばらくアフリカにとどまったのち、六万〜五万年前に一度だけ、アフリカからレヴァント(中東)を経てユーラシア全域に急速に拡散したとされた。この波が日本列島へ到達するのが、列島で後期旧石器時代が開始される三万八〇〇〇年前となる。したがって必然的に、列島の中期旧石器時代の主役は旧人でなければならない。この交代劇説に従えば、ユーラシア各地の中期から後期旧石器時代への移行の考古学的様相は断絶的でなければならないが、現実は逆であった。各地の当該期石器群にみられる考古学上の証拠は両時代の連続性をしばしばよく示していたため、考古学と人類学とのあいだで大きな論争が巻き起こった。

しかしながら最近になって、交代劇説では説明できない資料が続々と報告されるようになった。交代劇説によって説明されたユーラシア各地への現生人類の到達年代は、当然のことながら中東が古く、東に向かうにつれて新しくなる。例えば旧人が到達しなかったオーストラリア北部では、交代劇説では四万七〇〇〇年前にはじめて人類(現生人類)が到達したとされていたが、最近六万五〇〇〇年前の遺跡が発掘調査されたことが報告された。また中国南部やフィリピンなどでは、四万年前よりも古い測定年代をもつ早期ホモ・サピエンス化石骨が洞窟堆積物から出土した例が報告されている。

遺伝人類学ではさらに重要な革新があった。交代劇説の遺伝子解析が比較的塩基数の少ないミトコンドリアDNAをもっぱら対象としていたのに対して、それよりはるかに塩基数の多い核DNA(ゲノム)本体の解析が本格化すると、現生人類の核DNAにネアンデルタール人などの先行人類のDNAが一定程度寄与していたことが判明した。つまり現生人類とネアンデルタール人など先行人類との混交が確認されたのである。

以上のことから現在では、現生人類がアフリカからユーラシアに拡散したのは六万〜五万年前の一度きりではなく、それ以前にも何度もあったのであり、最初は南方の温暖な地域への拡散から始まったと考えられるようになった[Bae et al. 2017]。このことは列島の中期旧石器時代の荷担者が、旧人以外に現生人類も含まれていた可能性を考慮しなければならないことを意味している。列島では三万八〇〇〇年前になると遺跡数が急激に増加するが、これは何度かの現生人類の渡来のうち、最大の波を意味している可能性が高い。さらに現生人類と先行人類との混交が確認されたことは、ユーラシア各地の中期から後期旧石器時代への移行期にみられる考古学的様相が連続的であることとよく調和するため、列島最古の人類文化である中期旧石器時代を考えるうえで重要な知見を与えることとなった[佐藤 二〇二一]。

3　日本列島の中期旧石器時代

日本列島の中期旧石器時代は、前半(二〇万〜六万年前)・後半(六万〜五万年前)・中期から後期旧石器時代への移行期(五万〜四万年前)の三つの時期に細分できる。前半段階を代表する遺跡には、岩手県金ケ崎町柏山館《かしやまたて》跡遺跡4a文化層、同遠野市金取《かねどり》遺跡第四文化層、島根県出雲市砂原《すなばら》遺跡第一・二文化層、長崎県平戸市入口《いりぐち》遺跡4・3b文化層などが挙げられる。後半段階には群馬県桐生市不二山《ふじやま》遺跡・同みどり市桐原《きりばら》遺跡・同伊勢崎市権現山《ごんげんやま》遺跡第一地点などの北関東の遺跡のほか、岩手県金ケ崎町柏山館跡遺跡2c文化層、同遠野市金取遺跡第三文化層、熊本県人吉市大野《おおの》遺跡群最下層などが属する。柏山館跡遺跡と金取遺跡からは中期旧石器時代前半と後半の石器群が検出されているが、顕著な技術的変化は認められない(**図1**)。

中期旧石器時代石器群の特徴は、尖頭礫器・チョッパーなどの大型石器と、削器・鋸歯縁《きょしえん》石器・石錐・斜軸尖頭器などの小型剝片石器から構成される点にある。とくに求心剝離によって生産される斜軸尖頭器は東アジア北部の中期旧石器時代に広く認められる技術によく共通する。列島の中期旧石器時代の構造的特質を理解するには、広く同時代のユーラシアに展開した考古文化の技術的特徴を理解しておく必要がある。

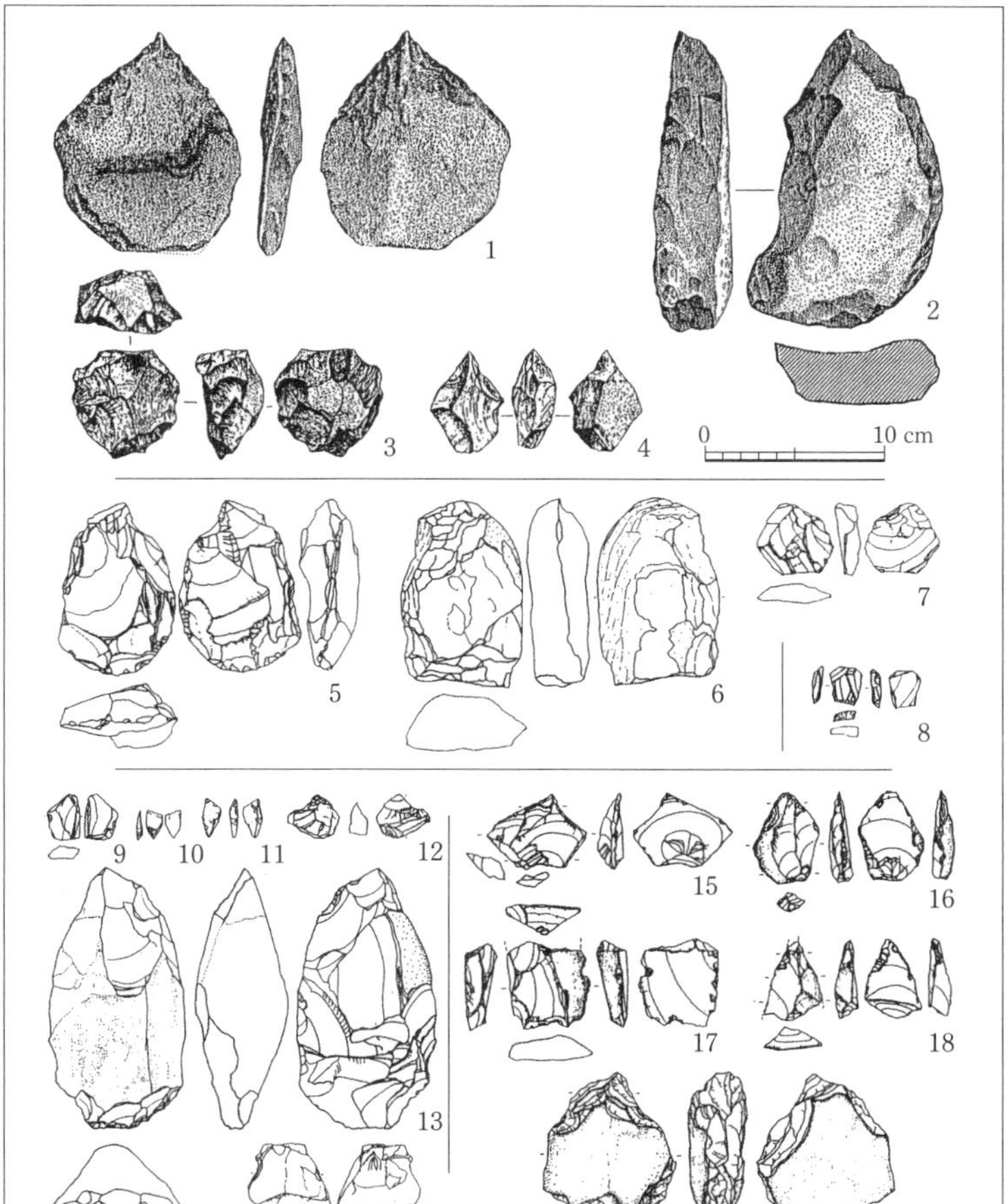

図１ 列島最古段階の石器群（前・中期旧石器時代）
1〜4：加生沢遺跡（前期末〜中期初頭）、5〜7：金取遺跡第４文化層、8：柏山館跡遺跡第4a文化層（中期前半）、9〜14：金取遺跡第３文化層、15〜19：柏山館跡遺跡第2c文化層（中期後半）。1・2・13・19：尖頭礫器、3・4：求心剝離石核、5：石斧、6：チョッパー、7・8：削器、9〜11：素刃石器、12・18：石錐、14：剝片、15：斜軸尖頭器、16：基部加工石器、17：鋸歯縁石器。（[Sato & Morisaki 2022]より）

4　モヴィウス・ラインとユーラシアの東西世界

モヴィウス・ラインの成立

二〇〇万〜一八〇万年前にアフリカからユーラシアに拡散した初期人類は、当初最古の石器群であるオルドワンを携えていたが、すぐに両面加工の石核石器でありこれもアフリカに起源した粗雑な両面体ハンドアックスを有する前期アシューリアンを携えて、北方を除くユーラシア全域に広がった(前期旧石器時代前半)。やがて五〇万年前頃になると、形の整ったハンドアックスを有する後期アシューリアン(前期旧石器時代後半)がユーラシアに出現するが、この石器群はユーラシア東部には広がらなかった。はじめて人類文化に区別が生じ、後期アシューリアンが分布する東の境はモヴィウス・ラインと呼ばれ、この時期以降今日までユーラシアの東西世界を区分する境界を形成した。

前期アシューリアンは初期ホモ属によってつくり出され、大型剝片や礫の周囲からハードハンマーによる直接打撃を加えて粗雑な両面加工のハンドアックスを成形したが、後期アシューリアンになると前期とは異なる人類種のホモ・エレクトスやホモ・エルガスターのような後期ホモ属が荷担者となり、ソフトハンマーを使ってより優美で均質な各種の両面体(ハンドアックス)を生産するようになった。後期アシューリアンが分布しなかったモヴィウス・ラインの東側では、片面加工のチョッパー(片刃礫器)と各種の剝片石器からなる礫器・剝片石器群が発達する。南中国などの一部の地域では両面体がみられることもあるが、こうした両面体は先端に刃部加工を加える以外はとくに顕著な調整加工を施さず、分厚い基部付近は素材の礫面をそのまま残置するという前期アシューリアン以来の特徴を継続して維持した(東アジア型ハンドアックス石器群)。朝鮮半島では東アジア型ハンドアックスは中期旧石器時代になってからさかんに製作されるようになるが日本列島にはみられず、代わりに列島には片面加工の尖頭礫器などが分布した。後期アシューリアンはアフリカでは九〇万年前頃には出現するが、ユーラシア西部ではそれより遅れ、五〇万年前以降になって出現した。

モヴィウス・ラインは、ハラム・モヴィウスによるユーラシア前期旧石器時代の二大文化圏説にもとづいている[Movius 1944]。モヴィウスは、一九三〇年代までに知られた前期旧石器時代ユーラシアにおけるハンドアックスやチョッパーなどの大型石器の分布を包括的に検討した結果、インド・パキスタン・中央アジアより西では進歩的なハンドアックスが発達する一方で、その東ではチョッパー主体の石器群が広がり停滞した文化が継続したとみなした。このモヴィウスの文化圏説は、古典的社会進化論にもとづきヘーゲルの「世界史」を人類進化の初めに拡張した学説であったため、大戦後になると社会進化論としては否定されたが、考古学資料の相対的な地理的分布現象の説明としては依然として有効である。モヴィウスが検討した当時考古学データがほとんど公表されていなかったロシア地域の調査成果を加味すると、今日の中国国境地帯とほぼ一致する東西世界の境界が存在することがわかり、モヴィウス・ラインと呼ばれるようになった。

モヴィウス・ラインが形成された要因は詳しくはわかっていないが、各地に広がった人類の人口がしだいに増大(=遺跡数の増加)し、各地の生態系への適応進化が進んだことを反映している可能性が高い。ユーラシアは乾燥して草原が卓越する西側世界と湿潤で森林が多い東側世界におおむね二分されるので、まずはその大局的な環境差への適応行動の違いであることは、石器等の道具構成の差異からも明らかである。草原のような乾燥地帯が広がった西側では生業に占める狩猟の比重が高く、狩猟技術の高度化にともない狩猟具を生産する石器製作技術の発達が著しいため、後期アシューリアンに続いて規格的なムステリアンや石刃・細石刃技術などがつぎつぎと誕生した。一方東側、とくに東側南部では、湿潤気候にともない森林環境が卓越する地域が多く、そこでは動物狩猟に加えて植物資源などを含む多角的な資源開発が重視されたので、石器は狩猟に特化しない、多目的で多様な用途に対応可能な礫器・剝片石器群が長期にわたり継続した。モヴィウスは前者を近代ヨーロッパ文明の祖元となる「進歩的」な考古文化とみなし、後者はインド・中国の専制帝国へと連なる「停滞的」な予兆と解釈したのである。

中期旧石器時代の東西世界

三〇万年前以降になると、ヨーロッパからロシア・アルタイにかけてのモヴィウス・ライン西側にネアンデルタール人が、同東側にはデニソワ人などの複数の旧人や原人が分布するようになった。これは人類種ごとの環境適応(適応放散)がより進行したことを反映した可能性が高い。前期旧石器時代後半に形成されたモヴィウス・ラインは、中期旧石器時代にもその基本は引き継がれるが、若干の異同をみせる。西側では規格的なルヴァロワ方式をもつムステリアンが斉一的に分布するのに対して、東側では類似するがルヴァロワ方式ではない求心剝離技術を含む各種の調整石核からなる多様な非ムステリアン石器群(東アジア型中期旧石器時代石器群)が広がっている。中期旧石器時代になると石器の主体は剝片を素材とした剝片石器となり、狩猟具と加工具が分離して、各種の石器が発達した。ルヴァロワ方式は素材となる剝片を規格的に生産する剝片生産技術の一つで、石核の片面から一定の幅広で台形状の素材剝片を連続した求心剝離によって生み出す特徴的な技術である。ネアンデルタール人に特有の技術と考えられ、とくに石核の片面のみの利用に固執する。一方、東側で発達する求心剝離技術はルヴァロワ方式に類似するが、石核の両面とも利用して多様な調整石核を生み出す点が大きく異なる。

東アジア型中期旧石器時代石器群はモヴィウス・ライン東側の北部地域で発達するが、東南アジア・南中国・スンダランドなどの南側地域では、チョッパーを中心とした礫器・剝片石器群が継続した。まとめると、中期旧石器時代のユーラシアは、①モヴィウス・ライン西側でネアンデルタール人が担ったムステリアン石器群、②同東側の北部(インド・中国北部・朝鮮半島など)で複数の人類種(デニソワ人や旧人あるいは早期サピエンス)が担った東アジア型中期旧石器時代石器群、③同東側の南部(南中国・東南アジア・スンダランド等)で複数の人類種(原人・旧人・早期サピエンス)が担った礫器・剝片石器群の三つに大別できる。

列島の中期旧石器時代は、②の東アジア型中期旧石器時代石器群にもっとも近い。斜軸尖頭器は求心剝離技術を用いて素材が剝取されるが、この石器は中国北部でも認められる。ただし尖頭礫器は③に多くみられるのも事実であり、両地域の影響を看取することができる。これはのちの後期旧石器時代への移行段階にも観察できる文化的影響関係である[佐藤 二〇二〇]。

5 後期旧石器時代の成立

中期から後期旧石器時代への移行期に属する代表的遺跡には、栃木県栃木市星野《ほしの》遺跡地層たんけん館地点、群馬県伊勢崎市権現山遺跡第2地点、長野県飯田市竹佐中原《たけさなかはら》遺跡、静岡県川根本町ヌタブラ遺跡、大分県豊後大野市上下田《かみしただ》遺跡第二文化層、宮崎県川南町後牟田《うしろむた》遺跡第四文化層などが挙げられる。いずれも火山灰編年学や年代測定などの自然科学的分析により、五万～四万年前の年代が推定されている。尖頭礫器や粗雑な打製石斧といった大型石器と斜軸尖頭器を素材とした削器や鋸歯縁石器・石錐・ノッチ・素刃《そじん》石器等の小型剝片石器から引き続き構成されており、尖頭礫器や石斧は局部磨製石斧として、小型剝片石器はより精緻な形態に整えられて後期旧石器時代初頭の石器群にも引き継がれているが、石刃は未発達である。

三万八〇〇〇年前になると日本列島各地で数多くの遺跡がいっせいに出現することは、現生人類による後期旧石器時代の本格的な開始を意味すると考えられ、石器群の製作・運用構造における二極構造の成立に、考古学的な後期旧石器時代の成立をみてとることができる［佐藤 一九九二］。後期旧石器時代前半期(三万八〇〇〇～二万八〇〇〇年前)の石器群構造の特徴は、前代の素刃石器から発達した伝統的な要素を色濃くみせる台形様石器群と新たに大陸から列島に拡散した石刃石器群の二者からなる二極構造にあり、中期旧石器時代以来の技術伝統と現生人類の有する新たな石刃技法が融合して、列島独自の後期旧石器文化を生み出した[Sato & Morisaki 2022](**図2・3**)。

ユーラシア北部における現生人類の拡散プロセスは、中期旧石器時代のルヴァロワ方式の技術伝統を基盤に生み出された石刃技術が、在地の中期旧石器時代石器群の器種を残したまま融合した初期後期旧石器時代石器群（ＩＵＰ）が、レヴァントから東へ伝播していく姿として理解できる。ＩＵＰはルヴァロワ方式を基盤としているため、ムステリアンの分布するモヴィウス・ライン西側に分布が限ら

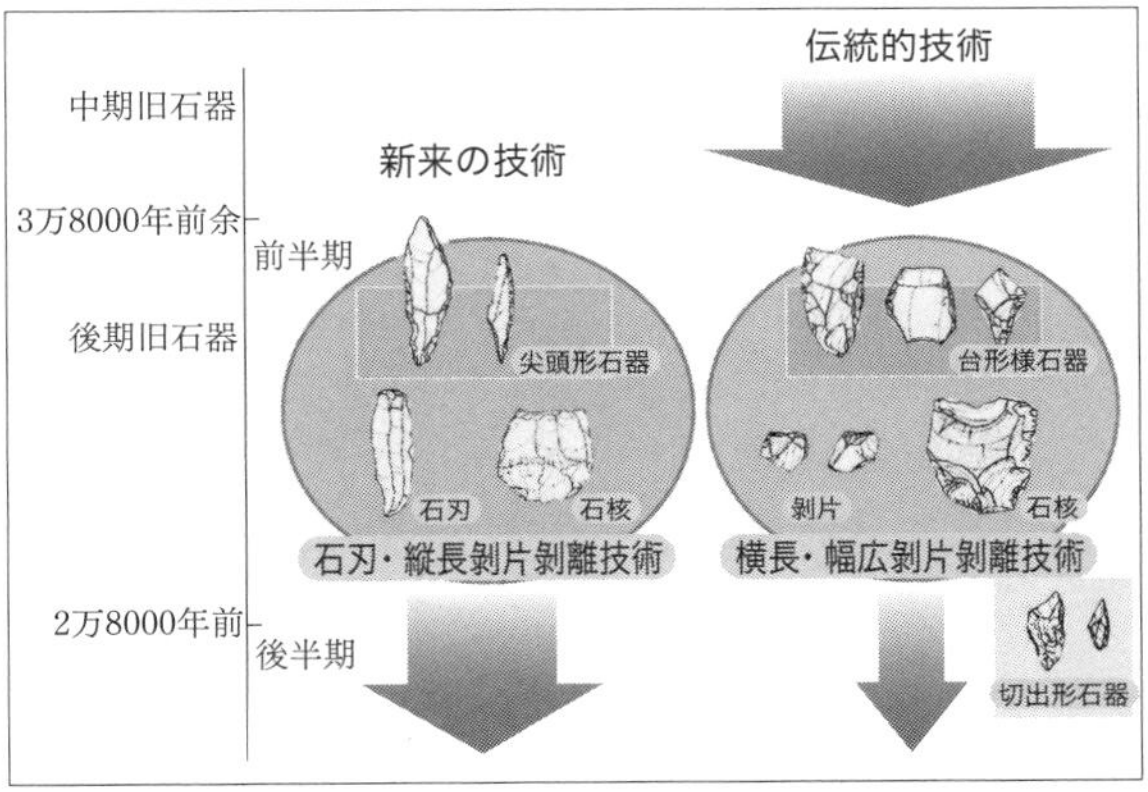

図２　二極構造　台形様石器は中期旧石器時代の系譜をもつ伝統的な技術だが、尖頭形石器は後期旧石器時代になって出現する新しい技術である。（[佐藤 2019]より）

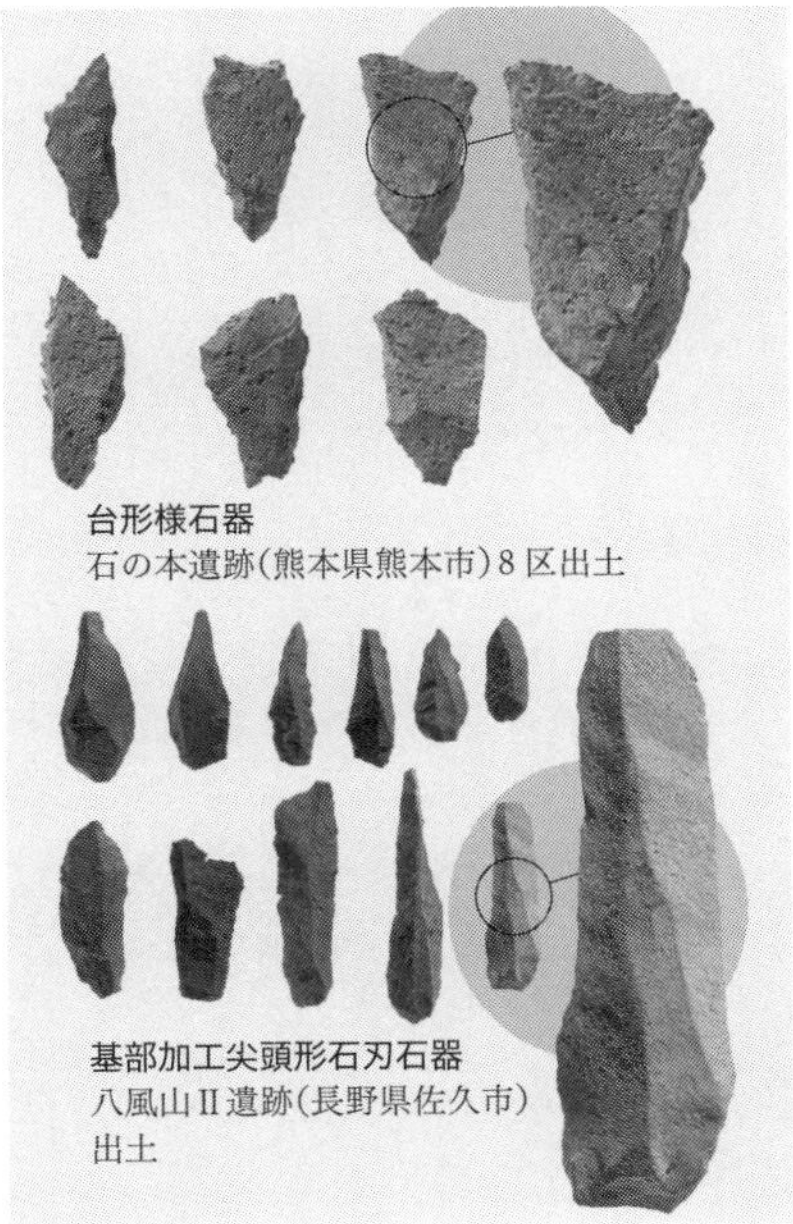

図３　台形様石器と基部加工尖頭形石刃石器（[佐藤 2019]より）

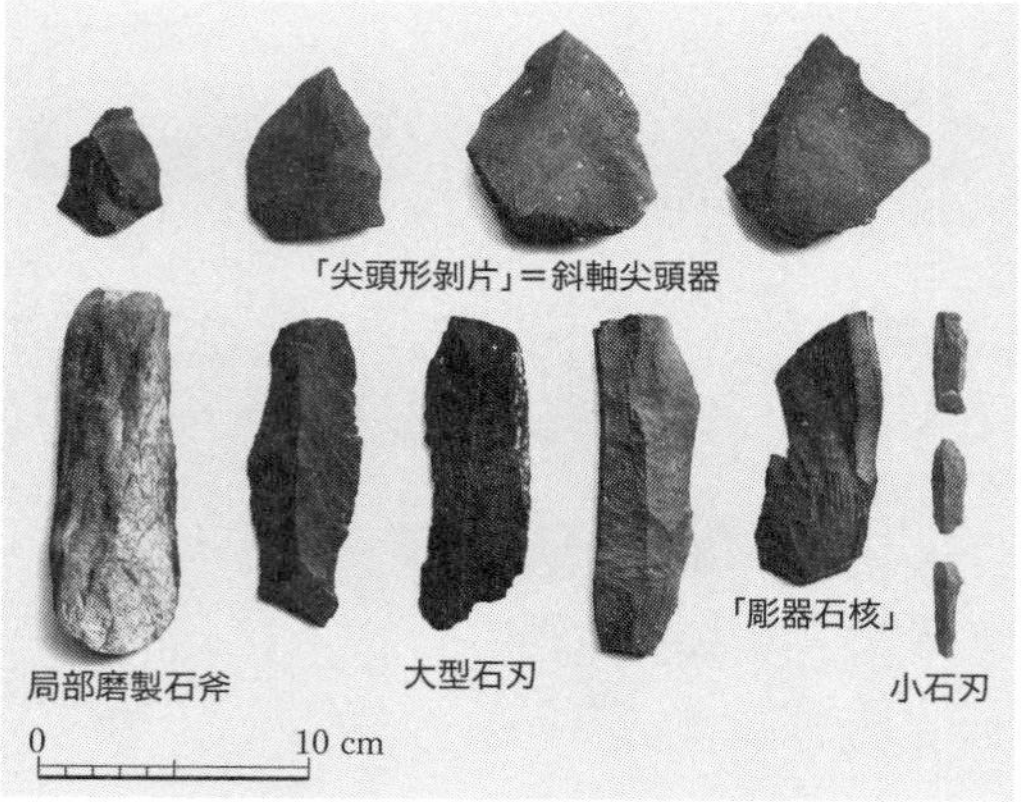

図４　香坂山遺跡の主要な石器（国武貞克氏提供）

れる。しかしながら、ロシア・アルタイのＩＵＰは在地の石材（黒色頁岩《けつがん》）の利用に適応して大型石刃を量産する石器群を生み出しており、この大型石刃石器群は、モヴィウス・ラインを越えて極東や朝鮮半島にも分布を広げた。この大型石刃石器群は後期旧石器時代初頭の列島にも波及したことが、最近長野県佐久市八風山《はっぷうさん》Ⅱ遺跡や同香坂山《こうさかやま》遺跡の発掘調査によって判明した。香坂山遺跡から得られた複数の年代測定値の中央値は三万六八〇〇年前であるが、台形様石器はまだ認められず、代わりに斜軸剥片を用いた特徴的な尖頭形剥片（尖頭器）の存在が目立つ。この石器は中期から後期旧石器時代への移行期を特徴づける石器なので、香坂山遺跡は大陸から拡散してきた大型石刃と在地の伝統的な石器が融合した石器群を有していたことが明らかとなった（**図４**）。

　移行期のため石刃はもたないが、それ以外の石器が香坂山遺跡とよく類似するのが竹佐中原遺跡である〔佐藤　二〇一〇ｂ〕。大陸から列島に伝播してきた石刃をもつ集団は、石刃生産に必要な優良石材（黒色安山岩など）を豊富に利用できる山地の環境にまず適応した。石材は道具生産に必須のため、旧石器時代人類の行動様式を規定する根幹の一つであったからである。やがて石材の効率的な利用に成功した集団は、群棲する大型草食獣の狩猟に有利な一方、石材に乏しい台地などの平坦部に進出した。この段階で台形様石器群との構造的融合(二極構造)を果たすことが可能となり、生業(＝大型獣狩猟)の展開に有利な低平地の開発に成功して人口増大(＝遺跡数の増加)をもたらすようになった。近年の実験考古学や痕跡考古学の成果によれば、石刃は大型狩猟具に供される一方、台形様石器は小型狩猟具であった可能性が高い。氷期の列島は当時寒冷で乾燥した大陸性気候下にあり、寒温帯針葉樹林(東日本)や針広混交林(西日本)の中に草原が広がる環境にあった。石刃製大型狩猟具(基部加工尖頭形石器)は主として草原のようなひらけた環境で、台形様石器のような小型狩猟具は森林環境での利用に有利であった。

石刃技術は各種石器の素材となる規格的な石刃を量産可能であるため、石材を節約的に使用することで石材の窮乏にたえることができた。そのためには中期旧石器時代までとは異なり、石材供給地と生業地のあいだを頻繁かつ長距離移動する行動戦略が発達することとなった。この行動戦略の採用は、同一集団が移動経路上に複数の行動の軌跡(＝遺跡)を残すため、後期旧石器時代後半期(二万八〇〇〇〜一万六〇〇〇年前)になると、遺跡数は飛躍的に増加した〔佐藤 二〇二二〕。前半期の人類が狩猟の対象とした大型草食獣は、後半期に入ると列島ではほぼ絶滅したので、狩猟の対象はシカやイノシシといった中・小型獣に移行し、それにともない広範囲を長距離移動する行動戦略から地域内を周回し遊動する戦略に移行した。地域遊動を主とする行動戦略の採用は、人口増加とあいまって、地域環境へのよりいっそうの適応を進化させ、列島最初の地域社会が出現した。

〈参考文献〉

赤澤威編　二〇〇五年『ネアンデルタール人の正体――彼らの「悩み」に迫る』(朝日新聞社)
佐藤宏之　一九九二年『日本旧石器文化の構造と進化』(柏書房)
佐藤宏之　二〇〇一年「日本列島に前期・中期旧石器時代は存在するか――Fujimura's Scandal以後」(『科学』七一巻四・五号)
佐藤宏之　二〇一〇年a「旧石器時代研究の歴史」(『講座日本の考古学1』青木書店)
佐藤宏之　二〇一〇年b「日本列島における中期/後期旧石器時代石器群と竹佐中原遺跡」(『長野県竹佐中原遺跡における旧石器時代の石器文化Ⅱ』長野県埋蔵文化財センター)
佐藤宏之　二〇一三年「日本列島の成立と狩猟採集の社会」(『岩波講座日本歴史1』岩波書店)
佐藤宏之　二〇一六年「更新世の日本列島における自然・資源環境の変動と人類行動の応答」(『田中良之先生追悼論文集　考古学は科学か(上)』同刊行会)
佐藤宏之　二〇一九年『旧石器時代――日本文化のはじまり』(敬文舎)
佐藤宏之　二〇二〇年「東アジア旧石器社会の歴史的変遷と愛鷹旧石器文化の意義」(池谷信之・佐藤宏之編著『愛鷹山麓の旧石器文化』敬文舎)
佐藤宏之　二〇二一年「IUP研究の現状と香坂山――日本列島後期旧石器時代の成立に関する展望」(国武貞克編『香坂山遺跡二〇二〇年度発掘調査成果報告書』奈良文化財研究所)
日本旧石器学会編　二〇一〇年『日本列島の旧石器時代遺跡――日本旧石器(先土器・岩宿)時代遺跡のデータベース』(日本旧石器学会)
日本考古学協会編　二〇〇三年『前・中期旧石器問題の検証』(日本考古学協会)

山岡拓也　二〇〇五年「石器認定研究の現状と課題」（『論集忍路子』一号）
Are Tsirk原著・上峯篤史訳編著　二〇二〇年『石の目を読む――石器研究のための破壊力学とフラクトグラフィ』（京都大学学術出版会）
Bae, C.J., Douka, K., Petraglia, M.D. 2017　On the origin of modern humans: Asian perspectives. *Science*, 358.
Movius, L. H. Jr. 1944　Early man and Pleistocene stratigraphy in southern and eastern Asia. *Papers of the Peabody Museum of American Archaeology and Ethnology*, Harvard University, 19(3).
Sato, H. 2016　Recent research on the Early and Middle Palaeolithic in Japan: an overview. *Bulletin of the Society for East Asian Archaeology*, 3.
Sato, H. and Morisaki, K. 2022　On the beginning of the Japanese Upper Paleolithic: A review of recent archaeological and anthropological evidence. *Acta Anthropologica Sinica*, 41(e).

2

旧石器人と縄文人——骨とDNAからわかること

海部 陽介・太田 博樹

はじめに

遺跡から発見される人骨は、その時、その場所に、どのような人がいたかを教えてくれる。人骨から得られる情報は多様で、その形態からは、年齢・性別・身長・体格・顔つき、一部の病歴や生活習慣、さらに場合によっては死因を読み取れる［小杉ほか 二〇〇八、鈴木 一九九八］。骨の化学的成分を調べることで、その人物が生きていた年代や食生活を推定することも可能で、DNAが残されていればその遺伝情報もわかる。

日本では、こうした遺跡出土人骨の研究が明治時代に始まり、かつてこの列島に暮らした祖先たちのルーツや意外な姿の解明が進められてきた。本稿では、第1節でおもに人骨の形態学から、第2節でDNAの分析から、日本の後期旧石器時代や縄文時代を生きた人々の姿を探る。

1 骨から探る旧石器人と縄文人

最初の日本列島人

日本列島では、三万八〇〇〇年前頃から急激に遺跡の数が増え、後期旧石器時代が始まった。それは大陸から人類集団が渡来して、この地で暮らしはじめたことを示しているが、やってきたのはどのような人々だったのだろうか。数万年前の人類は「原人」だという誤解が根強くあるが、遺跡で見つかる人骨は、そうではなかったことを明示している。

日本列島では、後期旧石器時代の化石人骨の発見例は多くない。それでも沖縄島の八重瀬町にある港川遺跡（約二万年前）や那覇市にある山下町《やましたちょう》第一洞穴遺跡（約三万六五〇〇年前）、石垣島の石垣市にある白《しら》保《ほ》竿《さお》根《ね》田原《たばる》洞穴遺跡（二万七五〇〇～一万九〇〇〇年前）など、沖縄県の石灰岩地帯からは多数が発掘されており、本州でも静岡県浜松市浜北にある根堅遺跡の断片的な人骨（約二万年前）が知られている。

図1　ジャワ原人（上）と港川人（下）の頭骨の左側面（上：馬場悠男氏提供、下：東京大学総合研究博物館蔵）

これらのどれもが、私たち現代人と同様の形態的特徴を備えているため、彼ら彼女らは、私たちと同じホモ・サピエンスなのである（**図1**）。したがって、例えば港川遺跡の旧石器人を「港川原人」と呼ぶのは誤りで、「港川人」とするのが正しい。

旧石器人はどこからきたのか

日本列島の旧石器人はどこからやってきたのだろうか。その答えは視点によって変わる[海部 二〇一六]。まず、視野を大きくして地球レベルで考えてみよう。ホモ・サピエンスのような形態特徴を備えた最古の化石は、三〇万年前頃のアフリカで発見されている。やがてホモ・サピエンスは、アフリカから世界中へ大拡散を遂げるのだが、五万～四万年前に原人や旧人が暮らしていたアジアやヨーロッパに広がり、さらにその分布域を越えて、人類未踏の地であったオーストラリア大陸、シベリアの奥地、アメリカ大陸、そして太平洋の島々へと広がっていった。その大移動の波が日本列島へおよんだのが三万八〇〇〇年前で、そこから日本列島の後期旧石器時代が始まったわけである。つまりグローバルな視点からは、最初の日本列島人は「アフリカからやってきた」といえる。

つぎにアジア大陸の範囲で考えるとどうだろうか。アフリカを出たホモ・サピエンスの集団が東アジアに至るおもなルートには、ヒマラヤ山脈の南側と北側の二つを想定できる。南ルートはインドや東南アジアを経由するもので、北ルートは中央アジアやモンゴルを抜けていくルートである。残念ながら現時点では発見されている人骨が乏しいため、日本列島へ渡ってきた集団がどちらのルートをたどったのか、あるいは双方からきた集団が混合しているのかなど、詳しいことはわかっていない(本稿第2節も参照)。

最後に、日本列島周辺へ視点を近づけてみる。後期旧石器時代においてアジア大陸から日本列島へ渡るには、朝鮮半島から対馬を経由して九州に至る「対馬ルート」、台湾から琉球列島へ渡る「沖縄ルート」、大陸の北方からサハリンを経由して北海道へ入る「北海道ルート」の三つを想定できる(**図2**)。

人骨形態学と考古学の証拠をあわせると、これら三つのルートはすべて利用されたらしい。遺跡の分布から分析すると、三万八〇〇〇年前頃に九州〜本州に現れた集団は、対馬ルートでやってきた。一方で沖縄の化石人骨は、それよりわずかに遅れて三万五〇〇〇年前頃に台湾方面から沖縄への渡来があったことを示唆している。さらに石器の証拠から、二万五〇〇〇年前頃に北海道ルートの小規模な渡来があったことが想定されている。つまり日本列島の旧石器人には、時期を違えて大陸の三方からやってきた集団が含まれていたことになる。

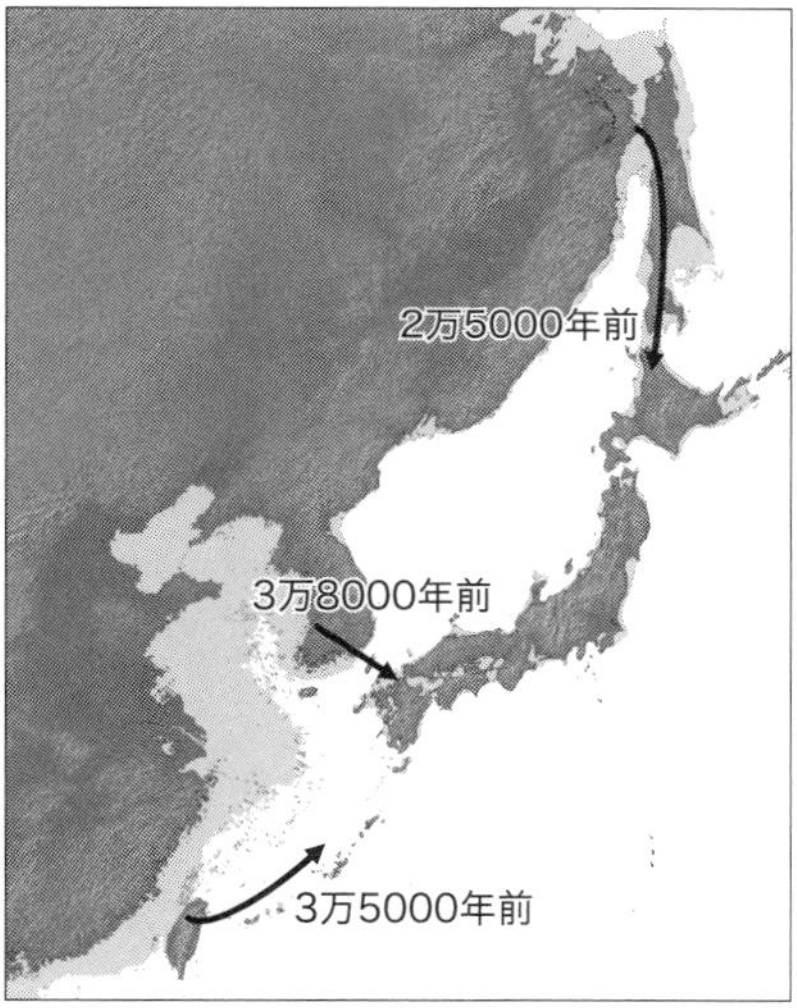

図2　後期旧石器時代において想定される３つの渡来ルート　氷期の海面低下により陸化していた領域は薄いグレーで示してある。

旧石器人はどのようにきたのか

後期旧石器時代は寒冷な最終氷期に当たるため、海水面が現在より最大で一三〇メートルほど下がっており、アジア大陸や日本列島の陸域も多少拡大していた(**図2**)。それでも本州〜九州と琉球列島の島々は大陸と接続していなかった。つまりこの時期に列島に現れた旧石器人は、海を越えてきたことになる。

ホモ・サピエンスは、本格的な海洋進出を始めた最初の人類だった。インドネシアの島々からオーストラリア大陸、ニューギニア島に至る地域に、五万〜四万年前頃の遺跡が続々と出現するのがそのもっとも古い証拠であるが、日本列島周辺の四万〜三万年前という証拠は、それについで古い。なかでも沖縄ルートの渡海は、難易度が高い点において注目される。このルート上のいくつかの海峡では、島が遠くかつ地球が丸いために、水平線の下に沈む目標の島を目視しながら航海することができない。さらに世界最大級の巨大海流である黒潮が当時もこの海域を流れていたため、旧石器人はそれを越えなければならなかった。

では、当時の人々はどうやって困難な沖縄ルートの海を越えたのだろうか。彼ら彼女らは超人的パワーの持ち主であったため、現代では考えられないような舟こぎができたという発想があるが、発見されている人骨にはそのような体質の特異性は見当たらない。古代舟を製作して実験航海を行ったプロジェクトによって、海を熟知し、海上での舟こぎに熟練した男女の集団であれば、星などを方角の頼りにして、この海を渡れたことが示されている[海部 二〇二〇]。

縄文人の骨

およそ一万六〇〇〇年前に始まる縄文時代は、草創期・早期・前期・中期・後期・晩期の六期に区分される。その中で人骨が見つかるようになるのは、早期に入ってからの一万年前以降で、その数が顕著に増えるのは中期よりあとである。これは縄文社会の中で、これらの時期に集団墓地の形成が盛んになること、およびそのような墓地が貝塚につくられたことと強く関係している。日本の国土の大部分は土壌が酸性で、そのため遺跡の骨は消失してしまうのだが、大量の貝殻がまじる貝塚では骨が残りやすい。

このことは、私たちが調べることのできる縄文人骨に、地域的偏りがあることの要因になっている。規模の大きな貝塚がつくられた場所は、干潟が発達して大量の貝がとれた地域に多く、そのため縄文人骨の発見例はそうした地域に偏っている(東京湾や三河湾の沿岸や瀬戸内地方の本州側など)。逆に、日本海側や中部地方などの内陸域では、一部の例外を除いて、縄文人骨はほとんど残っていない。

縄文人の特徴と現代日本人の起源

私たちが「縄文人」を語る時には、前述の地域による偏りを意識しておく必要があるが、これまでの研究で、縄文人の顔つきや体格は、北は北海道から南は沖縄まで、かなり共通していたことが示されている。

縄文人の顔つきが現代日本人と少し異なっていることは、古くから知られていた。とくに目立つのは、顔の高さが低く、眼球がおさめられている眼窩が四角く、鼻が高く全体に顔の彫りが深いなどの点である(**図3**)。これに対し、弥生時代以降には、顔が高く、眼窩が丸みをおび、顔面が全体に扁平といった、現代日本人とよく似た顔の特徴が目立つようになった。歯にも違いがあり、縄文人の歯は全体に小さく、第三大臼歯(親知らず)まで揃っている個体が多いのに対し、弥生時代以降には、歯が大きく第三大臼歯がはえない例が増える。身長にも差がみられ、弥生人の方

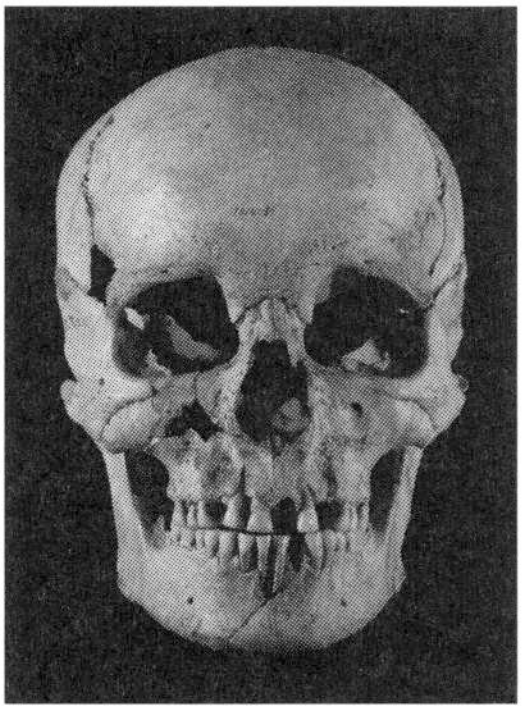

図3　縄文人の頭骨　三貫地貝塚(福島県新地町)で出土した成人男性のもの。(東京大学総合研究博物館蔵)

がわずかに高かった。

こうした変化は、日本人の「二重構造モデル」と呼ばれる学説で説明されている。それは、朝鮮半島から水稲耕作や金属器を携えた新たな集団が渡来したことによって日本列島の弥生時代が始まり、この渡来系集団が、列島内で子孫を増やしながら在来の縄文系集団と様々に交わって、現代の日本人が形成されていったというものだ[中橋 二〇一九]。これは明治時代に始まった人骨研究などの蓄積を埴原和郎氏がまとめたもので[Hanihara 1991]、細かな点についての修正の必要が指摘されているものの、最近の遺伝学的研究からも妥当性が示されている。

歯並びがよかった縄文人

縄文人の注目すべき特徴はほかにもある。その一つは歯のすり減り(咬耗)が激しいことで、年齢を重ねるにつれ、前歯から奥歯まで、上下の歯のかみ合う面(咬合面)が平坦化してしまうことが知られている。現代からみると驚くことかもしれないが、このように激しい咬耗は、発達した食品加工・調理技術なしに野生の動植物を食していた先史時代においては、世界のどこでもふつうのことだった。

これと並んで目を引くのは、縄文人は歯並びが整然としていて、現代人のような切歯や犬歯の位置の乱れがほとんどないことである。このことは、おそらく前述の激しい咬耗が起こる食生活と関係している。つまり、タフな食物をよくかんでいた縄文人の顎の骨は大きく発育し、歯がはえるスペースを十分に確保できていたが、現代人の顎骨は、いわば発育不良の状態で小さく成長するため、歯がはえるスペースが不足するようになった。さらに縄文人では、前歯の咬耗が進むにつれ、上下の前歯が切端でかみ合うように変化するが(切端咬合あるいは鉗子状咬合と呼ばれる)、咬耗がほとんどない現代人ではこの変化が起こらず、幼少期の重なりのある前歯の咬合が大人になっても維持される。

このように、祖先たちの人骨の研究から、現代人が抱える病的状態の原因や背景がわかることもある。なお、虫歯や歯周病が激増するのは歴史時代に入ってからだが、これらは縄文時代にもある程度は存在した。

不思議な習俗

縄文時代の後半には、風習的抜歯という儀礼行為が広く行われるようになった。これは前歯(切歯あるいは犬歯)の一部を抜くという痛々しい行為だが、同じ遺跡で同じ歯を抜いた個体が多数みられることから、事故ではなく習慣であったことがわかる。晩期の東海地方では、上顎の犬歯二本と下顎の切歯四本・犬歯二本の合計八本を抜き、さらに上顎の切歯に刻みを入れる過激なスタイルも登場した(**図4**)。不思議に思えるかもしれないが、わざと他人に見えやすい前歯に細工しているところからも、現代でも行われている刺青やピアスなどと同類の、身体装飾行為であることがわかる。抜歯はある年頃になると行われるため、成人や婚姻といった、人生の節目に行われた通過儀礼だったとの説が有力である。

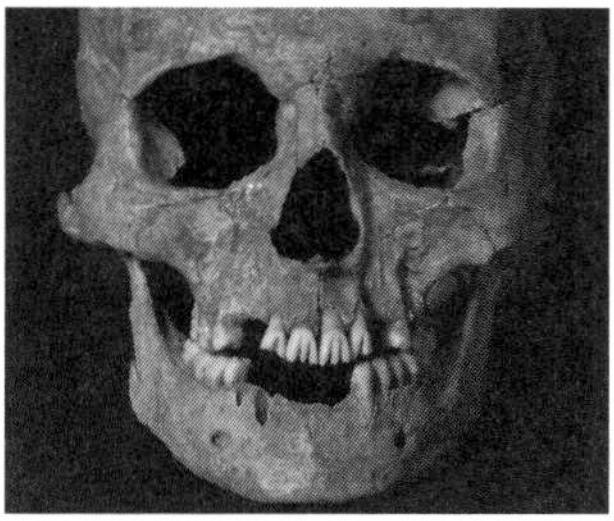

図4　風習的抜歯を示す縄文人の頭骨　本例では上顎犬歯2本と下顎切歯4本を抜いており、さらに叉状研歯と呼ばれる刻みを上顎切歯に施している。伊川津貝塚(愛知県田原市)出土。(東京大学総合研究博物館蔵)

縄文時代の暴力

骨に影響するような怪我や病気については、人骨を通じて過去の実態を知ることができる。その中でも他人の手による骨折や損壊(人為損傷)は、暴力や戦争の起源を考えるうえで重要なデータとなる。弥生時代以降の人骨では、金属製の刃物による切創など戦闘を思わせる痕跡が増え、当時の世相を物語る。一方で縄文時代においてはそのような報告例が少なく、縄文社会が複雑化しながらも比較的平和であったとする見方の根拠となっていた。しかし現時点で、縄文時代の人為損傷の研究はまだ十分になされておらず、この時期の暴力の実態を理解するには、さらなる研究が必要である。(海部)

2　DNAから探る旧石器人と縄文人

ゲノム解析による革命

DNAから人類史をひもといていこうという試みは、だいたい一九八〇年代頃からスタートした。当初、生きている被験者から提供された血液や胎盤が用いられたが、その後、骨や剥製、ミイラなど古い生物遺物を分析対象として、それらに微量に残存するDNAの分析が流行した。

二〇〇三(平成十五)年にヒトゲノム解読の完了が宣言され、それ以後、従来のサンガー法にもとづく第一世代シークエンサに代わり、膨大な塩基配列決定(シークエンシング)を並列式に行うことができる第二世代のシークエンサ(いわゆる次世代シークエンサ／next generation sequencer：NGS)が普及した(サンガー法やNGSに関する詳細は[太田 二〇一八・二〇二三]を参照)。

NGSは古代DNA分析の分野に革命を起こし、古代ゲノム学の誕生を導いた。NGSを用いてネアンデルタール人やデニソワ人といった絶滅した人類のゲノム解読が達成され、古代ゲノム学という研究分野が創始された。

古代DNAについて日本列島が抱える困難

これまで希少な試料を提供してきたヨーロッパやシベリアと比較して、日本列島には古人骨DNA分析にとって不利な自然条件が揃っている。第一に土壌が酸性に傾いているため骨が残りにくい。また第二に運よく骨が残ったとしても、温暖湿潤な環境は骨に残存するDNAにダメージを与える。こうした理由から、欧米に比べ日本での古代DNA分析はより難易度が高い。

それでも貝塚遺跡からは、比較的保存状態のよい人骨が発掘される。おそらく貝塚の貝のおかげで土壌がややアルカリ性に寄るからと考えられる。一九九〇年代から始まった日本の古人骨DNA分析が、おもに貝塚から出土した人骨を対象としたのはこのためである。

また初期の古代DNA分析では、全ゲノム情報を扱うことが難しく、当時はもっぱらミトコンドリアゲノム(mtDNA)を分析対象とした(**図5**)。しかも、mtDNAの全配列情報を分析対象とするのではなく、全配列の一部である〝Dループ領域〟と呼ばれる数百文字が分析対象として選ばれた(**図6**)。その理由については、このあと詳しく述べる。

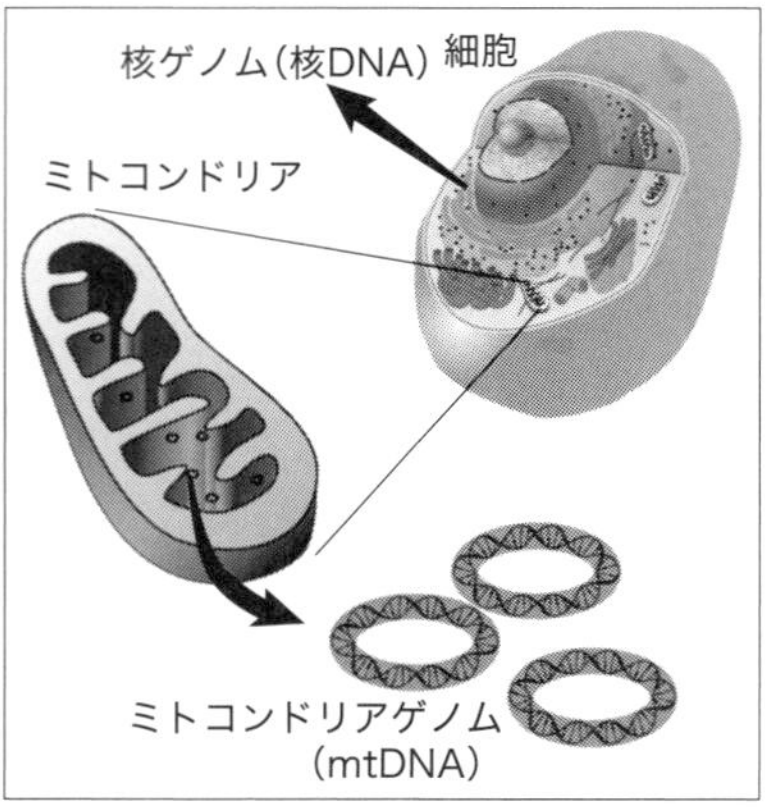

図5　細胞核とミトコンドリア　ミトコンドリアはもともと別の生物が真核細胞に共生したものと考えられており、細胞核に格納されたゲノム（核DNA）とは異なるミトコンドリア独自のゲノムをもつ。これをミトコンドリアゲノムと呼び、一般的に mtDNA と表記される。（National Human Genome Research Institute より、一部改変）

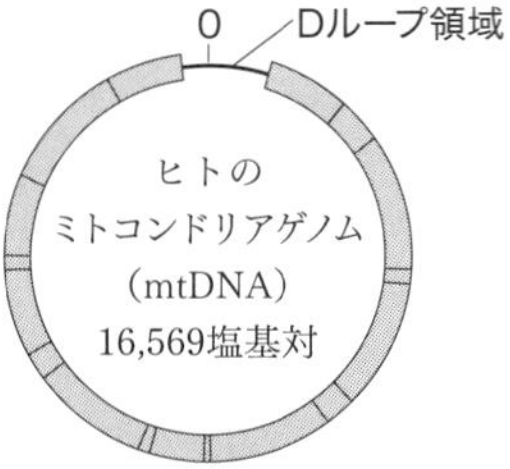

図6　ヒト mtDNA の模式図　環状DNA 鎖の頂部あたりに「0」とある位置が複製起点と呼ばれる場所で、mtDNA はここを起点に複製される。その複製起点の周辺の細い線で表現されている領域は遺伝子が存在しない領域であることを示している（逆に太い線の部分は遺伝子を表している）。この遺伝子のない領域をDループ領域と呼び、ヒトに限らず多くの生物で個体差が大きい。このため遺伝的多様性や進化系統を論じる研究の初期の頃から分析対象となってきた。

日本列島での古人骨DNA分析の始まり

日本で最初の古人骨ＤＮＡ分析の報告は、一九九一（平成三）年、国立遺伝学研究所の宝来聰氏らによってなされた。この研究では、五体の関東の縄文人骨からＤＮＡ抽出が試みられ、mtＤＮＡのＤループ領域がＰＣＲ法により増幅され、サンガー法によりシークエンスされた二〇〇文字以下の短い配列が報告された[Horai et al. 1991]。

宝来氏らに続いて、筆者らが北部九州の弥生時代人骨（二六体）のＤＮＡ分析[Oota et al. 1995]を、篠田謙一氏らが茨城県取手市中妻《なかつま》貝塚遺跡出土人骨のＤＮＡ分析[Shinoda & Kanai 1999]を行った。対象としたのはやはりＤループ領域であった。これらの研究では縄文人の系統、あるいは出土人骨のあいだでの血縁関係について議論した。いずれも当時としては最先端の試みであったが、二〇〇文字以下というのは現在からみればきわめて少ない情報量であり、限定的な議論であった。

なぜmtDNAをターゲットとしたのか

ミトコンドリアは、細胞にエネルギーを供給する細胞内器官である(図5)。一つの細胞内に数百から数千のミトコンドリアが存在するので、mtDNAは核DNAよりもコピー数が多い。このため、長い年月を経た生物遺物にも残っている可能性が高い。こうした理由から初期の古代DNA分析では、もっぱらmtDNAが分析対象となった。

四つの塩基(アデニン〈A〉、シトシン〈C〉、グアニン〈G〉、チミン〈T〉)を〝文字〟に例えると、ヒトのmtDNAは約一万六〇〇〇文字で構成されている。より専門的には「ヒトのmtDNAは一万六五六九塩基対」という言い方をする。受精卵において母親の細胞からミトコンドリアを受け継ぐため、mtDNAは女性の系統のみに遺伝する。したがって、進化系統であれ血縁関係であれ、母系の系譜しか議論することができない。そのうえ、当時、古人骨DNAでは、そもそも短い配列しか調べることができず、多くを議論するには情報量が不足していた。

例えば宝来氏らは、五体の縄文人のうち四体が現代の東南アジア人と同じ配列であったと報告した。世間的には、この点が強調され知られるところとなったが、このように短い配列が偶然一致する可能性は限りなく高かった。しかも、はたして両親から受け継ぐ核DNAも東南アジア人と近いのか。この時代まだ議論することはほぼ不可能であった。

ハプログループ解析と古人骨DNAの分析

前述のようにmtDNAは、約一万六〇〇〇文字で構成されたコンパクトなゲノムであるため扱いやすく、ヒトのmtDNAの塩基配列の全長の決定(シークエンシング)も一九八〇年代の前半に完了していた。このため、現代の様々な人類集団でも非常に多くの個体について分析されていた。現代人の全mtDNA配列にもとづき系統樹を作成すると、いくつかのグループに分けることができる。こうしたグループがmtDNAのハプログループである。

ハプログループは特定の変異の組み合わせで定義される。したがって、特定のハプログループには、特定の変異のリストがある。このリストがあれば、全配列をシークエンスしなくても、リストに挙がっているいくつかの変異をピンポイントで調べるだけで、ハプログループを〝推定〟できる便利さがある。全ゲノム解析が一般化する前の時代、ヒトmtDNAのハプログループが、現代人類集団の系統分析にさかんに用いられたのは、この分析の簡便さからであった。

古人骨DNAでのハプログループ解析は、Dループ領域の塩基配列のシークエンシングに加え、ほかのいくつかの代表的な変異を調べることによって、すでに定義されているどのハプログループに属するか推定する。この方法により、古人骨由来のDループ領域の短い文字列の情報だけでなく、ハプログループとして〝推定〟できる。Dループ領域のすべての文字を読みきったところで一〇〇〇文字に満たないが、mtDNAの全塩基配列を読みきれば約一万六〇〇〇文字になる。これに対してハプログループ解析は「限りなく全配列をシークエンスするのに近い方法」として有効であった。

DNAとゲノムの違い

ここまで「DNA」という言葉と「ゲノム」という言葉を織りまぜて述べてきたが、ここで改めて、これら二つの言葉の違いについて説明しよう。「DNA」はデオキシリボ核酸(deoxyribonucleic acid)という物質の名前である。デオキシリボースという糖がリン酸を介して鎖状につながった分子で、デオキシリボースには四種類の塩基(A・C・G・T)が結合している。この塩基(文字)の配列が、遺伝情報を構成する(Dループ領域のように遺伝子を構成しない場合もある)。ある生物が、その生物であるために必要な遺伝情報の総体が「ゲノム(genome)」である。

これに対し「遺伝子」とは遺伝情報の単位である。書籍の中でも「ミトコンドリア遺伝子」という書き方がされている場合があるが、厳密には間違いで、「ミトコンドリアゲノム」か「ミトコンドリアDNA」が正しい。本稿では「ミトコンドリアゲノム」「mtDNA」として表記している。

古代DNAに話を戻そう。古い生物の遺物に残るDNAは、短く断片化し、分子の数が極端に減少してしまっている。これを分析するために一九八〇年代には、当時、分子生物学技術として一般化したPCR(polymerase chain reaction／ポリメラーゼ連鎖反応)法が用いられた。PCR法は、DNA合成酵素(ポリメラーゼ)によりDNAを増幅する方法である。原理的には一分子のDNA断片からも増幅することができる。

ところが、もし古代DNAと思っているものに現代のDNAが混入していると、PCR法は、現代DNAも区別なく増幅してしまう。こうした混入を「コンタミネーション」という。

古代DNAにおける全ゲノム解読の精度

二〇〇三(平成十五)年にヒトゲノム解読の完了宣言がなされ、ヒト参照配列(human reference sequence)が整備されると、個人のゲノム解読がフォーカスされる時代が到来した。この開発競争の中、次世代シークエンシング(NGS)が、ここ一〇〜二〇年間で徐々に安価になり、一般化していった。これにともない、古代DNA分析も、NGSを用いた「古代ゲノム解析」の時代へと突入していった。

古代DNAの場合、そもそも残っているDNAのパーツが少ないので、試料による偏りがある。研究者によって若干の見解の相違はあるものの、ゲノム全体を一回に満たない回数読んだ結果を「部分配列(partial genome sequence)」、全体を平均して一回以上、二回未満読んだ結果を「ドラフト配列(draft genome sequence)」、全体を平均して三〇回以上読んだ結果を「完全配列(complete genome sequence)」と呼んでいる。

古代ゲノム解読の進展

古代ゲノム解読は、「全ゲノム解読の精度」を一段ずつ上げていくことで進展してきた。例えば、ネアンデルタール人のゲノム解読に関しても、まず全ゲノム解読の前段階としてmtDNAの分析があった。その後、二〇〇六(平成十八)年に部分配列が読まれ、二〇一〇(平成二十二)年にドラフト配列が報告され、二〇一四(平成二十六)年に52x(平均五二回読んだ)完全ゲノムが報告された。これは、現生人類(ヒト)の参照配列とまったく遜色のない精度にネアンデルタール人ゲノム配列の解読がたどり着いたという点で意義深いものであった。

同じステップで日本列島においても、縄文人ゲノム解読が複数の研究グループによって成し遂げられていった。最初、福島県新地町の三貫地《さんかんじ》貝塚出土の人骨のNGS解析を行い、部分配列が発表された[Kanzawa-Kiriyama et al. 2017]。つづいて愛知県田原市の伊川津《いかわづ》貝塚から出土した人骨のドラフト配列が報告され[McColl et al. 2018]、完全ゲノム配列として北海道礼文町の船泊《ふなどまり》遺跡出土人骨が報告された[Kanzawa-Kiriyama et al. 2019]。

ゲノム解析から見た縄文人

現時点(二〇二三年六月)で約一〇体の縄文人から得られた全ゲノム配列が、英文原著論文に報告されている。

これまでに報告されてきた縄文人ゲノムはおもに早期から後・晩期のものであるが、たがいによく似ている(遺伝的に均質である)。一方、東アジア人・東南アジア人・中央アジア人・北東アジア人など現代の東ユーラシア大陸に住む人々と比較すると、現在日本列島に住んでいる人々に一番近いものの、特異な遺伝的位置を示す(ほかと似ていない)。

伊川津貝塚から出土したIK002と名づけられた人骨は、東南アジアの約八〇〇〇年前の古人骨から得られたゲノムと高い遺伝的親和性を示した。前述のホモ・サピエンスが東アジアへ至るルートとして、ヒマラヤ山脈以南か以北かという問いに対して行われた解析で、この伊川津縄文個体は南ルートに含まれることを示した[太田 二〇二三]。

先行研究でバイカル湖の西側の地域から出土した約二万四〇〇〇年前の古人骨(マルタ人骨)の全ゲノ

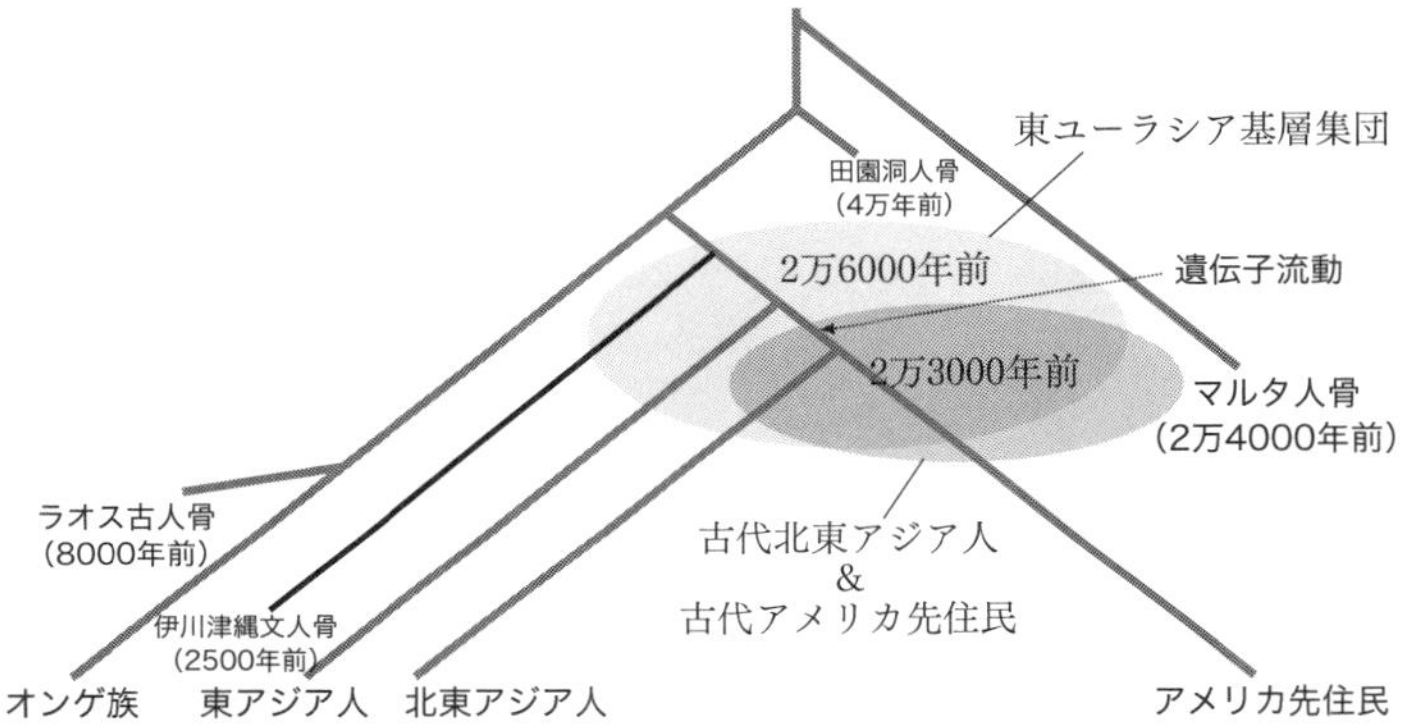

図7　全ゲノム情報にもとづく伊川津縄文人の系統　バイカル湖近くから発掘されたマルタ人骨(約2万4000年前)が分岐し、北京近郊から発掘された田園洞人(約4万年前)が分岐する。田園洞人の位置づけは微妙であるが、マルタ人骨が北ルートの代表と考えると、田園洞人は南ルートにみえる。なぜなら、現代の東南アジア人(オンゲ族)とラオス古人骨(約8000年前)を根にもつクラスターの側に、田園洞人は位置しているからである。現代の東アジア人、北東アジア人(東シベリア人)、そしてアメリカ先住民は、みな、現代の東南アジア人からつぎつぎと枝分かれしていることがわかる。興味深いことに、伊川津縄文人・IK002(約2500年前)は、東アジア人の祖先が東南アジア人の祖先と分岐する以前に分岐している。これはIK002の祖先が、東ユーラシア基層集団に含まれる、非常に古い系統であることを示している。

ムが解読されており、これを北ルートの代表と仮定して、遺伝子流動を分析したところ、この伊川津縄文個体へは、北ルートのゲノム流入の証拠はなかった。

これらの結果から、少なくともこれまでに調べられた縄文人については、彼らの祖先が南ルートで東アジアに到達した人々であったことが示されている(**図7**)。もちろん、これでこの問題に決着がついたわけではない。今後、さらに古い個体、そして多くの地域からの縄文個体のゲノム解読を進める必要がある。

系譜だけではないゲノム情報からわかること

ゲノム情報からわかることは、その個体や祖先の系譜ばかりではない。様々な情報が得られることが期待できる。

例えば、遺跡を構成する人々の血縁関係をゲノム情報から推定することができる。これにより、縄文時代と弥生時代の親族構造を比較できるだろう。

あるいは、糞便の遺物(糞石)のゲノムを調べることで、先史時代人の摂食物や腸内細菌、寄生虫などについての情報を得ることができる。これにより、彼らの栄養・健康状態、衛生状態を議論できる。

さらに、古い地層を構成する土壌のゲノムを調べる技術が開発されつつある。こうした技術の精度を上げていくことで古人骨が見つからない縄文草創期や旧石器時代の土壌から、当時住んでいた人々のゲノムが回収できるかもしれない。

このように古代ゲノム解析の技術は、考古学にとって強力なツールとなりうる。すでに生命科学や医学にとって、ゲノム情報はインフラ的基盤となっている。近い将来、過去を探究するすべての学問にとって、古代ゲノム情報はインフラとしての価値をもつことになるだろう。

(太田)

〈**参考文献**〉

太田博樹　二〇一八年『遺伝人類学入門——チンギス・ハンのDNAは何を語るか』(ちくま新書)
太田博樹　二〇二三年『古代ゲノムから見たサピエンス史』(吉川弘文館)
海部陽介　二〇一六年『日本人はどこから来たのか』(文藝春秋)

海部陽介　二〇二〇年『サピエンス日本上陸――三万年前の大航海』(講談社)

小杉康・谷口康浩・西田泰民・水ノ江和同・矢野 健一編　二〇〇八年『縄文時代の考古学10　人と社会――人骨情報と社会組織』(同成社)

鈴木孝雄　一九九八年『骨から見た日本人――古病理学が語る歴史』(講談社選書メチエ)

中橋孝博　二〇一九年『日本人の起源――人類誕生から縄文・弥生へ』(講談社学術文庫)

Hanihara K. 1991　Dual structure model for the population history of the Japanese. *Japan Review,* 2: 1-33.

Horai S., Kondo R., Murayama K., Hayashi S., Koike H. et al. 1991　Phylogenetic affiliation of ancient and contemporary humans inferred from mitochondrial DNA. *Philosophical Transactions of the Royal Society of London. Series B, Biological Sciences,* 333(1268): 409–416.

Kanzawa-Kiriyama H., Jinam T. A., Kawai Y., Sato T., Hosomichi K. et al. 2019　Late jomon male and female genome sequences from the funadomari site in Hokkaido, Japan. *Anthropological Science,* 127(2): 83–108.

Kanzawa-Kiriyama H., Kryukov K., Jinam T. A., Hosomichi K., Saso A. et al. 2017　A partial nuclear genome of the Jomons who lived 3000 years ago in Fukushima, Japan. *Journal of Human Genetics,* 62(2): 213–221.

McColl H., Racimo F., Vinner L., Demeter F., Gakuhari T. et al. 2018　The prehistoric peopling of Southeast Asia. *Science,* 361(6397): 88–92.

Oota H., Saitou N., Matsushita T., and Ueda S. 1995　A genetic study of 2,000-year-old human remains from Japan using mitochondrial DNA sequences. *American Journal of Physical Anthropology,* 98(2):

133–145.

Shinoda K. I., and Kanai S. 1999　Intracemetery genetic analysis at the Nakazuma Jomon site in Japan by mitochondrial DNA sequencing. *Anthropological Science*, 107(2): 129–140.

3

土器の起源と旧石器／縄文時代区分論争——環境変動とともに

工藤 雄一郎

はじめに

日本列島の先史時代は旧石器時代、縄文時代、弥生時代、古墳時代と区分されている。これは、「特徴的で、重要で、普遍化していく考古資料の出現をもって画期とする」という時代区分の基本的な考え方〔近藤 一九八六〕にもとづく。縄文時代の始まりは、土器や弓矢、定住的集落(複数の竪穴住居)、貝塚など、いくつかの考古学的要素の出現が重要視されてきたが、それらの出現の背景として「後氷期(完新世)の環境への適応」がつねに意識されてきた。教科書の記述もそれにならっており、山川出版社の『詳説日本史 改訂版』(日B 二〇二二)には、以下の説明がある。

「今からおよそ一万年余り前の完新世になると、地球の気候も温暖になり、現在に近い自然環境となった。植物は亜寒帯性の針葉樹林にかわり、東日本にはブナやナラなどの落葉広葉樹林が、西日本にはシイなどの照葉樹林が広がった。動物も、大型動物は絶滅し、動きの速いニホンシカとイノシシなどが多くなった。こうした自然環境の変化に対応して、人びとの生活も大きくかわり、縄文文化が成立する。この文化は、約一万三〇〇〇年前から、水稲農耕をともなう弥生時代が始まる約二五〇〇年前頃までの期間にわたった(縄文時代)」(一一頁)。

この教科書の記述は「後氷期適応論」という一九六〇年代に登場した枠組みにもとづいている。氷期から後氷期への環境変動は一〇万年に一度しか起こらないきわめて大きな画期である。縄文時代の始まりもその大変動と一致していると、かつては考えていたのである。

二〇二三(令和五)年三月発行の最新の教科書である『詳説日本史』(日探)では、「この文化は約一万六〇〇〇年前から、水稲農耕をともなう弥生時代が始まる約二八〇〇〜二五〇〇年前までの期間にわたるが(縄文時代)、とくに温暖化が顕著になる一万一七〇〇年前以降に発展した」(九頁)と修正されて年代観は刷新されたが、後氷期適応にもとづく基本的な内容には変化はなかった。

しかしながら、この六〇年間で縄文時代の始まりをめぐる年代観、古環境観は大きく変化した。今後、教科書についても大幅な刷新が必要であろう。本稿では、縄文時代の始まりをめぐる研究史を整理しつつ、現在の研究の到達点を確認しておこう。

1　縄文時代の始まりとその年代・古環境をめぐる研究史

一九四〇年代～五〇年代前半：撚糸文土器の発見と放射性炭素年代測定の導入

一九四六(昭和二十一)年に群馬県みどり市岩宿《いわじゅく》遺跡の発見によって日本列島の旧石器時代遺跡の存在が確認されて以降、縄文時代の始まりの探究は、旧石器時代の終末と最古の土器を追究する方向で進展した。当時最古の土器は、一九四一(昭和十六)年に発見された撚糸文《よりいともん》土器であった。これは関東ローム層上面に突き刺さるようにして発見されたことからその古さが指摘されていたが、当時はまだ直接この土器の年代を知る手段はなかった。

一方、一九四七(昭和二十二)年にはアメリカのウィラード・リビー氏によって放射性炭素年代測定法が開発され、暦年代が既知の資料の測定によってこの測定法の有効性についての検証が進んだ。先史考古学はようやく具体的な数値年代を手に議論を行うことが可能となってきたのである。

一九五〇年代後半～六〇年代前半：夏島貝塚の年代が巻き起こした論争と後氷期適応

一九五〇年代後半には撚糸文土器の古さが明らかになった。その契機となったのが一九五〇・五五(昭和二十五・三十)年に行われた神奈川県横須賀市夏島《なつしま》貝塚の発掘調査であった。当時、日本最古と考えられていた撚糸文土器を包含していた貝層から出土した木炭とカキの貝殻の放射性炭素年代測定が行われ、それぞれ9240±500 BP、9450±400 BP(BPは西暦一九五〇年を基準としてそこからさかのぼった年代を意味する)であったことから、撚糸文土器が少なくとも九〇〇〇年前までさかのぼることが判明した。

一九五九(昭和三十四)年の『科学読売』(一一巻九月号)では「世界最古の土器」として特集が組まれるなど［杉原 一九五九］、世界的にも注目を集めるとともに、旧石器時代・縄文時代の時代区分論争にも発展した。縄文時代の始まりを一万年前と考える芹沢長介氏［芹沢 一九六二など］と、約五〇〇〇年前をさかのぼらないとする山内清男氏ら［山内・佐藤 一九六二］とのあいだで、長期編年・短期編年の論争が巻き起こったことは、学史的にも著名である。

縄文時代の始まりの環境史的な位置づけについても関心が高まった。芹沢氏は、一万年前という年代が、ヨーロッパにおける洪積世と沖積世の境界とも一致することに注目した［芹沢 一九六二］。一九六〇年代には放射性炭素年代の蓄積により、氷期から後氷期への境界の年代が一万年前と決定されていった世界的情勢とも大きく関連していたのであろう。なお一九六九(昭和四十四)年には、国際第四紀学連合(ＩＮＱＵＡ)により、更新世(氷期)と完新世(後氷期)の境界を放射性炭素年代で一万年前とする勧告が出されている。「更新世(氷期)／完新世(後氷期)の境界＝一万年前」、という理解は、当時の世界標準であった。

この境界の年代に注目し、一万年前に起こった氷期から後氷期への移行とともに日本列島の動植物相が大きく変化し、旧石器人が新しい環境に適応していく中で様々な道具を新たに発明し、縄文時代が始まった、と多くの考古学者は考えるようになった。これが「後氷期適応論」［岡本 一九六二］、「後氷期技術革新論」［近藤 一九六五］という考え方である。当時最古の土器が一万年前頃までさかのぼると判明したことは、「縄文文化＝後氷期の環境に適応した文化」という考えが普及する契機となった。

一九六〇年代～七〇年代：隆起線文土器群の発見と晩氷期の年代

一方で、一九五〇年代後半から六〇年代になると洞窟・岩陰遺跡の発掘調査が活発になり、撚糸文土器よりも古手の土器がつぎつぎと発見されるようになってきた。新潟県阿賀町室谷洞窟では撚糸文土器よりも下の層準から多縄文土器が、同小瀬ヶ沢《こぜがさわ》洞窟では多縄文土器や爪形文土器、隆起線文土器が出土した。これらの土器群は従来の縄文時代早期よりも古い、縄文時代草創期の土器群として区別されるようになった。

また、放射性炭素年代測定により、隆起線文土器の年代も判明した。長崎県佐世保市福井洞窟では爪形文土器(Ⅱ層)、隆起線文土器(Ⅲ層)にともなう炭化材が測定され、12400±350 yr BP(Ⅱ層)、12700±500 yr BP(Ⅲ層)という年代が得られた。同様に、愛媛県久万高原町上黒岩岩陰遺跡の隆起線文土器の層準の炭化材でも12165±600 yr BPという年代が得られ、土器の起源が一万三〇〇〇～一万二〇〇〇年前までさかのぼる可能性があることが判明してきたのである。

芹沢氏は「つい最近まで日本における土器の起源を約一万〇〇〇〇年前と考え、細石刃文化もその頃であろうと推定していたのだが(中略)約一万二〇〇〇年前まで土器の始源をさかのぼらせることも可能になってきた。したがって、旧石器時代の終末が一万三〇〇〇年代、土器の発生は一万二〇〇〇年代という数字が正しいのかもしれない」と指摘し、年代観を従来よりも二〇〇〇年古く見積もった[芹沢 一九六七]。そして、一万三〇〇〇年前から一万年前を、「旧石器時代から縄文時代(新石器時代)への過渡的な一時期」として、撚糸文土器以前を縄文時代から切り離し、「中石器時代」(のちに「晩期旧石器時代」とも呼ばれる)という時代を設定した。杉原荘介氏も撚糸文土器以前の土器の時期を、先土器時代から縄文時代への過渡期として「原土器時代」と呼んだ[杉原 一九六七]。

一方、縄文時代の始まりと当時の古環境との対比も改めて行われはじめた。欧米の古気候研究では、最終氷期の末期の一万三〇〇〇～一万年前頃に「晩氷期」という気候変動期が存在することが徐々に明らかになってきていた。隆起線文土器の年代は、この晩氷期と一致することから、安田喜憲氏は土器の出現が後氷期ではなく、晩氷期に当たることを指摘した[安田 一九七四]。また、宮下健司氏は晩氷期に位置づけられる旧石器時代から縄文時代への移行期に、「土器出現期」という新たな枠組みを設定した[宮下 一九八〇]。

以上のように、一九六〇年代～七〇年代には、旧石器時代／縄文時代という単純な区分ではなく、「中石器時代」「晩期旧石器時代」「原土器時代」「土器出現期」などの移行期を設ける時代区分が検討された。さらにその環境史的な位置づけについても「晩氷期」が注目されはじめ、更新世(氷期)／完新世(後氷期)という大きな区分と対比するだけでは不十分であることが、一部の研究者のあいだでは認識されるようになってきた。しかしながら、考古学界全体としては「後氷期適応論」の枠組みが修正されることはなく、縄文時代の始まりを従来どおり「後氷期」とする考えが大半を占めた。

一九七〇年代後半～八〇年代：隆起線文土器に先行する土器群の発見

隆起線文土器よりも古い可能性がある土器が見つかりはじめたのも一九七〇年代である。青森県外ヶ浜町大平山元《おおだいやまもと》I遺跡(七五年)や茨城県ひたちなか市後《うしろ》野《の》A遺跡(七五年)で見つかった神子柴・長者久保系石器群と無文土器をもつ文化は、石器の特徴によって旧石器時代から縄文時代への移行期としてとらえられた。隆起線文土器をさかのぼる可能性がある無文土器が東日本でつぎつぎと発見されてきた。しかし、これらの土器は、実際に隆起線文土器よりも古いのか、あるいはどの程度古いのかを直接明らかにする放射性炭素年代は得られていなかった。

なお、旧石器時代と縄文時代の区分においては、新たに出現した諸要素の中でも「土器の出現」をもっとも重視し、その出現をもって縄文時代の始まりと定義することが一般的である。小林達雄氏は、土器使用の効果とは、食物の煮炊きによってもたらされた効果であると指摘し、利用される食料の種類が増えたこと、とくに植物質の食料資源の開発が進んだことによる食料事情の安定化を重視した[小林一九八二]。そして、土器の出現こそが縄文時代開幕の原点としてもっとも重要だと定義したが、これも後氷期適応論の枠組みの延長線上にある。「後氷期適応論」や「後氷期技術革新論」を基礎として、煮炊きの土器が出現したことの歴史的意義を重視する時代区分の枠組みは、当時としてはきわめて整合的であり、説得力があったのである。

一九九〇年代：加速器質量分析法の普及と較正年代による年代観の変化

こうした状況に重大な変化が起こりはじめたのが一九九〇年代、とくにその後半である。一九七〇年代に開発された加速器質量分析装置(AMS)を用いた高精度な放射性炭素年代測定法の運用が、日本でも本格化したのである。この測定法の利点は微量の試料で、短時間で高精度な測定が可能という点である。AMS法は、考古遺跡で年代測定可能な分析試料の幅を大きく広げただけでなく(ごく微量の木炭や土器付着炭化物があれば年代測定が行えるようになった)、従来の方法の数倍から一〇倍もの点数の測定が行われるようになり、遺跡や土器編年の年代学的研究が大きく進展するきっかけとなった。

一方で、放射性炭素年代と暦の年代とのあいだに時間的なずれがあることは一九七〇年代には明らかになっていたが、欧米では年輪年代法などを用いて、放射性炭素年代を正確な暦の年代に較正するためのデータベースが整備され、一般に利用可能なかたちで公開されたのも一九九〇年代である。一九九三(平成五)年には暦年較正曲線 IntCal 93 が公開され、九四(平成六)年に北川浩之氏はこのデータを用いて、福井洞窟などの最古段階の隆起線文土器の年代が一万五〇〇〇年前までさかのぼることを示した［北川 一九九四］。

グリーンランド氷床コアから復元された高分解能な気候変動の様々なデータが公開されてきたもの一九九〇年代である。とくに、一万五〇〇〇〜一万一〇〇〇年前のあいだに地球規模で急激な気候変動が起こっていたことが示され、考古学でも、古環境研究への関心が急速に高まった。こうした流れを受け、堤隆氏は、縄文時代早期初頭が後氷期の始まりとほぼ一致すること、縄文時代草創期の始まりが晩氷期初頭に当たることを、改めて指摘した［堤 一九九九］。

そして一九九八(平成十)年に、大平山元Ⅰ遺跡から出土した無文土器の付着炭化物の放射性炭素年代測定が行われ、当時最新の IntCal 98 で暦年較正が行われた［大平山元Ⅰ遺跡発掘調査団編 一九九九］。暦年較正年代でもっとも古く見積もると一万六五〇〇年前までさかのぼる可能性を指摘した大平山元Ⅰ遺跡の研究は、考古学界に「暦年較正年代」「古環境」「縄文時代の始まりの歴史的意義」という、新たな課題を投げかけたのである。

二〇〇〇年代：二〇〇〇年佐倉宣言「炭素年から暦年へ」以降の二〇年

縄文時代の始まりの年代観をめぐって大きな混乱が生じた。放射性炭素年代＝暦年代と考え、縄文時代の始まりを一万年前(あるいは一万三〇〇〇〜一万二〇〇〇年前)と考えていたのに、突然、一万六五〇〇年前という話が出てきたのであるから、一九九〇年代以降の年代研究の展開を知らなかった考古学者にとっては当然の反応であろう。こうした混乱を収拾するべく、日本第四紀学会が二〇〇〇(平成十二)年に「より高い精度の放射性炭素年代と暦年を推進する」という「佐倉宣言」を行い、放射性炭素年代を較正した暦年代の使用を推奨した[辻 二〇〇一]。当時の考古学界には依然として暦年較正年代の「完全否定派」や「慎重派」も多かったが、暦年較正年代への理解もしだいに浸透していった。

『詳説日本史　改訂版』(日B 二〇二二)には『年輪年代法と炭素14年代法』というコラムがあり、「この較正炭素年代法によると、縄文時代の始まりは一万六五〇〇年前、弥生時代の始まりは約二八〇〇年前になる。較正炭素年代法は欧米では広く用いられているが、日本ではこれを認めない研究者もいる」(一一頁)と説明されていた。これは大平山元I遺跡の年代研究の成果と、それを受けての一九九九〜二〇〇〇年頃の考古学界の混乱について述べていると思われる。しかしながら、すでに二〇年以上が経過しており、「日本ではこれを認めない研究者もいる」というような研究状況ではなくなっている。

時代区分論争の再燃

暦年較正年代の適用によって、縄文時代の始まりが一万六五〇〇年前、縄文時代早期が一万一〇〇〇年前となることがわかり、縄文時代草創期だけで五〇〇〇年前後の時間が流れていることが明らかとなった。また、大平山元Ⅰ遺跡で無文土器が使われた頃の北東北は、まだ最終氷期から続く寒冷な気候の段階であると推定されたことも大きな問題を提起した〔谷口・川口 二〇〇一〕。

考古学者が時代区分のよりどころとしてきた「後氷期適応論」は、「土器の出現=縄文時代の開始」という考えとは一致しなくなったのである。一九六〇年代後半に福井洞窟などの放射性炭素年代が得られた直後に提起された、「中石器時代」「晩期旧石器時代」「原土器時代」「土器出現期」といった移行期を設ける時代区分の枠組みを、現在的な視点で再評価するきっかけとなった。

谷口康浩氏は縄文時代草創期ではなく、縄文時代早期初頭の特徴を整理し、「日本固有の環境に適応した独自の新石器化」として改めて評価した〔谷口 二〇〇二〕。「縄文文化の成立と発展が完新世の環境変化と不可分に連動していたという見通しが間違っていないとすれば、「草創期」をそこに含めるのは年代的にも環境的にも適当ではないように思われる」として、縄文時代草創期を旧石器時代から縄文時代への「移行期」として切り離し、縄文時代は早期が始まる一万一〇〇〇年前頃からとする区分案を提示したのである。きわめて重要な提案であるが、考古学界全体としての議論は進んでおらず、「移行期」を採用するまでには至っていない。最新の教科書である『詳説日本史』(日探 二〇二三)には、「日本列島でもっとも古い土器に付着した炭化物の^{14}C年代測定をおこなったところ、約一万六五〇〇年前の年代が出された。これは更新世の氷期に相当するので、土器の出現を縄文時代の指標にすべきではないという意見もある」という註があり、この問題について補足されている。

以上が、土器の起源と旧石器/縄文時代区分をめぐる論争の概要である。

2　縄文時代の始まりの年代と古環境との対比（現在的理解）

つぎに、現在的な視点で縄文時代の始まりの年代と古環境との関係を整理しておこう（**図1**）。

更新世から完新世へ（氷期から後氷期へ）

約二六〇万年前から現在までの最新の地質時代である第四紀は、更新世と完新世に区分される。一九九〇年代から二〇〇〇年代に行われた最新の古気候研究と年代研究の成果をふまえ、国際地質科学連合は、グリーンランド氷床コアや福井県水月湖《すいげつ》などのいくつかの模式層序とその年代にもとづいて、この境界を一万一七〇〇年前とする提案を批准した。したがって、「更新世／完新世の境界＝一万一七〇〇年前」が現在の理解である。

氷期—間氷期変動

第四紀には全般的には寒冷気候が卓越するが、約一〇万年周期で寒冷な氷期と短期的かつ温暖な亜間氷期を繰り返している。現代と同程度温暖であった約一二万年前の最終間氷期のあと、気候はしだいに寒冷化して氷期に突入した。これが最終氷期（約一一万年前もしくは七万〜一万一七〇〇年前）である。最近のグリーンランド氷床コアによる高分解能な古気候研究の成果にもとづけば、最終氷期の寒冷化のピーク（最終氷期最寒冷期）は、二万八〇〇〇〜二万三〇〇〇年前頃であった。その後ゆるやかに温暖化に向かうが、最寒冷期から続く寒冷気候はその後一万五〇〇〇年前頃まで継続した。日本列島の旧

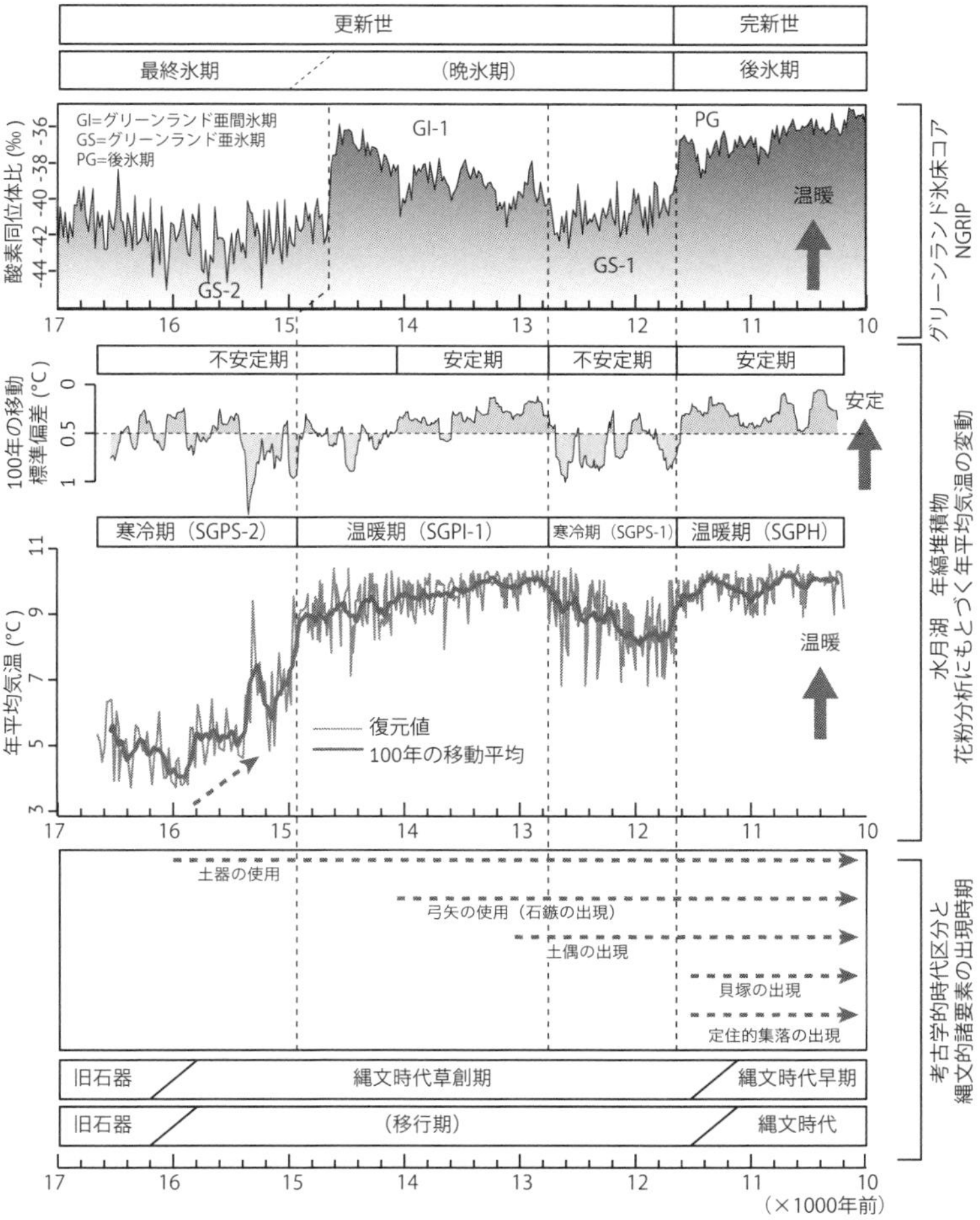

図1　1万7000〜1万年前のあいだの古環境変化と考古学的編年との時間的対応関係
グリーンランド氷床コアはNGRIPのGICC05年代モデルを使用。水月湖のデータは[中川 2023]による。

石器時代(約三万七〇〇〇〜一万六〇〇〇年前)は、すべて最終氷期に含まれる。

晩氷期の気候変動

最終氷期から後氷期への変動は、一〇万年に一回起こるきわめて大きな変動であるが、その移行期である約一万五〇〇〇〜一万一七〇〇年前には、たった数十年で年平均気温が七〜一〇度近く上昇するようなきわめて大きな気候変動が何度も起こっていた。一九七〇年代にはその存在が認識されるようになってきたが、この気候変動期を一般的に晩氷期と呼んでいる。

最終氷期最寒冷期の日本列島では、寒冷化・乾燥化により、マツ属・ツガ属・モミ属・トウヒ属などを中心としたマツ科針葉樹が優勢な針葉樹林におおわれていたことが、これまでの多くの古植生研究によって明らかになっている。そのような植生に大きな変化が生じたのが晩氷期であり、一万五〇〇〇年前前後を境としてマツ科針葉樹が減少を始め、代わって落葉広葉樹林の樹木であるミズナラやコナラなどのナラ類、ブナなどが増加していった。さらに、後氷期になると、最終氷期に多くみられたマツ科針葉樹はほとんど検出されなくなり、東北から近畿にかけて冷温帯性の落葉広葉樹林が発達した。シイ属やコナラ属アカガシ亜属などの照葉樹林の要素は、西日本では八〇〇〇年前頃に拡大をする。後氷期初頭にすぐに現在と同様の環境になったわけではない点も注意しておきたい。日本列島の植生は地域ごとに違いがみられるが、晩氷期から後氷期の前半にかけて植生は段階的に変化していった。

長野県野尻湖や福井県水月湖の湖底堆積物の花粉分析によりその変化が詳細にとらえられるように

なった。とくに、水月湖の湖底堆積物は年縞（一年ごとに形成された層状の堆積物）によって、高分解能かつ高精度に古環境変遷が明らかにされた。中川毅氏は約一万七〇〇〇年前から一万年前までのあいだの詳細な花粉分析にもとづいて、この間の古気候の変化を復元した［中川 二〇一三］。水月湖では一万四九〇〇年前を境として針広混交林から冷温帯性の落葉広葉樹林へと、大きな植生変化が起こっている。中川氏は、この植生交代が一万四七〇〇年前には完了したことを指摘しており、この間の温暖化と植生変化はきわめて急激なものであった。中川氏はこの間を「嵐の二〇〇年」と呼んでいる。なお、水月湖のデータで観察される温暖化の開始（約一万四九〇〇年前〜）は、グリーンランド氷床コアのデータに示された温暖化開始（約一万四六七〇年前〜）より先行している。

中川氏は水月湖のデータにもとづいて、一万七〇〇〇〜一万四九〇〇年前の寒冷期（SGPS－2）、一万四九〇〇〜一万二八〇〇年前の温暖期（SGPI－1）、一万二八〇〇〜一万一七〇〇年前の寒冷期（SGPS－1）に区分し、一万一七〇〇年前からの温暖期を後氷期と対比した（SGPH）。なお、晩氷期の温暖化開始前の寒冷期（SGPS－2）には、一万五八〇〇〜一万四九〇〇年前にかけて、本格的な温暖化の前に、気候のゆるやかな温暖化傾向がみられる点が指摘されていることは付記しておきたい。

かつての「後氷期適応論」では、後氷期の開始（約一万年前）とともに落葉広葉樹林の拡大が起こったと考えてきたが、実際にはそのような大規模な変化が起こったのは晩氷期の一万四九〇〇年前のできごとであった。しかも、晩氷期の気候変動は複雑であり、一万二八〇〇〜一万一七〇〇年前頃に顕著な寒冷期も存在する。「寒冷気候が卓越する最終氷期最寒冷期」とも、「温暖で安定した気候が卓越する後氷期」とも異なる、「気候の激変期」であることが、晩氷期の特徴の一つでもある。

縄文時代草創期から早期初頭の考古編年と古環境との対比

放射性炭素年代を暦の年代に変換する暦年較正曲線は、数年ごとにより正確なものへとアップデートされている。二〇二〇(令和二)年に公開されたIntCal 20が最新版である。日本列島の土器出現の年代は、大平山元Ⅰ遺跡、福井洞窟、長崎県佐世保市泉福寺洞窟などの年代を参考にすれば、一万六〇〇〇年前前後に位置づけられる可能性が高い[工藤ほか 二〇二二]。土器出現を基準とするならば、縄文時代の始まりは一万六〇〇〇年前前後である。したがって、縄文時代の始まりは後氷期(一万一七〇〇年前〜)でも、晩氷期(約一万四九〇〇年前〜)でもなく、それよりも一〇〇〇年以上前の、最終氷期から続く寒冷期に相当する。水月湖の場合では、SGPS－2の寒冷期と対応する。

縄文時代を特徴づける諸要素のうち、弓矢の出現の時期を明確化することは難しいが、小型化した石鏃の出現＝弓矢の出現とみるならば、一万四〇〇〇年前前後になる可能性が考えられる。現在発見されている最古の土偶は滋賀県東近江市相谷熊原《あいだにくまはら》遺跡と三重県松阪市粥見井尻《かゆみいじり》遺跡の資料であるが、いずれも一万三〇〇〇年前頃である。定住的な集落遺跡は一万四〇〇〇年前〜一万三〇〇〇年前頃に南九州の隆帯文土器文化においてみられ、石皿・磨石などの植物加工具も多く出土するが、列島全体には広がらなかった。縄文時代早期初頭(約一万一〇〇〇年前)になると、竪穴住居跡の検出例が顕著に増加し、一部の地域では定住化が促進された。貝塚をともなう遺跡は、縄文時代早期初頭からみられるようになる(ただし旧石器時代に海産資源の利用がまったくなかったとは考えにくい。多くの痕跡は海底、もしくは分厚い沖積層の下に埋もれている可能性が高い)。

これらの状況を、**図1**にまとめて対比した。

おわりに

以上のように、最近二〇年の研究のもっとも大きな成果の一つは、縄文時代草創期は後氷期ではなく、その中心は最終氷期末の晩氷期にあり、また最古段階の土器の年代は、晩氷期の急激な気候温暖化の開始時期(約一万四九〇〇年前)をさかのぼり、最終氷期から続く寒冷気候が卓越する一万六〇〇〇年前頃になることがわかってきた点である。つまり、「最終氷期から後氷期へ」という大きな地球環境の変化と、「旧石器時代から縄文時代へ」という時代区分とを直接的に対比して、土器出現の歴史的意義を位置づけるような、単純化された後氷期適応論的な枠組みは、学史上の過去のものとなっている(**図2**)。最新の教科書である『詳説日本史』(日探 二〇二三)においても、縄文時代草創期の土器について、「更新世の終末から完新世への移行期における自然環境の変化に応じて、日本列島に住む人々がいち早く新しい文化を生み出していった結果である」と説明されているが、このような因果関係で説明することはできないだろう。今後、新たな時代区分の枠組みの再検討を通じて、縄文時代、縄文文化とは何なのか、縄文時代の始まりをどのようにとらえるのかを、改めて議論していくことが必要不可欠である。

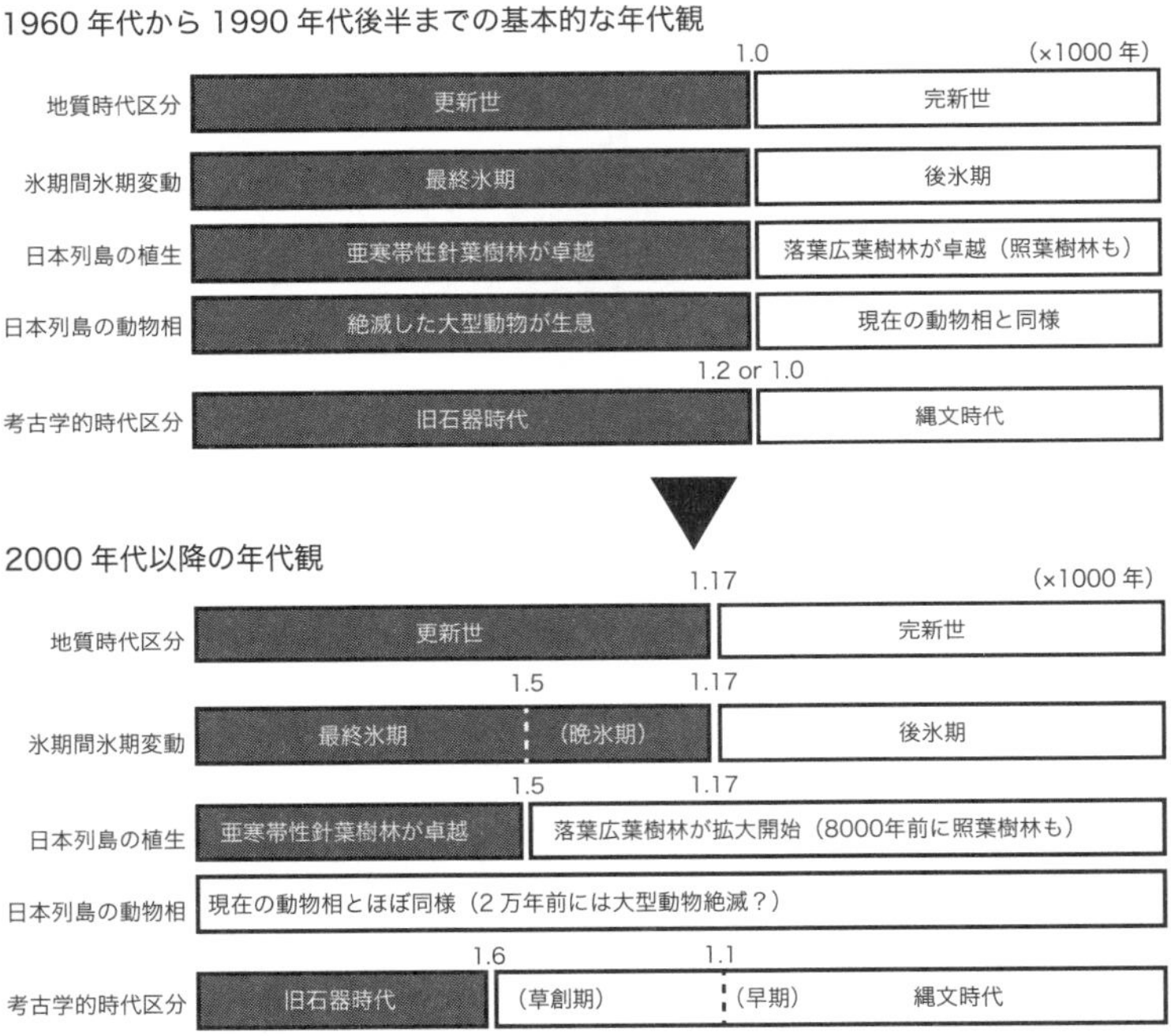

図2　縄文時代の始まりをめぐる古環境観の対比

〈**参考文献**〉

大平山元Ⅰ遺跡発掘調査団編　一九九九年『大平山元Ⅰ遺跡の考古学調査――旧石器文化の終末と縄文文化の起源に関する問題の探究』

岡本明郎　一九六二年「日本における土器出現の自然的・社会的背景について」（『考古学研究』第八巻第四号）

北川浩之　一九九四年「C14年代が正確な年代に直結した」（『科学朝日』五四巻一一号）

工藤雄一郎・柳田裕三・米田穣　二〇一二年「放射性炭素年代測定による北九州の縄文時代草創期土器群の暦年代――長崎県泉福寺洞窟を例に」（『文化財科学』八四号）

小林達雄　一九八一年「総論」（『縄文文化の研究3』雄山閣）

近藤義郎　一九六五年「後氷期における新しい道具」（『世界歴史1』人文書院）

近藤義郎　一九八六年「総論――変化・画期・時代区分」（『岩波講座日本考古学6』岩波書店）

杉原荘介　一九五九年「縄文文化初頭の夏島貝塚の土器」（『科学読売』一一巻九月号）

杉原荘介　一九六七年「日本先土器時代の新編年に関する試案」（『信濃』一九巻四号）

芹沢長介　一九六二年「土器の起源」（『自然』一七巻一一号）

芹沢長介　一九六七年「日本における旧石器の層位的出土例と^{14}C年代」（『日本文化研究所研究報告』三号）

谷口康浩　二〇〇二年「縄文早期のはじまる頃」（『異貌』二〇号）

谷口康浩・川口潤　二〇〇一年「長者久保・神子柴文化期における土器出現の^{14}C年代・較正暦年代」（『第四紀研究』四〇巻六号）

辻誠一郎　二〇〇一年「シンポジウム「21世紀の年代観――炭素年から暦年へ」」（『第四紀研究』四〇巻六号）

堤隆　一九九九年「晩氷期へと突入する縄文草創期」（『考古学ジャーナル』四四二号）
中川毅　二〇二三年「水月湖年縞堆積物の花粉分析と精密対比によって復元された、晩氷期から完新世初期にかけての気候変動の時空間構造――その古気候学的および考古学的意義」『第四紀研究』六二巻一号
宮下健司　一九八〇年「土器の出現と縄文文化の起源（試論）――自然環境の復元と土器の機能を中心にして」（『信濃』三二巻四号）
安田喜憲　一九七四年「日本列島における晩氷期以降の植生変遷と人類の居住」（『第四紀研究』一三巻三号）
山内清男・佐藤達夫　一九六二年「縄紋土器の古さ」（『科学読売』一四巻十二月号）

4

縄文農耕論の新展開——レプリカ法による研究の成果を中心に

中沢　道彦

はじめに

縄文時代(おおむね一万六〇〇〇〜二四〇〇年前)が狩猟・漁労・採集による食料採集(獲得)経済、弥生時代(おおむね二六〇〇〜一七〇〇年前)が水稲農耕を主とする農耕による食料生産経済とする時代の枠組みがある。これに対し、縄文時代は狩猟・漁労・採集に加え、植物栽培や農耕が行われていたとする学説——縄文農耕論——がある。

縄文時代は世界史の視点で新石器時代に対比される。新石器時代では土器が発生し、磨製石器が使用され、生業で農耕・牧畜が開始され、集落は定住的となる。一方、縄文時代は狩猟・漁労・採集が生業の主体であるが、植物栽培や農耕の存否が議論されている。一八八四(明治十七)年には神田孝平氏により打製石斧が農耕に用いられたとする説が提案されているので[Kanda 1884]、この論争は一世紀以上続いていることになる。縄文時代の経済基盤の解明は日本考古学の大きな課題であるが、まずは研究の状況を確認する。

1 縄文・弥生の枠組み

縄文時代が狩猟・漁労・採集による食料採集経済、弥生時代が水稲耕作を主とする食料生産経済に立つとする枠組みは、一九三二〜三三年に雑誌『ドルメン』に掲載された、山内清男氏による「日本遠古之文化」に始まる［山内 一九三二〜三三］。「縄紋土器の時代は新石器時代と云ってよい。しかし欧州の新石器時代と違って農業が行われて居ない。貝塚や泥炭層から出る食料遺残が示す様に、生活手段は狩猟漁獲、又は植物性食料の採集であったとみてよい」「弥生式の文化に於いては、新たに農業が加はり、又、厚葬の萌芽が見られる。これらは当時盛んとなった大陸との交渉と直接又は間接に関係あるもの」とある。それに先だつ一九二五年、山内氏は宮城県多賀城市桝形囲《ますがたかこい》貝塚出土の弥生時代中期土器底面に籾圧痕を確認しているが、これは弥生時代における稲作農耕の重要性を指摘する嚆矢となった［山内 一九二五］。

山内氏は「縄文学の父」とも呼称された研究者である。縄文土器から地方差、年代差を示す年代学の単位である型式を設定、それを時間軸とする日本列島の土器編年を構築し、縄文文化の変遷を明らかにする。「日本遠古之文化」が公表された一九三〇年代、学界の主流は記紀神話を前提とした皇国史観であったが、山内氏は精緻な土器編年をもって日本列島の先史時代の枠組みを築いた。

一方、当時の西欧考古学では、一九二五年にはV・G・チャイルド氏が『ヨーロッパ文明の黎明(The Dawn of European Civilization)』を著し、のちに新石器革命の概念を提案する。西欧の新石器時代成立の画期とその経済基盤が農耕や牧畜によるとする見解が有力になっている。当時の海外の研究をよく知る山内氏が西欧の新石器時代と縄文時代を比較し、あえて日本列島の独自性に注目し、縄文時代を家畜としての犬の飼育はあるものの、農耕が行われていない新石器時代に位置づけたのである。

山内氏が縄文時代を、農耕を欠く新石器時代とみなした背景は、のちの論文も含めて判断すると、①青森県八戸市是川中居《これかわなかい》遺跡、埼玉県さいたま市真福寺《しんぷくじ》貝塚など、当時の縄文低湿地遺跡から堅果類は出土するが、穀物など栽培植物が出土する確実な証拠はない［山内 一九三二～三三］、②クラーク・ウィスラー氏の研究など、北部でサケとドングリを保存食、南部でドングリを主食とするカリフォルニア・インディアンをモデルとした［山内編 一九六四］、③のちに縄文土器の起源を紀元前二五〇〇年頃に推定した山内氏は当初から縄文時代の短期編年観をもち、日本列島の特異性を意識していた［山内編 一九六四］、④チャイルド氏の『ヨーロッパ文明の黎明』などから、地理的環境で西欧でも農耕の伝播が遅れる北欧や島国英国を先史時代の日本の農耕起源のモデルとしていた、⑤牧野富太郎氏の研究など、日本列島のほとんどの栽培種植物が大陸起源とする当時の植物学の最先端の研究成果を前提としていた［能登 一九八七］などの理由によると考えられる［中沢 二〇一二・二〇一六］。

山内氏による一連の縄文時代研究は枠組みづくりに向けた仮説・検証・体系化の連続であり、土器編年を時間軸として文化変遷を追究し、「縄文式」は狩猟・漁労・採集、「弥生式」に農耕が加わる枠組みを築いた。山内氏は「縄文式」「弥生式」土器が使用される時代の経済基盤を論じていたが、一九七五年に佐原真氏が弥生時代を水田稲作など本格的な農耕の始まった時代と定義して以降、縄文時代が土器発生後の狩猟・漁労・採集を主体にした時代、弥生時代が水田稲作を主体に本格的な農耕が始まった時代とする見解が有力となる。

また、一九八〇年前後に福岡市板付《いたづけ》遺跡、福岡県糸島市曲り田《まがりた》遺跡、佐賀県唐津市菜畑《なばたけ》遺跡と縄文時代晩期後半突帯文《とったいもん》土器群の時期の水田跡が検出され、九州北部ではそれまで縄文時代終末とされた時期に朝鮮半島経由でイネがもち込まれ、水田栽培されたことが明らかになった。佐原氏は「弥生時代早期」の概念を新たに提案したが、その概念の当否や、「弥生時代早期」の区分を西日本の縄文時代晩期後半突帯文土器群のどの段階に対応させるか、また九州北部や西日本全体とどの範囲で適応させるかなどが議論となっている。詳細は後述するが、西日本の突帯文土器群の時期には地域差・時期差はあるものの、大陸系穀物であるイネ・アワ・キビの存在は検証されており、議論の定点となる。

2　縄文農耕論の視点

縄文時代に植物栽培や農耕が行われていたとする縄文農耕論には令和時代の今日に至るまで長い学史の蓄積があり、様々な論点で仮説が提案されている。土掘り具である打製石斧を農具とする視点は日本考古学黎明期に神田孝平氏により示され、一九二七年の神奈川県相模原市勝坂《かっさか》遺跡の報告では打製石斧の装着復元がなされ、その用途は農耕に推定されている［大山 一九二七］。

学史的に代表的な縄文農耕論としては、藤森栄一氏らによる八ヶ岳山麓の縄文中期農耕論や賀川光夫氏による九州の縄文後・晩期農耕論がある［藤森編 一九六五、藤森 一九七〇、賀川 一九六六・一九七二］。いずれも住居などの遺構数が多く、遺跡の規模が拡大傾向にある状況で、考古遺物では打製石斧が増加し、土器の器種分化などの特徴が認められる。特定の時期、地域の個性ある大遺跡の成立背景としてその生業を農耕に求めている。両論ともある意味、新石器革命をパラダイムとした面もあり、農耕の開始による社会の変化という視点が大遺跡成立の背景の考察につながったのだろう。両論はおもに一九五〇～七〇年代に展開されたが、同時期の酒詰仲男氏は「日本原始農業試論」で、縄文時代に栽培がないこと自体が不自然という前提で仮説を組み立てている［酒詰 一九五七］。

文化人類学では、一九六〇年代後半に登場したアジア全体のフィールドワークを基礎とした照葉樹林文化論が、中国雲南を中心とする東亜半月弧の地域の文化要素を体系化して、これを日本列島の基層文化でもあるとし、狩猟→半栽培→栽培という農耕のモデルを提案［中尾 一九六六など］、とくに焼畑から水田耕作に移行するという論は西日本の縄文後・晩期農耕論のモデルとなり［佐々木 一九九一など］、その後の研究に影響を与えた。しかし、野生のイネは湿地から水田栽培されるようになっても、焼畑からは水田栽培に進化しないことなどの問題点が指摘されている［安藤 二〇〇五、池橋 二〇〇五］。また、文化人類学の調査によって示されたアジア全体で数千年にわたる諸文化の要素を西日本の縄文後・晩期農耕論に無理に結びつけた面は否定できない。

一九七〇年代後半以降の縄文農耕論の議論として注目されるのは埋蔵文化財行政による遺跡調査で資料の蓄積が進み、自然科学分析の導入が本格化し、植物遺存体から栽培植物に関する議論が活発化した点だ。一例として長野県諏訪市荒神山《こうじんやま》遺跡などから出土した中部高地の縄文時代中期のシソ属種実塊が挙げられる。出土当初、「アワ状種子塊」とされ、縄文中期農耕論が検証されたとみる向きもあったが、走査型電子顕微鏡による種実の表皮組織の観察でシソ属に特徴的な「わらじ状細胞」が確認され、エゴマやシソなどのシソ科と同定された［松谷 一九七六］。植物学では、「雑草種」はあるものの、シソ・エゴマとも栽培植物とされている。そのほか、縄文時代の遺跡からは、穀物栽培存在の議論とは別にして、ヒョウタン、「リョクトウ類似種」などのマメ類、アサなど、栽培種とされた有用植物の存在が明らかになった。ただし、福井県若狭町鳥浜《とりはま》貝塚出土の縄文時代前期「リョクトウ類似種」はのちに野生種のヤブツルアズキかノラアズキササゲと結論され、同貝塚出土縄文時代早期のヒョウタンについては漂着した事例とする説も示された。

日本列島である植物を栽培種とする場合、列島内で野生種が確認されず、列島外で野生種が栽培化され、栽培種となり渡来したとされる場合が多い。しかし、一方でクリ・ヒエ・マメ科などで日本列島の野生種の有用植物が縄文時代に管理、栽培され、種実が大型化したという仮説が提案され、議論が活発化した。また、有用植物のウルシが管理、栽培されたとする仮説もある。

学史的には酒詰仲男氏による縄文遺跡出土の大型のクリは野生種が栽培化されたものとする仮説［酒詰 一九五七］、澄田正一氏のヒエ馴化《じゅんか》、大型化仮説［澄田 一九五五］などはあるのだが、とくに一九九〇年代以降は日本列島在来の野生の有用植物がヒトに管理され、場合によれば栽培化され、種子が大型化したとする仮説が提案され、実際にクリなどでは種子の計測値から大型化を示すデータも示されている。例えば陽樹のクリは、除草などで生育環境が整えられ、管理されて、長期に継続する遺跡の経済基盤の一つとなったとする仮説［荒川編 二〇〇九など］や、一年限りの生産ではなく、クリなど森林の資源を長期間の管理や移植で増産したという、縄文時代を「森林性新石器時代」としてくる概念〔今村 一九九九〕、果実の有用性や生育の早さ、木材利用もふまえて、「クリ林経済」とする概念も示されている。なお、マメ科種子の大型化については後述する。

3 レプリカ法による研究成果から

弥生農業につながるイネの水田栽培は、前述のとおり、九州では縄文時代晩期後半（弥生時代早期）突帯文土器群の時期に導入された。そして、その時期をさかのぼる縄文時代後・晩期にイネ・アワ・キビ・オオムギ・コムギなど、大陸系穀物が渡来、栽培されたか否かの議論が活発化した。遺跡調査で炉内や住居埋土などからの微細遺物回収に向けた水洗選別法が導入され、微細な植物種子などが検出される中で縄文時代後・晩期の遺跡や遺構から炭化米（イネ）やオオムギなどの種実が検出され、注目されることがあった。しかし、縄文時代の遺跡、遺構から検出されたイネなどの大陸系穀物を、微細な試料でも測定可能なAMS放射性炭素年代測定法で測定すると、これらは縄文時代とは異なる年代値を示し、後世の穀物の混入と判明した。

また一九九〇年代から二〇〇〇年代にかけて、岡山県総社市南溝手《みなみみぞて》遺跡、倉敷市福田《ふくだ》貝塚、熊本県天草市大矢《おおや》遺跡、長崎県南島原市権現脇《ごんげんわき》遺跡など、西日本で縄文時代晩期後半（弥生時代早期）突帯文土器群の時期をさかのぼる「縄文時代中期末〜後・晩期土器」から「籾（イネ）」「オオムギ」「アワ」やイネの害虫であるコクゾウムシの圧痕が検出されたとされ、西日本における縄文時代後・晩期のイネ栽培が一時期確実視された向きもあった［山崎 二〇〇五など］。しかし、詳細に資料を検証すると、土器の時期比定や種実の同定に問題があった［中沢 二〇〇九］。また、コクゾウムシ圧痕についても、その後、縄文時代早期土器からも確認され、当時のコクゾウムシは堅果類を食べたと考えられ、イネ存在の状況証拠といえなくなった。

二〇〇〇年前後から土器の穀物圧痕から植物栽培を探る議論が活発となっている。前述の籾圧痕などの議論もその一つである。土器の圧痕とは、土器製作時に植物の種実が偶然などの理由で付着し、そのまま焼成されたために、土器の表面に残された微細なくぼみ部分を指す。そして土器の種実圧痕は、その土器が製作された時期にその植物が存在したことを示すので、化石の考えに近い。層位に相当する縄文土器は年代差と地域差により型式という共通項でくくられ、その型式で編成される土器編年による年代序列が確立しており、最近では土器付着炭化物の年代測定事例も蓄積されて、暦年代も推定されている。

そして、土器の種実圧痕にシリコン樹脂を注入、型どりして、走査型電子顕微鏡で観察するレプリカ法［丑野・田川 一九九一］を分析に用いると、種実の表面組織の再現性が高く、精度の高い同定が可能となり、土器編年による時間序列編成の研究成果とあいまって先史時代の植物利用の実態を大いに明らかにした。すでに述べたとおり、縄文農耕論で議論の対象となる突帯文土器群をさかのぼる縄文時代後・晩期にイネ・アワ・キビなど大陸系穀物は存在しないが、弥生時代前期農耕につながる各地域の縄文時代晩期後半〜終末のそれらの栽培の導入実態が明らかにされている［中沢 二〇一四、設楽編 二〇一九など］。

レプリカ法による成果の一つに、縄文時代で有用植物としてのマメ利用が明らかになった点が挙げられる。レプリカ法分析と臍《へそ》の形状による同定が導入され、九州の縄文時代後・晩期や中部高地の縄文時代中期土器のマメ圧痕事例を中心にデータが蓄積された［小畑ほか 二〇〇七、中山 二〇二〇、会田ほか 二〇一二など］（**図1・2**）。縄文時代草創期には野生マメの検出事例があり、早期・前期でも植物遺存体や土器の圧痕で確認されるが、例えば中部高地において、マメ科圧痕の計測からダイズ属では縄文時代中期前葉〜中葉、ササゲ属（アズキの仲間）では縄文時代中期中葉〜後葉で復元種子長が拡大することが明らかにされ［佐野 二〇二二など］、その背景に有用資源の管理なり、栽培の可能性が指摘されている。ただし、管理はともかく、栽培について考えると、縄文人が食用としてマメ科植物を栽培し、

図 1 圧痕をもつ縄文時代中期後葉土器の外面・内面（長野県岡谷市目切遺跡出土、市立岡谷美術考古館蔵）

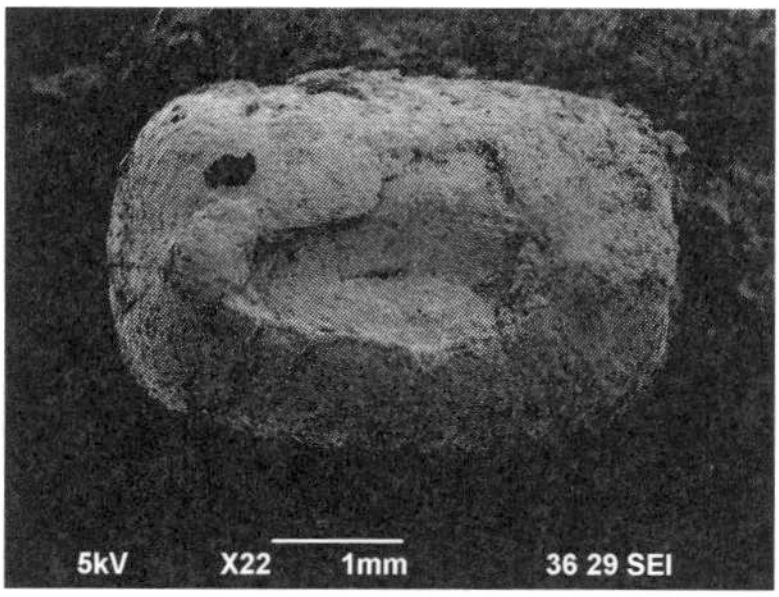

図 2 土器のマメ類種子圧痕の走査型電子顕微鏡写真（目切遺跡出土、会田進氏提供）

その結果、遺伝的な変化でマメ科種子が大型化したと仮定すれば、縄文時代中期の畠跡が検出されるはずだが、これまで検出されておらず、この時期に栽培を示す証拠はない。マメが畠跡から出土した列島最古の事例は徳島県徳島市庄《しょう》・蔵本《くらもと》遺跡の弥生時代前期中葉の畠跡で、大陸系穀物のアワ・キビにササゲ属やエゴマが出土している。大陸から水田とともに、アワ・キビの畠栽培の技術が導入された時期に、伝統的な有用植物が栽培対象に加えられたとする解釈も可能である。また、最近では植物の種子の大型化について、人の関与がなくても、植物側の事情で生育しやすい人為環境への一方的な進出(片利共生)でも成り立つ点が指摘されている[米田ほか 二〇二三]。縄文時代のマメ科種子の大型化の解釈には、まだ多様な分析視点が必要だ。

レプリカ法では、縄文時代のシソやエゴマと考えられるシソ科の種実データも蓄積されている。今日的なエゴマは種の管理と所定の季節での播種により作物の有用性を得られるが[小畑 二〇一六]、縄文時代のエゴマが今日のエゴマと同等の品質をもつか検証されておらず、畠跡もない現状では、エゴマについても栽培されたという証拠はない状況である。

4 今後の展望

以上、縄文農耕論について研究史、出土植物遺存体やレプリカ法による種実圧痕などから栽培植物存否の研究現状を簡単に述べた。

戦後、山内清男氏の経済史観による縄文/弥生の枠組みが普及、定着する中、藤森栄一氏や賀川光夫氏の縄文農耕論は登場した。しかし、対立する見解ながら、三者は新石器革命や唯物史観なり経済発展段階説を前提とすることで共通する。山内氏が弥生時代以降に画期を求めた一方、藤森氏・賀川氏は中部高地の縄文時代中期や九州の縄文時代後・晩期の大規模遺跡の成立背景を農耕に求めたといえる。藤森氏や賀川氏の研究は、それが農耕に由来しなくても、地域の特色ある文化の実態を明らかにする方向性を示した。

イネ・アワ・キビなど大陸系穀物については、西日本の縄文時代晩期後半(弥生時代早期)突帯文土器群をさかのぼる事例はない。これが、遺跡調査に加え、それらの存在の有無を検証するのに有効なレプリカ法を用い、いくつかの研究プロジェクトによって全国各地の資料探索が進められたことによる、二〇二三年現在の結論である。コムギ・オオムギについては弥生時代でもその存在が判然としていない。

縄文時代における有用植物としてのマメの利用はレプリカ法により明らかになり、管理なり、栽培されたとする仮説も提案されているが、栽培については畠跡が検出されておらず、検証には至っていない。マメ科種子の大型化は確かだが、最近ではヒトの関与ではなく、植物側の事情で大型化する片利共生の考え方も示されている。

縄文農耕論は生業論のみならず、集落論や社会論なども含んだ、学史的にも長い歴史をもつ仮説といえるが、いまだ検証されていない。縄文人が動植物や自然を熟知し、高度な技術知をもち、有用植物をたくみに利用していたことは間違いない。シソ・エゴマなど栽培種である有用植物の出土事例は蓄積されているが、縄文人と栽培種植物との具体的な関わりは未検証の点が多い。

ただ、縄文農耕論の議論により、考古学の研究は大いに進展している。大遺跡の成立基盤を探る視点や世界史的に新石器時代との対比の視点の導入、土器・石器の用途・機能研究、植物考古学の進展、自然科学分析を導入した学際的な研究の展開など、今後も新しい研究の進展で新たな議論が期待される。

〈**参考文献**〉

会田進・中沢道彦・那須浩郎・佐々木由香・山田武文・輿石甫　二〇一二年「長野県岡谷市目切遺跡出土の炭化種実とレプリカ法による土器種実圧痕の研究」(『資源環境と人類』二号)
荒川隆史編　二〇〇九年『縄文時代のクリ利用に関する考古学・民俗学・年輪年代学的研究』
安藤広道　二〇〇五年「日本列島の初期稲作技術を理解するために――東アジア的視点からの基礎整理」(『日本情報考古学会第二〇回大会発表要旨』)
池橋宏　二〇〇五年『稲作の起源――イネ学から考古学への挑戦』(講談社選書メチエ)
今村啓爾　一九九九年『縄文の実像を求めて』(吉川弘文館)
丑野毅・田川裕美　一九九一年「レプリカ法による土器圧痕の観察」(『考古学と自然科学』二四号)
大山柏　一九二七年『史前研究会小報第一号　神奈川縣下新磯村字勝坂遺物包含地調査報告』(史前研究会)
小畑弘己・佐々木由香・仙波靖子　二〇〇七年「土器圧痕からみた縄文時代後・晩期における九州のダイズ栽培」(『植生史研究』一五巻二号)
小畑弘己　二〇一一年『東北アジア古民族植物学と縄文農耕』(同成社)

小畑弘己　二〇一六年『タネをまく縄文人――最新科学が覆す農耕の起源』(吉川弘文館)
賀川光夫　一九六六年「縄文時代の農耕」(『考古学ジャーナル』二号)
賀川光夫　一九七二年『農耕の起源――日本文化の源流をさぐる』(講談社)
酒詰仲男　一九五七年「日本原始農業試論」(『考古学雑誌』四二巻二号)
佐々木高明　一九九一年『日本の歴史1　日本史誕生』(集英社)
設楽博己編　二〇一九年『農耕文化複合形成の考古学(上)(下)』(雄山閣)
澄田正一　一九五五年「日本原始農業発生の問題」(『名古屋大学文学部研究論集』一一号)
佐野隆　二〇二二年「八ヶ岳南麓と周辺地域における縄文時代のマメ科種子長の通時的変化」(『植生史研究』三一巻一・二号)
中尾佐助　一九六六年『栽培植物と農耕の起源』(岩波新書)
中沢道彦　二〇〇九年「縄文農耕論をめぐって――栽培種植物種子の検証を中心に」(『弥生時代の考古学5』同成社)
中沢道彦　二〇一二年「縄文農耕論」(『戦後歴史学用語辞典』東京堂出版)
中沢道彦　二〇一四年『先史時代の初期農耕を考える――レプリカ法の実践から』(富山県観光・地域振興局国際・日本海政策課)
中沢道彦　二〇一六年「縄文時代食料採集経済説の成立背景」(『海と山と里の考古学――山崎純男博士古稀記念論集』山崎純男博士古希記念論集編集委員会)
中山誠二　二〇二〇年『マメと縄文人』(同成社)
那須浩郎　二〇一八年「縄文時代の植物のドメスティケーション」(『第四紀研究』五七巻四号)

能登健　一九八七年「縄文農耕論」(『論争・学説日本の考古学3』雄山閣)
藤森栄一　一九七〇年『縄文農耕』(学生社)
藤森栄一編　一九六五年『井戸尻――長野県富士見町における中期縄文遺跡群の研究』(中央公論美術出版)
松谷暁子　一九七六年「長野県諏訪郡原村大石遺跡出土のタール状炭化種子の同定について」(『長野県中央道埋蔵文化財包蔵地発掘調査報告書――茅野市・原村その1、富士見町その2』長野県教育委員会)
山崎純男　二〇〇五年「西日本縄文農耕論」(『韓・日新石器時代의農耕問題』第六回韓・日新石器時代共同学術大会発表資料集)
山内清男　一九二五年「石器時代にも稲あり」(『人類学雑誌』四〇巻五号)
山内清男　一九三二～三三年「日本遠古之文化」(『ドルメン』一巻四号～九号・二巻二号)
山内清男　一九三七年「日本に於ける農業の起源」(『歴史公論』六巻一号)
山内清男編　一九六四年『日本原始美術1　縄文式土器』(講談社)
米田穣・佐々木由香・中沢道彦　二〇二三年「日本列島における低水準食料生産から農業への移行と農耕文化複合との関係」(設楽博己編『東日本穀物栽培開始期の諸問題』雄山閣)
渡辺誠　一九七五年『縄文時代の植物食』(雄山閣出版)
Kanda T. 1884 *Notes on Ancient stone implements,&c., of Japan.* Kokubunsha.

5
縄文／弥生時代区分論争

根岸　洋

はじめに

縄文時代と弥生時代をどう区分するのかは、日本考古学における重要な研究課題の一つである。両者は日本列島のみに適用される時代区分であるのにかかわらず、その対照的、対置的な描かれ方も含めて一般に普及している。すなわち、狩猟・採集・漁労が主たる生業であったとされる縄文時代に対して、大陸から伝わった稲作農耕技術や金属器が、教科書に描かれる弥生時代のイメージであろう。

しかしそれら弥生時代の指標のみによって、どこまでが縄文時代で、どこからが弥生時代ということを明快に定義づけるのは難しい。縄文時代が終わる頃の文化や社会の「弥生化」は、地域性をもちつつ段階的に進展した過程にほかならないからである。

弥生時代には朝鮮半島や大陸に系譜をもつ稲作農耕などの技術や道具、環濠集落、墓制に反映される社会構造、日本列島独自の青銅製祭祀具など様々な要素が出現したが、これらのすべてが弥生文化の範囲とされる九州から本州の全域に、かついっせいに広がった訳ではない。例えば環濠集落は関東から北陸東部が北限であったし、青銅製品は弥生時代の最後に至るまで東北地方に受容されなかった。また「弥生化」のカテゴリーには入らない文化的、社会的要素の多くは縄文時代に系譜をもつことになるが、それらも列島の弥生時代を形づくっていることを見逃してはならない。これらを「縄文系」として単純にとらえてよいか否かは判断が分かれるものの、両時代の区分に地域性が色濃く反映されることは確かである。

他方、弥生時代の開始は稲作農耕が受容された点を指標とするのが一般的であるため、その開始年代は北部九州、中・四国から近畿、東海、さらに東日本の順番で段階的に遅れたと考えられている。国立歴史民俗博物館を中心にした研究プロジェクト(二〇〇三年に発表)以降のAMS法による測定年代によれば、西日本における弥生早期は少なくとも紀元前八世紀、古くみて紀元前十〜前九世紀にさかのぼり、また東日本の弥生前期は紀元前四世紀から始まることになる(**図1**)。したがって、西日本の弥生時代前半期(早期・前期)は東日本の縄文晩期と少なくとも四〇〇年間以上にわたって併行したことになる。縄文時代は段階的に弥生時代に移行したととらえられているのであって、ある年代をもって一律に弥生時代とする、という時代区分はなされていないことに留意されたい。

縄文時代から弥生時代へと移り変わる移行的段階のことを、筆者は「縄文/弥生移行期」と呼んでいる[根岸 二〇二〇]。このような「移行期」の研究は一九八〇年代以降に盛んになるが、縄文時代と弥生時代が併行する時期が長期間におよび、また穀物農耕が大陸から伝播した時期が共通認識となっ

^{14}C BP		九州	近畿	東海西部	中部高地	関東	東北南部	東北北部	
2800〜2700	縄文晩期	●▲「江辻 SX1」,長行Ⅰ式	滋賀里Ⅳ式	西之山式	佐野Ⅱa式	安行3d式,前浦Ⅱ式	大洞C_2式古	大洞C_2式古	縄文晩期後半
	弥生早期	■山ノ寺式,夜臼Ⅰ式	●口酒井式	馬見塚F式	佐野Ⅱb式	安行3d式,前浦Ⅱ式	大洞C_2式新	大洞C_2式新	
2700〜2600		夜臼Ⅱa式	■船橋式	▲■五貫森式	●▲■女鳥羽川式	■千網式,桂台式	大洞A_1式	大洞A_1式	
2600〜2500	弥生前期	板付Ⅰ・夜臼Ⅱb式〜板付Ⅱa式	▲遠賀川式(古),長原式	馬見塚式	離山〜氷Ⅰ式(古)	▲千網式,荒海1式	▲大洞A_2式	大洞A_2式	
2500〜2400		板付Ⅱb式	遠賀川式(中),水走式	●貝殻山式,樫王式	氷Ⅰ式(中・新)	千網式,荒海1〜2式	大洞A′式	大洞A′式	
2400〜2300		板付Ⅱc式	遠賀川式(新)	西志賀式,水神平式	氷Ⅱ式	●荒海3〜4式 如来堂式〜沖Ⅱ式	●青木畑式	●砂沢式	弥生前期

図1 縄文晩期後半〜弥生前期にかけての広域編年 ●はイネ、▲はアワ、■はキビの圧痕の初出時期。^{14}C BP は放射性炭素による年代測定の結果、西暦1950年を基準として、そこからさかのぼった年代を示す。([設楽 2023a][Obata and Kunikita 2022]より作成)

た今日、その歴史的意義に対する評価も変わりつつある。

本論は縄文から弥生へと移行する時代をおもな対象として、縄文文化と弥生文化の違いをどうとらえるのかという問題を射程に入れつつ、両時代の区分に関する研究史上の論点と、移行期論の展開の二点を読み解いていく。ただし研究史上の論点の中には今日につながるものも含まれており、両者の区分は便宜的なものにすぎない。

また本論は九州から本州にかけての縄文から弥生への流れをおもな対象としているが、北海道の縄文晩期から続縄文時代へ、南西諸島における貝塚時代中期から後期への移行過程も重要な論点であることをつけ加える。列島北端と南端における時代の移行は、稲作農耕を指標とする弥生文化とは別個に論じられるべきである。

1 研究史上の論点

縄文土器・弥生土器と時代区分

縄文、弥生の時代区分に関する研究史において、時代名称よりも土器に与えられた名称が先行した点と、両者が文化名称と同義に用いられてきた点は特徴的といえる。明治・大正期において、「弥生式土器」は「石器時代」の土器であった「縄文(紋)式土器」と区別されてはいたが、時代区分とは関連づけられていなかった。「弥生式土器」が「縄文式土器」よりも新しいという認識が一般化したのは、一九二〇年代から一九三〇年代にかけてである。

「弥生式文化」の本質は「大陸の文化の輸入或は伝播」［森本 一九三五］にあるとされ、最古段階の土器(遠賀川《おんががわ》式)は水田稲作をともなって大陸から渡来した人々の土器とみなされていた。これに対して、縄文文化の終末と弥生文化の開始年代は列島の東西で大差がないとして、「弥生式の母体は縄紋式にある」とみた文化変容論［山内 一九三九］も提起されていたが、両文化のあいだに断絶を措定する歴史観は根強く、戦後まで引き継がれた。

両時代の土器編年研究が今日まで別個に進められてきた一因には、一九七〇年代以降、「式」が省略された縄文土器・弥生土器という名称が、時代区分と一体的に用いられるようになったことが大きい。

この方法は歴史叙述のうえではわかりやすく有効であったが、反面、文化総称としての意味あいを強め、固定化する結果にもつながった。

両時代にまたがる土器型式として、突《とっ》(凸)帯文《たいもん》土器と浮線網状文《ふせんあみじょうもん》土器を挙げよう。これらの中には弥生時代の段階も含まれるものの、基本的には縄文晩期のものとして設定されてきた経緯がある。とくに近畿地方の長原式は、アワ・キビやイネをともない大形壺を組成する土器型式で遠賀川式土器と共存するが、突帯文土器であるため弥生土器と呼ぶと違和感をもたれるかもしれない。縄文晩期から連続的に弥生土器へと変化したことを、改めて確認しておきたい。

弥生時代の始まり

弥生土器にイネがともなうことは大正期から指摘されていたが、戦後に行われた静岡市登呂《とろ》遺跡や福岡市板付《いたづけ》遺跡の調査によって、それが水田稲作による栽培であったことが確かめられた。一九七〇年代以降、水田稲作による生産経済の導入が弥生時代の始まりの指標となった［佐原 一九七五］。これはゴードン・チャイルドがとなえた「新石器革命」を下敷きにしたもので、土器の違いよりも経済史的側面を重視したという意味で画期的であった。

冒頭に述べたとおり、今日では北部九州を最古段階において開始年代に地域差を設ける方式によって、各地における弥生時代の始まりが理解されている。しかしこのような時代区分が定着したのは一九八〇年代以降であって、それ以前は異なった見方が主流であった。稲作農耕が大陸から北部九州に伝わり、東方へと「東漸」するという一元的な伝播論は一九三〇年代から主張されており［小林 一九三三]、弥生文化の東日本への伝播は弥生中期以降とみなされ、稲作農耕の東北への伝播が弥生時代よりもあとになるという言説は後年まで残ったのである[杉原 一九六一]。

これに対して伊東信雄氏は東北北部にも弥生文化が存在すると指摘していたが、一九八〇年代の青森県弘前市砂沢《すなざわ》遺跡における前期水田遺構の発見によって、本州北端まで弥生前期が設定できることが確かめられた。その後、土器の広域編年が進められた結果、砂沢遺跡の水田遺構の時期は弥生前期でも末期に当たる可能性が高くなった。これによって水田稲作を指標とする弥生時代・文化の範囲は九州・四国および本州全域に拡大されることになったのである。

縄文時代の終焉論

弥生時代の開始をめぐる言説に対して、戦後に盛んになった唯物史観にもとづく、縄文時代の終焉への解釈も示されていた。発展段階論を重視する歴史観では、縄文晩期後半に遺跡・遺構の数が減少する東日本と農耕開始前夜の西日本との違いを、「将来において発展する、内在的な力をうしなっている」地域と、弥生文化へと発展する力を内在した地域の違いとしてとらえることになる[藤間 一九五一]。縄文中期以前と比べて、竪穴住居跡などの遺構の数が少なく、遺跡が小さいことが低い発展度合いの尺度となるため、縄文後・晩期に狩猟・採集社会が矛盾を抱え、停滞したことを前提にした縄文文化行き詰まり論[坪井 一九六二、岡本 一九七五]へとつながった。当該期を特徴づける土偶などの祭祀的な遺物や、工芸品とも呼ばれる亀ヶ岡文化の土器・漆器であっても、発展段階論の文脈では社会的衰退の証拠としてとらえられることになる。

筆者は、このような縄文晩期観と、稲作農耕が弥生文化とともに「東漸」したとみなす伝播論が、整合性をもって一つのパラダイムを形成したととらえている。狩猟・採集経済が抱えた矛盾を克服するために、東日本では共同体内の社会的規制が強められたのに対して、西日本では「食糧生産を基盤とする生活開始の準備」期間［佐原 一九七五］、すなわち晩期農耕の段階が想定されていたのである。縄文農耕論の詳細に関しては本書「4 縄文農耕論の新展開」にゆずるが、その背景に発展段階論があったことを改めて強調しておきたい。

2 縄文／弥生移行期論のゆくえ

移行期論と文化区分論

山内清男氏は縄文文化のあとに西部・東部弥生文化と、東北北部から北海道まで広がる続縄文文化を設定した［山内 一九六四］。この時点で弥生文化の多元的性格や、列島内の文化的差異が論点となっていたことに留意したい。弥生文化の成立時期を東に行くほど遅れるとみる立場からは、西日本の弥生文化の影響のもとで成立した「接触式文化」も提起されていたものの［杉原 一九四三］、縄文晩期との関係はおもな論点とはなっていなかった。

一九七〇年代に福岡市板付遺跡で夜臼《ゆうす》式単純期の灌漑水田跡が確認されて以来、縄文土器から弥生土器への変化の過程が連続的にとらえられるようになった。北部九州においては弥生前期より古い早期が提唱され［佐原 一九八三］、縄文文化から弥生文化への移行を内的発展の結果とみなす言説が生まれた。突帯文土器と遠賀川式(系)土器の関係が西日本各地で議論されるようになり[家根 一九八四]、また朝鮮半島の無文土器の影響も明らかにされ、縄文から弥生への移行過程が具体的に論じられるようになった。突帯文土器をはじめとする在地系統の土器型式と遠賀川式との関係性は、広域編年の基礎的材料となっている[土器持寄会論文集刊行会 二〇〇〇]。

両時代の移行を概念化したのは、縄文から弥生へと「転換」した西日本と漸移的に「移行」した東日本を区別した林謙作氏である。林氏は、縄文時代人が「弥生系の技術・文物を部分的に採り入れ、伝統的な生業や社会組織の手直しを試みた」段階を「続(エピ)縄文」と呼び、南西諸島を除き列島全域にみられると指摘した[林 一九八七]。稲作や金属器などの「ハードウェアだけがつたわりシステムが伝わっていない」[林 一九九三]点を相対化することで、本州各地の弥生文化だけでなく、北海道の続縄文文化も「エピ縄文」の一つとしてとらえた点で山内氏と異なっている。一方酒井龍一氏は、弥生早・前期を「J〈縄文〉—Y〈弥生〉変成期」(〈　〉は筆者追加)と読みかえて時期区分に組み入れ、縄文社会の解体と弥生社会の生成が進んだ時期とした[酒井 一九九七]。一九九〇年代以降の縄文／弥生移行期論[鈴木 一九九三、石黒編 一九九五、佐藤 一九九九、黒澤 二〇一一]は、これらの延長線上に位置づけられる。

林氏のエピ縄文論は縄文時代からあとの時代への移行的様相を表現した概念であり、時期区分の単位ではなかったが、弥生文化の多様性や範囲を再考するうえで重要な役割を果たした。年代の見直しが行われた今世紀に入って、考古学的な文化の区分が改めて争点となっている。

藤尾慎一郎氏は、弥生文化が水田稲作という経済的側面に加えて、余剰を基にする社会的側面と祭祀的側面の三要素からなるとして、すべての要素が揃わない東日本には弥生文化は認められないと論じた［藤尾 二〇〇〇］。藤尾氏の弥生文化区分論に対して、設楽博己氏は縄文文化の伝統を残した「縄文的弥生文化系」［設楽 二〇二三b］（「縄文系弥生文化」［設楽 二〇〇〇］を修正）概念を提唱した。さらに設楽氏は、雑穀農耕を加えつつも「網羅的」な生業であった縄文晩期後半と、灌漑をともなう水田稲作が「選別」的に導入され、「農耕文化複合」を形成した弥生早期以降を区別し、東日本の弥生前期も後者に含めた［設楽 二〇一三］。

縄文／弥生移行期論と文化区分論は異なる方法であるものの、弥生時代の多元性を志向する点において共通している。弥生時代を縄文時代晩期と区分する指標として水田稲作を重視する理由や、突帯文期の植物質食料利用の全体的様相［石川 二〇一〇］、並びに雑穀農耕のみを行う文化をどうとらえるべきかは、今後も検討していくべき論点といえる。

移行期の諸様相

近年、レプリカ法による土器付着種実圧痕の同定が普及し、縄文晩期と弥生早・前期が併行する時代にアワ・キビ・イネが出現したことが共通認識となった。かつて縄文後期以前の籾圧痕とされていた事例が再検討され、栽培穀物の確実な事例は弥生早期併行期をさかのぼらないと指摘された［中沢 二〇一四］。土器胎土中のプラント・オパール分析などから縄文後期の稲作が追究されているものの［宇田津ほか 二〇一〇］、土器胎土中の炭化種実を年代測定した事例からも、列島最古の栽培穀物は弥生早期の枠内におさまる可能性が高い。

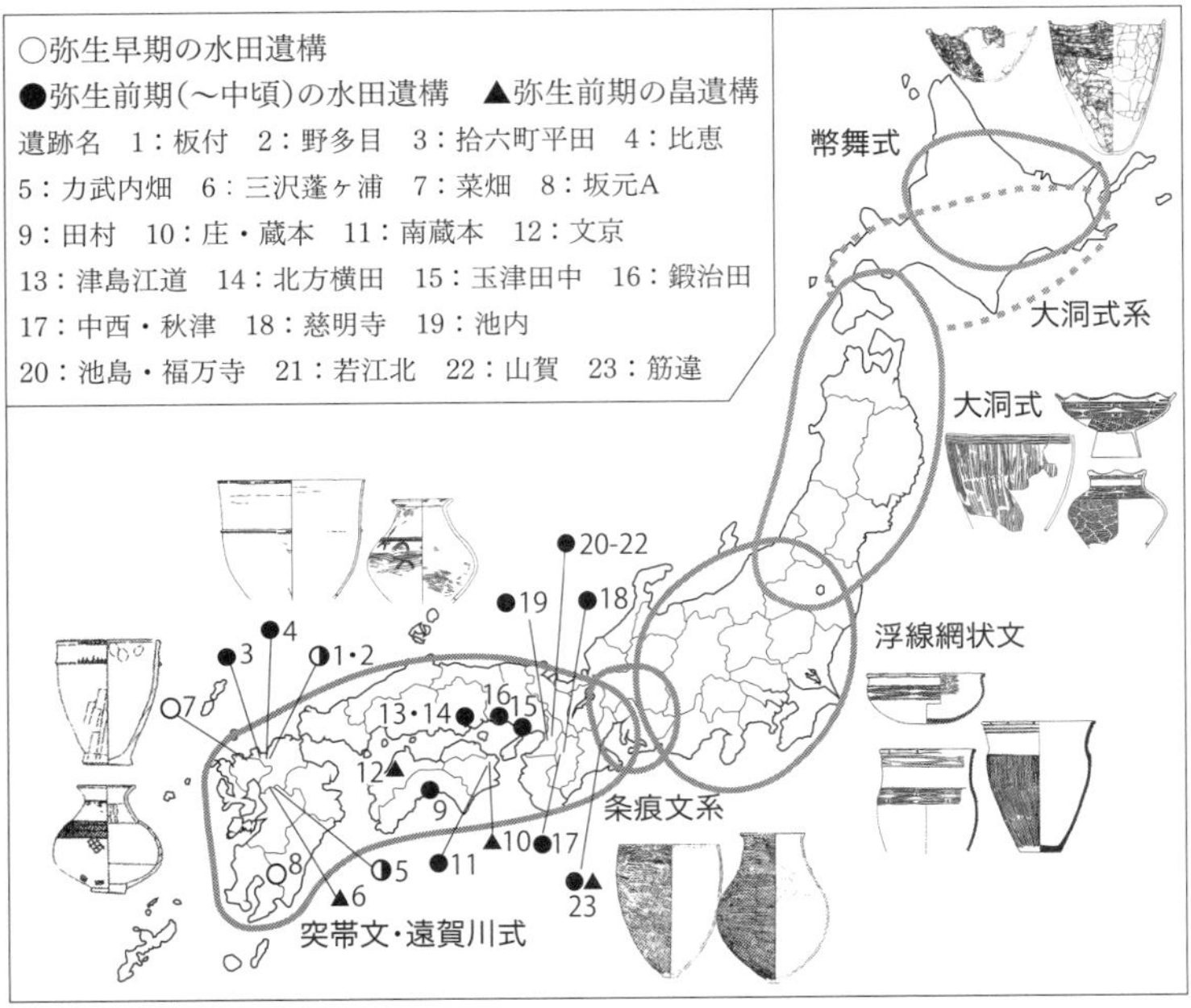

図2　弥生早期〜前期中頃における土器型式圏と水田遺構・畠遺構の分布　東日本に水田遺構が分布するのは前期末以降である。

弥生早期から前期中頃までの水田・畠遺構の分布を地図上に落としてみると(**図2**)、早期のものはいずれも北部九州に限られ、当初から灌漑施設をともなっていることがわかる。ただし佐賀県唐津市菜畑《なばたけ》遺跡や宮崎県都城市坂元《さかもと》A遺跡で検出された水田遺構には不整楕円形の区画がみられ、立地環境に適応した湿田農法が導入された可能性が高い。また、九州南部にはほとんど検出されていない点も重要である。

九州以外では、岡山市津島江道《つしまえどう》遺跡の水田遺構[扇崎 二〇一三]や、高松市林《はやし》・坊城《ぼうじろ》遺跡の水路と木製農具[信里 二〇一四]、島根県飯南町板屋《いたや》Ⅲ遺跡の突帯文土器に付着したイネ籾圧痕が挙げられる。これら突帯文期とされる事例は弥生前期にくだる可能性が指摘されているが、当該期に稲作農耕が九州外に伝わった可能性は今後も検討すべきである。なお突帯文期の可能性がある畠遺構は松山市文京《ぶんきょう》遺跡で検出されている［三吉ほか 二〇一七］。

東日本に目を移すと、縄文晩期末の雑穀（アワ・キビ）が関東・中部高地までみられるものの、東北では宮城県大崎市北小松《きたこまつ》遺跡などごく一部にとどまる。新潟県域を中心に分布する鳥屋《とや》式土器はレプリカ調査がほとんど行われていないため、今後も検討する必要がある。現況では、弥生前期（末）に本州北端まで伝わった穀物栽培はイネに特化していた可能性が高い。当該期のイネは神奈川県大井町中屋《なかや》敷《しき》遺跡などで見つかっているものの、同じ段階の水田遺構は山梨県韮崎市宮ノ前《みやのまえ》遺跡、青森県弘前市砂沢遺跡、さらに仙台市富沢《とみざわ》遺跡［斎野 二〇二二］に限られる。

水田以外の遺構・遺物について概観してみよう。弥生早期には松菊里《しょうきくり》型住居や環濠集落、支石墓など、無文土器文化に系譜をもつ遺構が北部九州に出現し、これらの遺構や農耕具は西日本へと広がる。稲作農耕の広がりと弥生前期の遠賀川式（系）土器は関連づけられて理解されているが、その拡散ルートに地域性があること［田畑 二〇一三］や、突帯文土器との併存が長期間にわたった地域的様相が明らかになっている。環濠集落は弥生早期から前期前半までは九州のみにみられ、前期後半には東海地方まで広がるが、集落全体に占める割合が少なかったことが指摘されている［藤原 二〇一一］。また突帯文土器の分布圏に稲作農耕が受容されるまでには時間がかかったと考えられ、石棒や土偶といった縄文系の祭祀具が一時的に盛行した四国や近畿のような地域がある。

東西の中間に位置する伊勢湾地域では、縄文晩期後半に展開した大規模集落が解体され、時期差をおいて環濠(溝)集落が成立する[石黒ほか編 二〇一一]。条痕文系土器の影響を受けた中部高地から関東、東北南部では、縄文晩期末葉から弥生前期にかけて土器棺再葬墓が営まれるようになった。再葬墓制の出現と土偶形容器の出現は連動しており、またこの墓制の背景として、雑穀農耕を営む移動性の高い居住形態が想定されている。他方、北陸や東北中・南部では縄文晩期に掘立柱建物跡の利用と低地環境への進出が顕著で、弥生前期へと継続した地域もあった。とくに仙台平野では灌漑水田とともに大陸系磨製石器や木製農具が取り入れられていたが、東北北部では縄文晩期後葉に大型住居への集住形態が生まれ[根岸 二〇二〇]、弥生前期に稲作を受容する主体となったと考えられる。

移行期における東西交渉

東日本における縄文晩期と西日本の弥生早・前期が併行する時代には、列島東西を巻き込んだ地域間交渉が確認されている。東北地方の大洞《おおほら》式土器や、北陸から中部高地に広がる浮線網状文土器の影響が東海・近畿までおよぶことは古くから指摘されていたが、隆線連子文《りゅうせんれんじもん》土器など西日本各地で出土した東日本系土器の要素に着目して、板付I式土器成立期における「亀ヶ岡《かめがおか》文化の関与」が論じられた[設楽・小林 二〇〇七]。とくに大洞A_1式の影響は高知県土佐市居徳《いとく》遺跡をはじめ南西諸島にまでおよぶことから、亀ヶ岡文化と前期弥生文化との間に直接的な交渉関係が想定されている。

縄文晩期における石製呪術具の隆盛や、愛知県一宮市馬見塚《まみづか》遺跡F地点の壺形土器[豆谷 一九九四]、近畿地方における「長原タイプ」の台式土偶[寺前 二〇一五]など、東日本の晩期縄文文化の影響が西日本におよんだとされる事例はほかにもある。また福岡市雀居《ささい》遺跡や居徳遺跡などの弥生早期に併行する漆製品についても亀ヶ岡文化の影響が指摘されている。しかし朱漆の塗彩法に着目すると西日本や北陸に系譜をもつ可能性もある［根岸 二〇二三］。

一方、東日本における早期・前期弥生文化の影響はわからない点が多い。青森県内の縄文後・晩期の遺跡(風張《かざはり》(1)・亀ヶ岡)で出土した炭化米の一部は古代以降の測定年代が報じられ、亀ヶ岡遺跡出土のガラス玉は弥生前期以降に特徴的なカリガラスと判定された。岩手県北上市九年橋《くねんばし》遺跡の大洞式、北海道新ひだか町旭町《あさひまち》1遺跡の続縄文文化初頭の壺形土器に前期弥生文化の影響を見出す見解もあるが［鈴木 二〇一八］、東日本の遠賀川系土器は福島県域までで、模倣土器である類遠賀川系土器の出現は古くみても縄文晩期末である。このほか、晩期末葉から弥生前期にみられる碧玉製・緑色凝灰岩製の管玉は石材や技術系譜の再検討が必要である。

3　東アジア先史時代における位置づけ

最後に、縄文・弥生両時代が移り変わる段階(紀元前一千年紀前半)を、東アジアの先史時代の中にどのように位置づけるべきかを考えてみよう。

農耕をともわないが土器と磨製石器をもつ縄文文化は、古くから新石器時代に相当するとされてきたのに対して、弥生文化はその指標を新石器革命と同じ農耕においているのにもかかわらず、西アジア・ヨーロッパの新石器文化と比較されてこなかった。その一因は、最初期から鉄器がともなう点が重視されたことにある。しかし弥生時代の開始年代の見直しが進んだ今日、日本列島に鉄器が出現するのは弥生前期末から中期初頭と考えられている［春成 二〇〇三、藤尾 二〇一四］。

その結果、西日本における弥生早期・前期文化を「新石器弥生文化」とみなす研究者も現れている［森岡 二〇〇八、藤尾 二〇一九］。とくに藤尾氏は当該期の弥生文化を、草本種子の栽培に依拠する点を重視して「草原性新石器文化」とみなし、「森林性新石器文化」としての特徴をもつ縄文文化［今村 一九九九］と区別した。東アジアの新石器文化を一律的に草原性とするのは妥当とは思われないが、弥生時代に導入された穀物農耕がいずれも東アジアの新石器文化に由来することは確かである。

しかし筆者は、弥生文化・時代についての現行の枠組みを保持する限り、その中に新石器文化相当の段階を設定することは不適当と考えている。第一の理由は、弥生文化が、水田稲作という特定の生業を時代区分の指標とした、日本列島独特の概念であるためである。東アジアにおける新石器時代は土器の出現を指標としており［大貫 二〇一九］、古い段階に農耕が生まれた地域に加えて狩猟・採集・漁労という生業が長く続く地域もある。一律的な新石器文化概念は成立しないため、穀物農耕という一つの属性のみを指標とすることは適当ではない。

第二に、弥生文化の相対化は縄文文化とセットで進める必要があるためである。縄文時代は狩猟・採集民が温暖湿潤な森林環境に長期間にわたって適応した時代であり、列島ゆえの環境条件に制約されたゆるやかなまとまりが縄文文化と考えられている［福田 二〇一八］。列島外から導入された穀物農耕を新石器文化の指標とみなすなら、縄文時代からある有用植物の栽培との違いについても、東アジアの文脈の中でとらえ直さなければならない。

〈**参考文献**〉

石川日出志　二〇一〇年「縄文時代の終末」(小杉康・谷口康浩・西田泰民・水ノ江和同・矢野健一編『縄文文化の輪郭──比較文化論による相対化』同成社)

石黒立人編　一九九五年『縄文／弥生　変換期の考古学』(考古学フォーラム出版部)

石黒立人・伊勢湾岸弥生社会シンポジウムプロジェクト編　二〇一一年『論集　縄文／弥生移行期の社会論』(ブイツーソリューション)

今村啓爾　一九九九年『縄文の実像を求めて』(吉川弘文館)

宇田津徹朗・外山秀一・田崎博之　二〇一〇年「文京遺跡における縄文時代後期の稲作農耕空間の探求」(『愛媛大学埋蔵文化財調査室年報──二〇〇八年度』)

扇崎由　二〇一三年「最古の水田？津島江道遺跡」(『紀要二〇一一』岡山大学埋蔵文化財調査研究センター)

大貫静夫　二〇一九年「東アジアの新石器時代と農業──東アジア新石器時代の学史的背景」(設楽博己編『農耕文化複合形成の考古学上──農耕のはじまり』雄山閣)

岡本勇　一九七五年「原始社会の生産と技術」(『岩波講座日本歴史1』岩波書店)

黒沢浩　二〇一一年「縄文／弥生考──「縄文・弥生移行期」は可能か?·」(『論集　縄文／弥生移行期の社会論』ブイツーソリューション)

小林行雄　一九三三年「遠賀川系土器東漸形態研究」(のち再録『小林行雄考古学選集第一巻』真陽社、二〇〇五年)

斎野裕彦　二〇二二年「東北南部(仙台平野)の水田跡と農具組成」(『日本考古学協会第八八回総会研究発

表要旨』)
酒井龍一　一九九七年「時代の枠組みを考える」(『歴史発掘⑥　弥生の世界』講談社)
佐藤由紀男　一九九九年『縄文弥生移行期の土器と石器』(雄山閣出版)
佐原真　一九七五年「農具の開始と階級社会の形成」(『岩波講座日本歴史1』岩波書店)
佐原真編　一九八三年『弥生土器Ⅰ』(ニューサイエンス社)
設楽博己　二〇〇〇年「縄文系弥生文化の構想」(『考古学研究』四七巻一号)
設楽博己　二〇一三年「縄文時代から弥生時代へ」(『岩波講座日本歴史1』岩波書店)
設楽博己　二〇二三年a「土器の役割の変化——縄文時代から弥生時代移行期の土器組成」(根岸洋・設楽博己編『縄文時代の終焉』季刊考古学別冊四〇)
設楽博己　二〇二三年b「東日本の弥生文化をどう捉えるか——藤尾慎一郎の学説に対して(『弥生文化博物館研究報告』第八集)
設楽博己・小林青樹　二〇〇七年「板付Ⅰ式土器成立における亀ヶ岡系土器の関与」(西本豊弘編『新弥生時代のはじまり第二巻』雄山閣)
杉原荘介　一九四三年『原史学序論——考古学的方法による歴史学確立への試論』(葦牙書房)
杉原荘介　一九六一年「日本農耕文化の生成」(日本考古学協会編『日本農耕文化の生成　第一冊』東京堂出版)
鈴木克彦　二〇一八年「亀ヶ岡文化論の再構築」(鈴木克彦編『「亀ヶ岡文化」論の再構築』季刊考古学別冊二五)
鈴木正博　一九九三年「特集「縄紋文化の解体」について」(『古代』九五号)

田畑直彦　二〇一三年「関門地域と山陰地方」（『農耕社会成立期の山陰地方』第四一回山陰考古学研究集会資料集）
坪井清足　一九六二年「縄文文化論」（『岩波講座日本歴史1』岩波書店）
寺前直人　二〇一五年「屈折像土偶から長原タイプ土偶へ――西日本における農耕開始期土偶の起源」（『駒沢考古』四〇号）
藤間生大　一九五一年『日本民族の形成――東亜諸民族との連関において』（岩波書店）
土器持寄会論文集刊行会　二〇〇〇年『突帯文と遠賀川』
中沢道彦　二〇一四年「栽培植物利用の多様性と展開」（阿部芳郎編『縄文の資源利用と社会』季刊考古学別冊二一）
根岸洋　二〇二〇年『東北地方北部における縄文／弥生移行期論』（雄山閣）
根岸洋　二〇二三年「漆と赤彩の技術――漆文化の継承と断絶」（根岸洋・設楽博己編『縄文時代の終焉』季刊考古学別冊四〇）
信里芳紀　二〇一四年「中部瀬戸内南岸における縄文晩期農耕の様態」（『中四国地域における縄文時代晩期後葉の歴史像』第二五回中四国縄文研究会徳島大会）
林謙作　一九八七年「続《エピ》縄文のひろがり」（『季刊考古学』一九号）
林謙作　一九九三年「クニのない世界」（『みちのく弥生文化』大阪府立弥生文化博物館）
春成秀爾　二〇〇三年「弥生時代早・前期の鉄器問題」（『考古学研究』五〇巻三号）
福田正宏　二〇一八年「縄文文化の北方適応形態」（『国立歴史民俗博物館研究報告』二〇八集）
藤尾慎一郎　二〇〇〇年「弥生文化の二者――大陸系と縄文系」（『歴博フォーラム　倭人をとりまく世界

——二〇〇〇年前の多様な暮らし』山川出版社)
藤尾慎一郎　二〇一四年「弥生鉄史観の見直し」(『国立歴史民俗博物館研究報告』一八五集)
藤尾慎一郎　二〇一九年「弥生長期編年にもとづく時代と文化」(『再考!縄文と弥生——日本先史文化の再構築』吉川弘文館)
藤原哲　二〇一一年「弥生社会における環濠集落の成立と展開」(『総研大文化科学研究』七号)
豆谷和之　一九九四年「弥生壺成立以前——馬見塚F地点型壺形土器について」(『古代文化』四六巻七号)
三吉秀充・辻康男・山川真樹・榊原正幸ほか　二〇一七年『文京遺跡Ⅷ——文京遺跡六〇次調査』(愛媛大学先端研究・学術推進機構埋蔵文化財調査室)
森岡秀人　二〇〇八年「用語「弥生式新石器時代」の学史的復権と武器の材質」(菅谷文則編『王権と武器と信仰』同成社)
森本六爾　一九三五年「彌生式文化」(『ドルメン』四巻六号)
家根祥多　一九八四年「縄文土器から弥生土器へ」(『縄文から弥生へ』帝塚山考古学研究所)
山内清男　一九三九年『日本遠古之文化(補註付・新版)』(先史考古学会)
山内清男　一九六四年「日本石器時代概説」(『日本原始美術1　縄文式土器』講談社)
Obata, H. and Kunikita, D. 2022 A new archaeological method to reveal the ariival of cereal farming: Development of a new method to extract and date of carbonised material in pottery and its application to the Japanese archaeological context. *Journal of Archaeological Science*, 143: 1–16.

6 弥生時代開始年代論

設楽 博己

はじめに

弥生時代の始まりが五〇〇年ほど古くなるという国立歴史民俗博物館(歴博)による問題提起は二〇〇三(平成十五)年だったので、二〇年以上前になる。もはや新見解ともいえなくなったが、まだそのような印象が残るのは、自然科学的な方法によるために〝よくわからない〟というイメージが先行していることと、従来の年代とのあまりの落差の大きさから多くの人に戸惑いを与えたことが作用しているからではないだろうか。

しかし、弥生時代の始まりが紀元前五〜前四世紀であるという従来の考え方をとる研究者は、現在ほとんどいない。学問は多数決で決まるわけではなく異説も尊重すべきであろうが、歴博の主張とこれまでの議論、そしてそれらに用いられてきた資料を分析すれば、少なくとも従来の年代は受け入れられず、問題はどこまでさかのぼるのかということになってくる。

本稿は、従来の弥生時代の年代はどのようにして割り出されてきたのかを振り返る。そして歴博年代にどのような批判が展開され、それにどのように応えていったのかを述べて、最後に最新の研究によって何がわかってきたのかをお伝えしよう。なお、弥生時代開始年代の改定に歴博が用いたＡＭＳ法による放射性炭素（^{14}C）年代測定の原理や分析結果については、本書「20　自然科学による年代決定方法の現在」を参照されたい。

1　弥生時代の始まりをめぐって

土器による時代区分

弥生時代の設定のもとになったのは、一個の土器である。一八八四（明治十七）年、東京府本郷弥生町（現、東京都文京区）の向ヶ岡貝塚から、頸がすぼまった壺形土器が発見されたが、大森貝塚などで見つかっていた縄文土器とは異なる特徴をもつところから、発見場所にちなんで弥生式土器（のちに弥生土器と呼び改められた）と呼ばれるようになった。

明治時代の終わりから大正時代になると、弥生土器に青銅器や鉄器がともない、炭化したコメも一緒に出土することが知られるようになって、それらをともなわない縄文土器とは時代が違うのではないかと考えられるようになっていった。やがて弥生式文化の時代という概念が生まれるが、弥生土器を用いた弥生時代が縄文時代のあとにくる時代だと認識されるようになるのは昭和時代に入ってからである。一九三七（昭和十二）年に始まった奈良県田原本町唐古《からこ》遺跡の発掘調査で木製の鍬や杵などの農具が大量に見つかり、弥生時代は農耕を基盤とする時代だという事実が証明された。

獲得経済と生産経済という大きな枠組みが縄文時代と弥生時代の差であるとみなすようになった一方で、土器による時代区分、すなわち弥生時代とは弥生土器が用いられた時代であるという考え方はずっと引き継がれていく。一九六〇年代前半に、最古の農村として福岡市板付《いたづけ》遺跡が発掘調査されるが、その伝統的な指標によって設定された板付Ⅰ式土器が最古の弥生土器であり、それにともなって出土した夜臼《ゆうす》式土器は縄文土器の伝統を引き継いでいたので最後の縄文土器と考えられた。

時代区分指標の変化と弥生時代早期の設定

一九七八（昭和五十三）年、板付遺跡において夜臼式土器が弥生土器をまじえない単純な地層から見つかるとともに、それに水田跡がともなうことがわかり、縄文時代の水田跡として報告された。佐原真氏はこの発見に先だち、縄文時代と弥生時代の区別を土器ではなく、もっと重要な経済的指標で区分しようという立場を表明していたが［佐原 一九七五］、この考え方にもとづいて板付遺跡の水田跡を弥生時代ととらえ、板付Ⅰ式土器の時期すなわち弥生Ⅰ期（前期）をさかのぼる弥生先Ⅰ期（早期）を設定した［佐原 一九八三］。

土器による時代区分を主張する従来の考え方によれば、この水田跡は縄文時代晩期になる。また、この時期の水田跡は九州にとどまるので、少なくとも西日本一帯に農耕文化が広まることをもって弥生時代の始まりとみなすべきだという主張もあり、旧課程の日本史Bまでの山川出版社の教科書『詳説日本史』もその立場であった。

しかし、縄文文化から弥生文化への移行を世界史的な視点からとらえた場合の歴史区分としては、獲得経済から生産経済への移行という経済的な指標が土器による区分にまさる。夜臼式土器はそれ以前にはほとんどなかった大小各種の壺形土器を揃えているが、それは農耕の展開によって種籾などの貯蔵に適する器が出現・増加したことを示しており、土器からみても夜臼式を縄文土器におし込めてよいのかという問題もある。また、板付Ⅰ式土器にしたところでその分布は九州にほぼ限られており、少なくとも響灘を越えて東には行っていない。例え話のようであるが、最古の前方後円墳である奈良県桜井市の箸墓古墳が成立した時点で、そのまわりは弥生時代の墳丘墓や方形周溝墓ばかりであったが、それだからといって箸墓古墳が弥生時代にはならないであろう。

たしかに土器はどこにでも転がっており、また変化のスピードが速いので時代や時期を判別する遺物として有効であるのは間違いない。機械的に時代を区分するのであればそれを指標にするのもやぶさかではないが、やはり歴史的意義を指標にするとなると水田跡や穀物の証拠が二つの時代を分けるもっとも重要な指標ではないだろうか。

2　弥生時代開始と中期実年代論の歴史

小林行雄氏と杉原荘介氏の年代観

弥生時代の実年代決定に利用されたのが、実年代の研究が早くから進んでいた中国の青銅器である。

福岡県域で弥生時代の甕棺墓の中から中国の青銅鏡が出土し、それが漢代に属することは大正年間の富岡謙蔵氏の研究によってすでに明らかにされていた。前漢の鏡が日本列島にもたらされたきっかけがどこにあるのかを考えた小林行雄氏は、紀元前一〇八年の楽浪郡の設置をそれに求めるとともに、前漢鏡を副葬したのが弥生時代中期の土器であることから、中期の上限は紀元前一世紀をさかのぼらないとして年代決定の一つの定点とした。新(八～二三年)の王莽が鋳造した銭貨である貨泉は紀元一四～四〇年のあいだにつくられたが、弥生時代後期の遺跡から出土する一方で中期の遺跡から出土することはないので、その下限を紀元一世紀前半以降と考えた。それにより弥生時代中期を紀元前後の一、二世紀とみなしたのである［小林 一九五一］。

弥生時代は戦前に土器の変化によって前・中・後期の三つに分けられていたが、小林氏は中期と同じくらいの年代幅をその前後に加算し、弥生時代を紀元前二、三世紀から後二、三世紀までとした。これがその後、長らく弥生時代の実年代を支えてきた論理であった。

杉原荘介氏はこの考え方をふまえ、弥生時代前期が紀元前三〇〇～前一〇〇年、中期が前一〇〇～後一〇〇年、後期が紀元一〇〇～三〇〇年とさらに時期を明確にした［杉原 一九六一］。佐賀県唐津市宇木汲田《うきくんでん》遺跡から出土した炭化米の^{14}C年代測定が紀元前二七五年頃であったことも、その年代観をあと押しした。弥生時代は紀元前三世紀から紀元三世紀までの時期であり、前・中・後期が二〇〇年ずつの六〇〇年間というまことに整然とした弥生時代の年代観は歴史の教科書に定着し、山川出版社の教科書『詳説日本史』では一九九九年度までその数字が使われていた。

傾斜編年と土器型式年代幅均等割りの誤謬

杉原氏の説は、日本列島への前漢鏡の流入を楽浪郡の設置以降とする小林説をふまえたのだが、鏡が北部九州地方の甕棺墓に副葬されるまでに要した時間を一〇〇年ほど加算した[杉原 一九六二]。近畿地方の研究者の中には、さらにそれを一〇〇年ほど引きのばした意見もみられるようになって、弥生時代中期の終わりは紀元二世紀という考え方も生まれた[田辺・佐原 一九六六]。

このように、文物が起源の地からよその地域に伝来して埋める・埋まるまでに相当な年数を見積もる編年を〝傾斜編年〟と呼んでいる。この考え方は、彼我の距離が遠いから年代が下がるという、確たる証拠もない先入観が働いている場合が多い。

岡崎敬氏は、中国の漢代の墓から出土した青銅鏡によって打ちたてられた鏡の編年にもとづいていくつかの甕棺墓から出土した複数の青銅鏡の組合せを検討し、一つの甕棺からは年代が前後する鏡がまじりあって出土することがほぼないことを確認した[岡崎 一九七二]。これにより、一〇〇年もの長期にわたる伝世を見積もる必要はなくなって杉原氏の傾斜編年は破綻した。

橋口達也氏は甕棺をKⅠ式からKⅤ式に分類し、鏡の研究成果をもとにして弥生時代中期後半のKⅢb式に紀元前六四〜前三三年という年代を与えた[橋口 一九七九]。この年代観の正しさは、のちに大阪府和泉市池上曽根《いけがみそね》遺跡から出土した弥生時代中期後半の土器をともなう柱の年輪年代が紀元前五二年伐採ということがわかって検証されるとともに、傾斜編年に根拠のなかったことを証明するものでもあった。

しかし、橋口氏の実年代論も問題を抱えていた。それは弥生時代の始まりの年代である。橋口氏は甕棺の一つの型式の存続幅を三〇年と仮定し、それをさかのぼらせることで弥生時代前期の始めを紀元前三〇〇年前後としたのだが、最古の甕棺型式のKⅠ式は弥生時代前期後半であり、それ以前の中国の文物がほとんどない時期は日常の土器型式を用いて接ぎ木する必要があった。甕棺一型式三〇年ほどという値は鏡によって担保される中期後半以降には適応できてもそれ以前に当てはまる保証はないはずであるが、橋口は一型式三〇年説すなわち土器型式による年代の均等割り振りという未検証の方法を適用したのである。

3 歴博年代への疑問と回答

甕棺墓の年代

高倉洋彰氏は橋口氏の土器型式年代の均等割りの視点を遺跡における遺構の分析に適用して歴博年代を批判した[高倉 二〇〇三]。福岡県春日市伯玄社《はくげんしゃ》遺跡の墓は弥生時代前期初頭の木棺墓から始まり、前期前半、前期後半、前期末と継続して営まれる。従来の年代観でいけば前期の存続期間はおよそ二〇〇年であり、各時期を五〇年として検出された個々の墓の数から割り出した平均寿命は五〇歳くらいまでにおさまるが、歴博年代の四〇〇年間になると一〇〇歳前後まで生き延びざるをえないのはおかしいというのが高倉氏の主張である。

高倉氏は一時期の墓が同世代と考えてこうした理解を導いているようだが、例えば前期前半の五基は一世代で築かれたのか、一世代一基で五世代にわたる墓だったのか、よくわからない。仮に後者であれば一世代三〇年として一五〇年間はかかるため、歴博年代もありえないことではない。また前期後半が一基と少ないことからすれば、継続しているといってもこの墓地だけで完結するのか不明であり、西平塚《にしひらつか》遺跡という近隣の同時代の墳墓遺跡とのあいだに反復して墓地が営まれるようなことがあった可能性も捨てがたい。つまり、高倉氏の分析は土器一型式の年代が均等である保証はないことに加えて、墓地の継続が連綿としているという前提も未証明なのである。

遼寧式銅剣の年代

弥生時代前期の実年代を知る手がかりになるのが、遼東半島や遼西の遼寧省地域を中心に分布する遼寧式銅剣である。その先端部分の破片を加工して鏃に仕上げた製品が、福岡県福津市今川《いまがわ》遺跡から出土している。共伴したのは弥生時代前期中葉の土器であり、弥生時代の開始年代の推定には格好の遺物といってよい。

遼寧式銅剣の年代に考察を加えた秋山進午氏は、遼寧式銅剣をⅠ～Ⅳ式に分けて、Ⅰ式すなわち遼寧式銅剣の成立年代は紀元前五世紀を大きくさかのぼらないとした［秋山 一九六九］。この分析に使った遼寧省烏金塘《うきんとう》墓出土の遼寧式銅剣には中原地方で紀元前七～前六世紀に製作されたとされる銅戈がともなっていたにもかかわらず年代を下げたのは、この銅戈が中原から中国東北地方にもたらされて副葬されるまでに要した時間を一〇〇～二〇〇年ほど見積もったからである。遼寧式銅剣が出土した遼寧省楼上《ろうじょう》墓から戦国時代の明刀銭《めいとうせん》が出土していたこともまた、それほど古い成立年代を与えることはできないとした理由である。

しかし、この研究にも弥生時代の漢鏡副葬年代比定と同じ傾斜編年が用いられた点に問題があった。遼寧省南山根《なんざんこん》遺跡の墓からⅠ式の遼寧式銅剣とともに中原の青銅器が出土し、遼寧式銅剣は春秋戦国時代すなわち紀元前八～前七世紀にさかのぼることが明らかにされた。また、楼上墓の明刀銭は後世の遺物がまざり込んだ疑いが強く、遼寧式銅剣全体の年代は秋山氏が考えたよりもだいぶ古くなると考えざるをえなくなった。

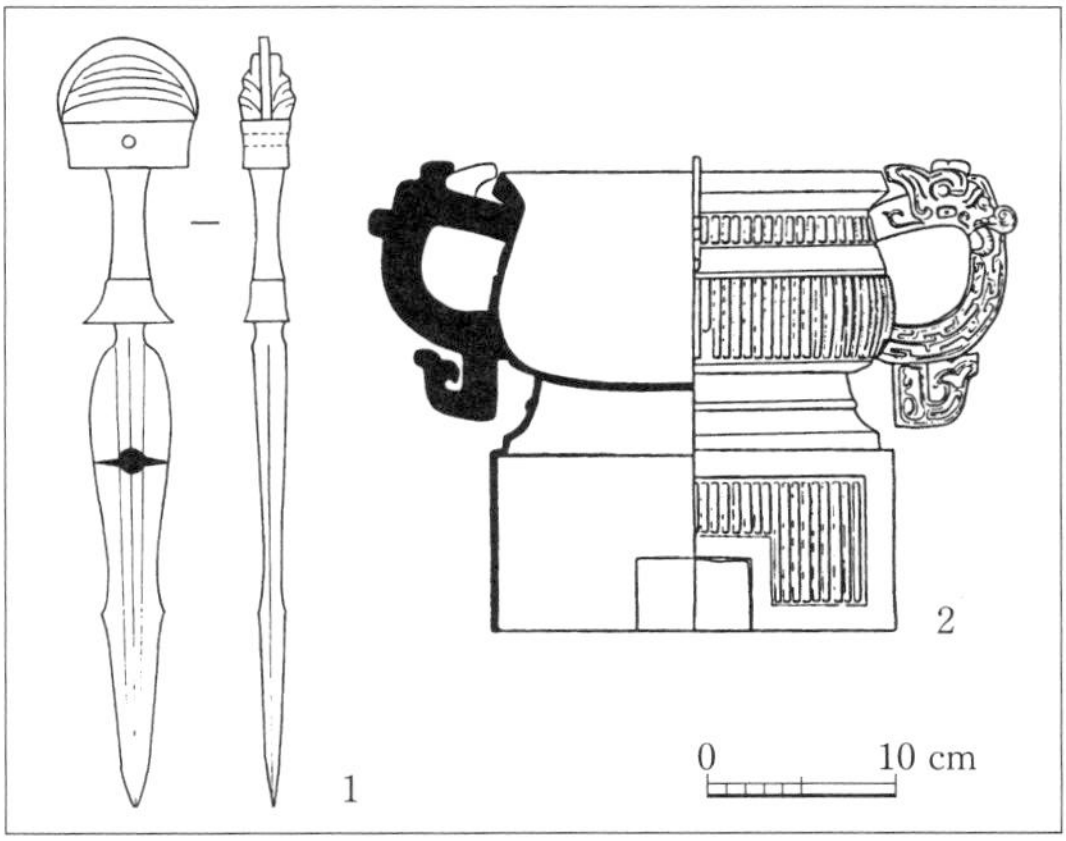

図1　遼寧省小黒石溝遺跡M8501出土品　1：遼寧式銅剣、2：青銅彝器(内蒙古自治区文物考古研究所・宁城县辽中京博物馆編著『小黒石沟——夏家店上层文化遗址发掘报告』〈科学出版社、2009年〉より作成)

遼寧式銅剣は、韓国でも板付Ⅰ式と併行する時期の忠清南道扶余郡松菊里《しょうきくり》遺跡から出土しており、今川遺跡の遼寧式銅剣の年代を考える手がかりになる。韓国の遼寧式銅剣は中国東北地方のものに比べて形式化しているのでⅡ式以降の新しい時期であるという意見もあるが、Ⅰ式の形態を模倣しているのでその考えは成り立たない。大田広域市比来洞《ひらいどう》遺跡や京畿道広州市駅洞《えきどう》遺跡からは、さらにそれをさかのぼる年代の遼寧式銅剣も検出されており、遼寧地方に匹敵する古さである。

現在もっとも古い遼寧式銅剣は遼寧省小黒石《しょうこくせき》溝《こう》遺跡M8501において西周時代の青銅彝器《いき》をともなって出土した資料であり(**図1**)、遼寧式銅剣の成立年代は、現在西周後期前半（紀元前九世紀後半）あるいは中期後半（紀元前九世紀前半）にさかのぼらせるのが一般的である［大貫 二〇一七］。韓国の遼寧式銅剣の成立が紀元前九世紀以降であり松菊里遺跡の例がそれより一～二型式新しくなったとしても、板付Ⅱa式土器と共伴した今川遺跡の時期すなわち弥生時代前期中葉が紀元前七世紀よりも新しいというハードルを設ける必要はないだろう。

弥生時代早・前期の鉄器問題

福岡県糸島市曲り田《まがりた》遺跡の弥生時代早期の竪穴住居跡から出土した小さな板状鉄斧の破片は、歴博年代が妥当であれば西周代になり、中国ではまだ鉄器が生まれたばかりで、とてもその時期に日本列島にもたらされたとは考えられない。

これまでに検出されていた四〇例近い弥生時代前期とされる鉄器の報告例を調べたところ、その大半が鉄器かどうか確実ではない、あるいは時期が不確かな資料であり、妥当な資料はわずか一～二例しか残らず、それにしたところで弥生時代前期末であった［設楽・樋泉 二〇〇三］。例えば弥生時代前期前半から鉄器が存在していたという認識を深めるのに大きな役割を演じてきた熊本県玉名市斎藤山《さいどやま》遺跡の袋状鉄斧は崖のように急な傾斜から出土した状況から再堆積とみなされ、出土地点の上に弥生時代中期の遺物包含層があることによって年代観に疑義が出されているなど、従来の鉄器年代観は大きく揺らいだ［春成 二〇〇三］。

したがって、現状で日本列島における鉄器の出現は、弥生時代前期末ないし中期初頭とみなすのが妥当であろう。曲り田遺跡の鉄斧も、早期の住居跡の覆土から整理作業の段階で見出されたものであり、混入の疑いが強い。

鉄器普及の問題

中国で鉄器が普及するのは戦国時代後期、紀元前三〇〇年はさかのぼらないというのが一般的な考えであった。したがって、弥生時代中期初頭に日本列島に鉄器が普及するのも、紀元前四世紀という歴博年代では古すぎると石川日出志氏は批判した［石川 二〇〇三］。

この問題は、戦国の列強である燕の東方進出を考古学的に明らかにしようという研究の進展によって解決がはかられている。燕の東方への進出は東胡を破って長城を築いた秦開将軍によってなされたことは司馬遷の『史記』が記すが、はっきりした年代は書いておらず、前後の脈絡から紀元前三〇〇年頃とされてきた。それが日本列島に鉄器が普及する前提であった。石川岳彦氏はこのようなあやふやな記録に頼らず、燕が中原から中国東北地方に進出してくる状況を土器と青銅器の編年からつぶさに追いかけることにより、紀元前三世紀とされていた燕の勢力の東方への進出年代が一〇〇～二〇〇年も古くなることを突きとめた［石川 二〇一七］。

したがって、日本列島への鉄器流入すなわち弥生時代前期と中期の境目に対して、紀元前三〇〇年というハードルを設ける必要はなくなった。

統計学的な数値の読み方

^{14}C年代の較正値は確率分布によって示されるものであり、歴博の年代値は古い年代に絞り込み過ぎ

ているという反論もある。

歴博は福岡市雀居《ささい》遺跡から出土した弥生時代前期初頭の板付I式土器にこびりついたコゲの年代をAMS法にもとづいて測定したところ、2590±40 BP（BPは西暦一九五〇年を基準としてそこからさかのぼった年代を意味する）という^{14}C BP年代が出された。較正年代は、前八三〇〜前七五〇年（六九・三%）、前六八〇〜前六五〇年（八・五%）、前六四〇〜前五八〇年（一一・三%）、前五八〇〜前五四〇年（六・五%）であった。その後、弥生時代早期の資料が分析され、紀元前十世紀後半にさかのぼることから、弥生時代の開始はこれまでの考えよりも五〇〇年ほど古くなるという問題提起につながった［春成ほか 二〇〇三］。

石川氏は歴博の弥生時代開始年代に対して、前八三〇〜前七五〇年は六九・三%の確率にすぎず、2σ《シグマ》すなわち二標準偏差（約九五・四%）であれば前八三〇〜前五四〇年という幅をもつとした［石川 二〇〇三］。この提言はもっともであるが、歴博でも雀居遺跡の試料分析データは2σの確率分布密度の表とグラフを提示しているから、もっとも山の大きな部分だけを拾う読み取りとその表現が問題なのであろう。ただ、計測を重ねていって確率の高い範囲に事例が集中していけばそれだけ妥当性は増していく。福岡市橋本一丁田《はしもといっちょうだ》遺跡、佐賀県唐津市梅白《うめじろ》遺跡、福岡市雀居遺跡の弥生時代早〜前期の土器付着炭化物の測定結果は一一点中一〇点が紀元前九〇〇〜前七五〇年に集中しているのも意味のあることではないだろうか。

海洋リザーバー効果と古木効果

遺跡の中の同じ層位から出土したオニグルミと土器付着炭化物の年代測定値を比べると、後者が数百年も古い値であることから歴博の年代測定に疑問が投げかけられた［西田 二〇〇三］。これに対して、測定した土器付着炭化物は魚類に由来するものであり、深海の古い^{14}C濃度をもつプランクトンを捕食した魚の体内に古い^{14}Cが蓄積される〝海洋リザーバー効果〟に由来するコゲを測定しているという説得力のある反論が展開された［藤尾・今村 二〇〇四］。試料の^{14}C濃度をはかる際のδ《デルタ》^{13}C値がマイナス二四・〇‰《パーミル》よりも重い場合に海洋リザーバー効果の影響を疑う必要が出てくることも突きとめられ、それを補正することによって正しい実年代に近づける努力もなされるようになっている［田中 二〇一一］。

また、煮炊きをするときに年輪の多い木材の芯の付近を燃料として利用した結果、試料として分析したスス・コゲが古い年代を示したのではないかという〝古木効果〟にもとづく批判もあるが、煮炊きにそんなに太い薪を使うとも思えず、太い木材や枝も使うのであればもっとばらついた年代が出てくるはずなのにそれがない［藤尾 二〇一五］ことから、土器付着炭化物に古木効果は考慮しなくてもよいのではないかと考えられる。

そのほか、弥生時代初頭の遺跡が紀元前八五〇～前七〇〇年頃の世界的な寒冷期に形成された砂丘の上に立地していることから、弥生時代の始まりを前八世紀末に求める意見もある［甲元 二〇〇八］。

4 近年の弥生時代開始年代論

酸素同位体比年輪年代の研究

年輪年代学は一年単位で年代を決定できる優れた方法だが、以前は対応できる樹種はスギやヒノキなど針葉樹に限定され、一〇〇本以上の年輪のある材が条件であった。ところが年輪に含まれるセルロース中の酸素同位体を測定して構築した経年変動パターンにもとづいて実年代を割り出していく「酸素同位体比年輪年代法」が開発されて、問題の解決がはかられている。

この方法は、年輪が形成された年の光合成の酸素同位体比が年輪セルロース中に固定記録されている原理にもとづく。日本を含む温暖湿潤気候のアジア地域では樹木年輪のセルロース酸素同位体比はその年輪が形成された年の夏の降水量の変動と高い相関を示す。この相関性の高さにより広葉樹でも、また年輪の数が四〇～五〇本の材でも年輪年代が決定されることが多いとされている[中塚 二〇一五]。

中塚武氏らの研究によって、奈良県御所《ごせ》市中西《なかにし》遺跡の弥生時代前期末の地層をおおう洪水砂の中に立ち枯れた樹木の酸素同位体比による年代測定で紀元前三七九年という年代が得られた[中塚 二〇一八]。歴博が提示した弥生時代前期と中期の境界が紀元前四世紀中頃にあるという年代値と整合性がある。

岡山市津島岡大《つしまおかだい》遺跡の堰で弥生時代前期中葉の第Ⅰ様式中段階の土器にともなう木材は年輪数が少なくて厳密な年代決定に至らないものの、紀元前五四〇年を最外年輪とする蓋然性が高いとされた。これは板付Ⅱb式土器と併行であり、歴博が提示していた土器付着炭化物による紀元前六世紀と整合性をもつ。さらに島根県松江市西川津《にしかわつ》遺跡鶴場地区自然河道SD09から出土した木材などの酸素同位体比年輪年代測定結果が前六四九年という結果を受けて、それにともなう前期Ⅰ－２期（板付Ⅱa式併行）と前期Ⅱ－１期（板付Ⅱb式併行）の土器の古い方、すなわち板付Ⅱa式が紀元前七世紀半ばに定点をもつ

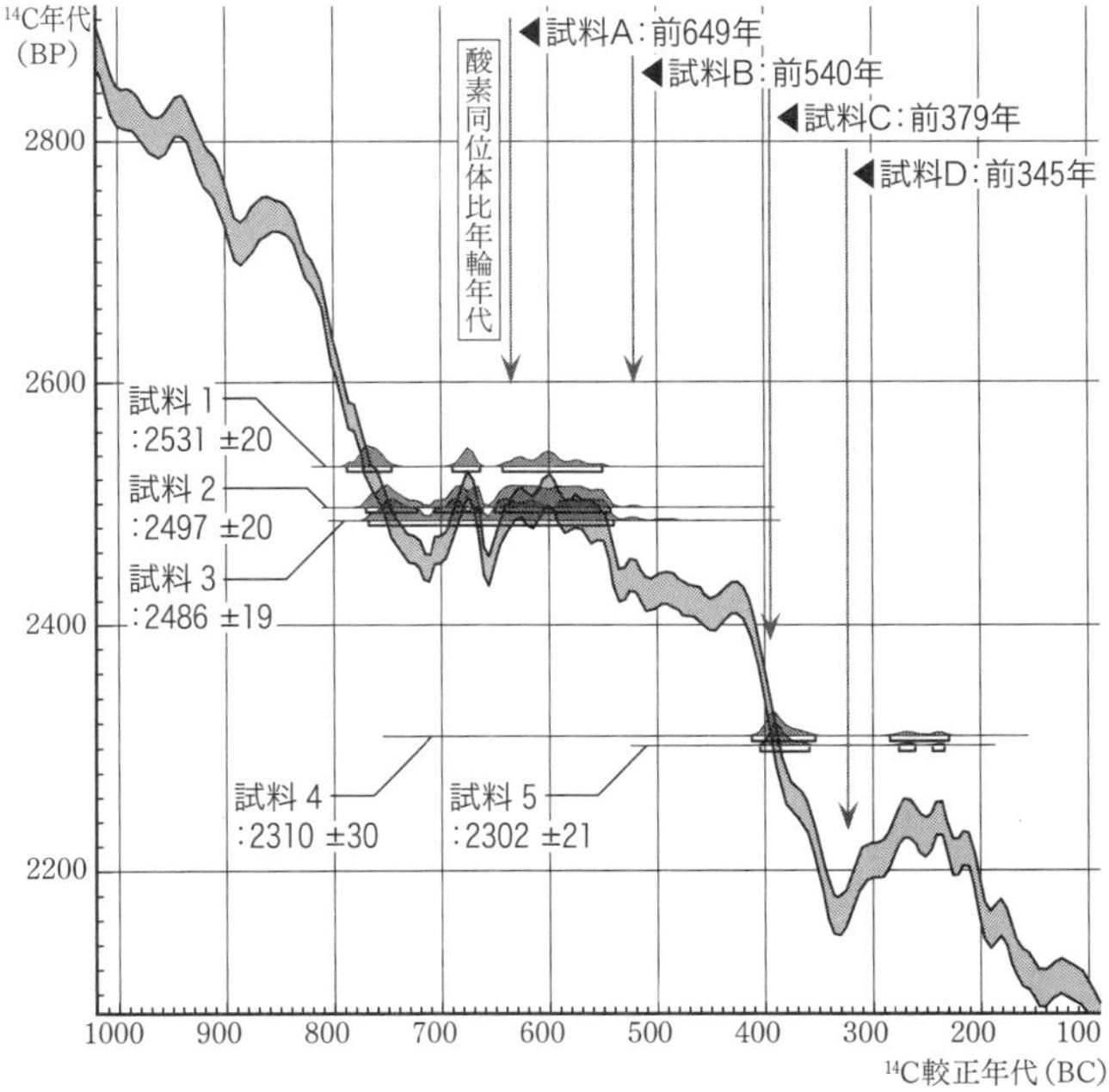

図２　紀元前1000年紀における土器付着炭化物 14C年代のIntCal20による較正と酸素同位体比年輪年代（［藤尾ほか 2023］より、一部改変）

・土器付着炭化物の 14C 年代測定試料

試料１：岡山市津島岡大遺跡第15次調査（突帯文期、津島岡大式）

試料２：岡山市津島岡大遺跡第23次調査（突帯文期、沢田式）

試料３：岡山市津島岡大遺跡第23次調査（弥生前期、遠賀川式中段階）

試料４：岡山市南方済生会遺跡（弥生前期、遠賀川式新段階）

試料５：岡山市南方済生会遺跡（弥生前期末～中期初頭）

・酸素同位体比年輪年代

試料A：松江市西川津遺跡鶴場地区自然河道（弥生前期、板付Ⅱa 式併行）

試料B：岡山市津島岡大遺跡第23次調査堰（弥生前期、遠賀川式中段階）

試料C：奈良県御所市中西遺跡埋没林（弥生前期、遠賀川式新段階）

試料D：岡山市津島岡大遺跡第19次調査（弥生前期、遠賀川式新段階）

という（図2）、これも歴博年代と整合性のあることが説かれた［藤尾ほか 二〇二三］。

炭化米の年代と土器型式の問題

佐賀県唐津市宇木汲田遺跡の弥生時代早期の地層から出土した炭化米のＡＭＳ年代測定が行われ、報告された。弥生時代早期の土器は夜臼Ⅰ式とⅡ式に区別されているが、計測された炭化米は夜臼Ⅰ式の地層から出土した。炭化米四点が計測されたが、較正年代は2σ（約九五・四％）の確率で紀元前九〇二～前七九四年の範囲におさまり、報告した宮本一夫氏は炭化米の年代を紀元前九世紀後半としている［宮本 二〇一八］。この値は、歴博年代との間に一〇〇年ほどの開きがある。

宮本氏は土器付着炭化物の^{14}C年代測定によって、夜臼Ⅱ式が紀元前七～前六世紀と考えられるとし、福岡市有田《ありた》遺跡の袋状貯蔵穴から出土した板付Ⅰb式～Ⅱa式の炭化米の^{14}C較正年代が2σの確率五七・六％で紀元前五九〇～前四一〇年であることなどから、板付Ⅰ式の上限が紀元前七世紀、板付Ⅱ式の上限が紀元前六世紀をさかのぼらないと考えているようであり、いずれも歴博の年代よりも一〇〇年以上新しい。これらのずれの一端は、土器型式の認定にも理由があるとされる。

歴博が付着炭化物を測定した土器のうち藤尾慎一郎氏が夜臼Ⅱa式とした佐賀県唐津市菜畑《なばたけ》遺跡の土器は夜臼Ⅰ式か確定できず、夜臼Ⅱa式とした福岡市橋本一丁田遺跡の土器は夜臼Ⅰ式だという。宮本氏の土器編年は、宮地聡一郎氏の編年に依拠するものであり、宮地氏が計測した夜臼Ⅰ式土器の付着炭化物の年代が紀元前九～前八世紀になること［宮地 二〇〇九］も考慮に入れて、宮本氏は弥生時代開始年代は紀元前九～前八世紀が妥当だと考えた。

ＡＭＳ炭素年代測定や酸素同位体比年輪年代測定は、誤差も少なくなり数値自体の実年代比定の妥当性はますます高くなっている。しかし、炭化米にしても材にしても、あるいは土器付着炭化物でも、それらと共伴した土器あるいは付着した土器の編年的な位置づけが違うこと、すなわち実年代比定の齟齬が土器型式の認定に起因しているのであれば、いくら測定の精度を高めたり新たな方法を開発して適用しても意味をなさない。土器編年の確立と相互検証は、早急に解決しなくてはならない古くて新しい問題といえよう。

おわりに

このように、弥生時代の始まりを水田稲作の開始に求める立場に立てば、弥生時代開始年代は紀元前十～前八世紀とみるのが妥当である。新しい教科書『詳説日本史』(日探 二〇二三)は、このたび弥生時代の始まりの年代を紀元前五～前四世紀から紀元前八世紀頃に引き上げた。この変更はその時期幅のもっとも新しい時期を採用したのであるが、最古の水田にともなう古木効果の心配のない材を用いた酸素同位体比分析やその時期の土器型式の確定と付着スス・コゲによるＡＭＳ炭素年代測定の結果によっては、紀元前十～前九世紀に再度改訂する必要も出てこよう。

〈**参考文献**〉

秋山進午　一九六九年「中国東北地方の初期金属期文化の様相（下）――考古資料、とくに青銅短剣を中心として」（『考古学雑誌』五四巻四号）
石川岳彦　二〇一七年『春秋戦国時代 燕国の考古学』（雄山閣）
石川日出志　二〇〇三年「弥生時代暦年代論とAMS法年代」（『考古学ジャーナル』五一〇号）
大貫静夫　二〇一七年「弥生開始年代論」（『季刊考古学』一三八号）
岡崎敬　一九七一年「日本考古学の方法――古代史の基礎的条件」（『古代の日本　第九巻』角川書店）
甲元眞之　二〇〇八年「気候変動と考古学」（『熊本大学文学部論叢』九七号）
小林行雄　一九五一年『日本考古学概説』（創元選書）
佐原真　一九七五年「農業の開始と階級社会の形成」（『岩波講座日本歴史1』岩波書店）
佐原真　一九八三年「弥生土器入門」（『弥生土器Ⅰ』ニューサイエンス社）
設楽博己・樋泉岳二　二〇〇三年「考古学研究会第四回東京例会の報告「AMS年代法と弥生時代年代論」」（『考古学研究』五〇巻三号）
杉原荘介　一九六一年「日本農耕文化の生成」（日本考古学協会編『日本農耕文化の生成　第一冊』東京堂）
高倉洋彰　二〇〇三年「弥生文化開始期の新たな年代観をめぐって」（『考古学ジャーナル』五一〇号）
田中良之　二〇一一年「AMS年代測定法の考古学への適用に関する諸問題」（高倉洋彰・田中良之編『AMS年代と考古学』学生社）
田辺昭三・佐原真　一九六六年「弥生文化の発展と地域性　近畿」（和島誠一編『日本の考古学Ⅲ』河出書

房新社）
中塚武　二〇一五年「酸素同位体比年輪年代法がもたらす新しい考古学研究の可能性」（『考古学研究』六二巻二号）
中塚武　二〇一八年「酸素同位体比年輪年代法からみた遠賀川化過程の気候変動」（森岡秀人・古代学協会編『初期農耕活動と近畿の弥生社会』雄山閣）
西田茂　二〇〇三年「年代測定値への疑問」（『考古学研究』五〇巻三号）
橋口達也　一九七九年「甕棺の編年的研究」（『福岡県小郡市三沢所在遺跡群の調査　中巻』九州縦貫自動車道関係埋蔵文化財調査報告XXXI、福岡県教育委員会）
春成秀爾　二〇〇三年「弥生早・前期の鉄器問題」（『考古学研究』五〇巻三号）
春成秀爾・藤尾慎一郎・今村峯雄・坂本稔　二〇〇三年「弥生時代の開始年代——^{14}C年代の測定結果について」（『日本考古学協会第六九回総会研究発表要旨』）
藤尾慎一郎　二〇一五年『弥生時代の歴史』（講談社現代新書）
藤尾慎一郎・今村峯雄　二〇〇四年「炭素14年代とリザーバー効果——西田茂氏の批判に応えて」（『考古学研究』五〇巻四号）
藤尾慎一郎・坂本稔・佐野雅規　二〇二三年「岡山大学構内遺跡における水田稲作の開始年代——I期中段階の堰の酸素同位体比年輪年代と炭素14年代」（『文明動態学』二巻）
宮地聡一郎　二〇〇九年「弥生時代開始年代をめぐる炭素14年代測定土器の検討」（『考古学研究』五五巻四号）
宮本一夫　二〇一八年「弥生時代開始期の実年代再論」（『考古学雑誌』一〇〇巻二号）

7 倭国と冊封体制の始まり——邪馬台国問題もまじえて

上野　祥史

はじめに

弥生時代には、指導者やエリートが登場し、武器形青銅器や銅鐸が広域に広がるなど、社会の様々な局面で変化が現れた。集団内では階層が分化し、各地を結ぶつながりが拡大するなど、社会は複雑化を進めた。この複雑化は、日本列島各地が前方後円墳を共有する古墳時代へとつながっていく。

弥生時代は、日本列島が中国と直接の関係をもち、交渉や交流を始めた時期でもある。中国史書には漢に至る倭の使節の記録があり、鏡などの中国文物が漢と倭との恒常的な往来を示す。日本列島で社会が複雑化する動きと、中国との交渉・交流の展開は、重なりをもつのである。

外来の文化や文物は、社会を変える要因の一つとなる。しかし、外からの刺激は、内部に取り込まれてこそ、はじめて変化が生じる。中国鏡は弥生時代中期後半に日本列島に登場したが、その後の人々の関わりは一様ではなかった。地域による違いもあれば、同じ地域でも時期により様子は異なった。中国鏡は、外部との交渉と内部での変化とを映し出すのである。

ここでは、中国史書の記録と中国鏡の動きに注目し、弥生時代の変化と中国との関係の変化を対照して示してみたい。

1　弥生時代の変化と内外の関係

社会の複雑化

弥生時代には、コメ作りを生業の中心におく定住農耕が始まった。この生活様式は日本列島に広がり、水田を経営する中に指導者が現れ、かつ他地域との交流を担うエリートを生み出した。社会はタテにもヨコにも変化したのである。やがて各地の社会は相互のつながりをもち、列島各地で同じ墳墓をつくる古墳時代を迎える。水田農耕を受け入れて、社会が複雑化していくプロセスこそ、弥生時代の一般的なイメージである。

弥生時代の日本列島では、土器の形も、墳墓の様相も、地域による違いがあり、列島内部での共通性が高まる古墳時代に比べると大きな開きがある。しかし、時期とともに様相は変化し、各地の社会は共通性を高めていく。弥生時代中期には、武器形青銅器や銅鐸など祭器を共有する広域のつながりがみえたが、後期には、鏡や鉄製品、あるいは金属製の腕輪などが、北部九州あるいは近畿といった範囲を越え、より広域に流通した。弥生時代の終わり頃には、各地に外来の土器が現れ、より遠方へと縦横に移動した人々の足跡がみえはじめる。列島各地の社会は、相互の関係を変化させつつ、統合・連携の過程を歩んだのである。

中国の記録

弥生時代の後半と同じ頃、中国には漢王朝が存在していた。この時期の歴史書に、日本列島は倭という名称で登場する。前漢のことを記した『漢書』は、漢の東方の支配拠点である楽浪郡から海を隔てた所に倭人がおり、季節ごとに来訪したことを伝える。後漢のことを記した『後漢書』には、五七(建武中元二)年と一〇七(永初元)年に倭人の使節が王朝へ来訪した記録がある。五七年には、光武帝から印綬を与えられ、一〇七年には、倭人の王である帥升らが生口を献上した。この時期の日本列島には、中国が交渉の対象と認めた、中国へ使節を派遣するほど連携を高めた社会、集団が存在した。三国時代のことを記した『三国志』では、魏書東夷伝倭人条に、邪馬台国の女王卑弥呼が使節を派遣して、魏王朝から親魏倭王に任じられたことを記す。倭と魏の往来は、景初年間(二三七〜二三九年)から正始年間(二四〇〜二四九年)の数年にわたり、魏との政治関係は倭の国内情勢にも作用した。

前漢・後漢・魏と時代を追うごとに、倭と中国王朝との政治関係は変化した。弥生時代社会の変化は、中国との交渉・交流の変化にも重なる。中国という先進世界との関係は、弥生時代社会の複雑化を必然のように認識させるが、それは内外の関係が相応した結果である。中国の影響を受けて列島社会が変化する、という単純な理解を相対化し、卑弥呼が倭王に冊封されるまでの動きを、内外の視点を対照してとらえてみたい。

2 漢の国際関係と倭

漢王朝を中心とした国際秩序

古代中国を統一した秦は短命に終わり、そのあとを受けた漢は四〇〇年にわたり存続した。漢は制度により管理・運営された社会であり、法令をはじめ、度量衡など様々な制度が社会を支えていた。法令は文書を通じて帝国の隅々までいきわたり、人々は戸籍に登録され、ひとしく税や労役の負担を担った。郡や県の地方行政府では、中央から派遣された官吏が統治に当たり、辺境でも中央でも同じ制度が社会を支配したのである。

一方、領域の外側には、漢とは異なる制度、あるいは秩序や習俗をもつ独自の社会が存在していた。朝鮮・南越・滇《てん》などの諸国があり、倭もその一つであった。漢の周辺地域は、軍事遠征を受けて漢の領域に組み込まれるか、独自の秩序や習俗を維持しつつ漢と交渉・交流するかのいずれかであった。朝鮮や南越あるいは滇は前者であり、倭や高句麗などは後者である。後者では、統率者が漢の王に冊封され、政治秩序に組み込まれた地域もある。漢の法令がおよばぬ地域も、冊封という政治関係をもって国際秩序に組み込まれたのである。この名目的な臣属関係をもとにした国際秩序を冊封体制と呼び、漢代以後も歴代の中国王朝の国際秩序を支えた。なお、冊封とは、冊書(策書)をもって王に封じる(任命する)ことに関係する。もっとも、漢と交渉・交流しつつも、冊封を受けず政治秩序に組み込まれない地域もあった。漢は自らが統治する領域を核として、性格の異なる社会を含み込み、三重の構造をもつ国際秩序を形成したのである。

楽浪郡の設置

朝鮮半島北部では、漢初に皇帝の支配を受けない衛氏朝鮮が存在していた。秦末の混乱期に、衛満が樹立した国家であるが、紀元前一世紀末には、武帝の軍事遠征を受けて滅亡し、漢はこの地に楽浪郡以下の四郡を設置した。楽浪以外の三郡は廃止や移設となり、この地は楽浪郡に再編されるが、四世紀初めまで中国王朝の支配拠点として機能した。楽浪郡の設置は、漢と周辺地域との関係に大きな変化をもたらした。漢と三韓(朝鮮半島南部)、漢と倭との直接の交渉が始まり、朝鮮半島南部や日本列島に中国文物が流入する。紀元前一世紀以後、中国鏡や貨幣など中国文物の流入は、時々で様相を変えつつも、三世紀までその流入は継続した。

文字記録にみる漢と倭との関係

『漢書』『後漢書』『三国志』の記録は、漢と倭の交渉が時期とともに変化したことを示す。前漢時代には、歳時の往来にとどまるが、後漢時代に入ると、五七(建武中元二)年に印綬を授けられた。印綬とは、印章と綬(飾り帯)のことであり、官職や爵位に対応して明瞭に区分され、漢の社会秩序、政治秩序を可視化した。漢のあとを受けた魏の時代には、景初二年もしくは三年に邪馬台国女王の卑弥呼が親魏倭王に任じられ金印紫綬を授けられている。中国王朝との関係は、確実に変化したのであり、後漢以後、倭は漢の政治秩序(国際秩序)の外縁を構成した。なお、志賀島出土と伝わる金印は、「漢委奴国王」の銘をもち、五七(建武中元二)年に賜与された金印と認識されている。

漢と倭との関係を示す中国文物

史書に残る交渉の記録は限られるが、漢と倭の関係はこの数度に限られたわけではない。弥生時代の遺跡では、数多くの中国鏡が出土しており、漢と倭の交流が恒常的に展開したことを示している。中国文物の動きにこそ、漢と倭の交渉・交流の実態が反映されている。

日本列島に流入した中国文物には、鏡のほかに貨幣やガラス璧や金銅製品、あるいは青銅製武器（鏃）などがある。近年では、硯（板硯）や権（おもり）も中国系の文物として注目を集めている（**図1**）。使節を派遣するにせよ、交易するにせよ、漢との交渉や交流において、情報を伝達し記録を作成する文字の利用は必要であり、各地で出土する硯（板硯）は、漢との交渉や交易を仲介した、あるいは支援した漢の人々を想定させる。秤量に使用する権（おもり）も、度量衡の制度を整えた漢との交渉・交流や、それに影響を受けた交易の展開を想定させる。漢は制度により管理された情報化社会であり、漢との交渉・交流において、文字や度量衡などの制度やメディアも一部で導入されたのであろう。

図1　硯片（福岡県糸島市三雲・井原遺跡番上地区出土、糸島市教育委員会蔵）

漢と倭の直接交渉

しかし、鏡とほかの文物では、その数に大きな開きがある。鏡は、珍しく長期にわたり流入が継続した文物であり、漢と倭の交流の実態を示す好適な資料である。以下では、中国鏡を受け入れた日本列島の弥生時代社会がどのように変化したのかをみていきたい。

その前に、中国鏡の動きを、ほかの周辺地域と比較しておこう。そこにも、漢と倭の交流の実態が映し出されるからである。鏡は朝鮮半島南部の三韓にも流入したが、その数は驚くほど少ない。漢に近接する朝鮮半島南部に中国鏡が少なく、遠方の日本列島に中国鏡が多いことは、入手の経緯がそれぞれ異なることを示している。倭が三韓を介して中国鏡を入手した様子はみえず、三世紀の『三国志』の魏書東夷伝倭人条が伝えるように、海路を介して倭は漢と直接の交渉を展開したのである。

3　中国鏡を受け入れた日本列島

九州を中心にした広がり

日本列島では、弥生時代中期後半に中国の鏡が登場する。その多くは、前漢時代後期後半の紀元前一世紀後半につくられた、異体字銘帯鏡と呼ぶ文字をおもな装飾とした鏡であった。中国鏡は、甕棺という焼物の棺に埋葬する習俗をもつ北部九州に登場した。中国の鏡を副葬した甕棺は、中期後葉のものであり、近年調査の進む放射性炭素(^{14}C)年代による暦年代に照らすと、中期も終わりに近い時期のことであった。

北部九州では、中国鏡が格差をもち各地へと広がった。鏡は一面を副葬することが多いが、なかには福岡県春日市須玖岡本《すぐおかもと》遺跡D地点甕棺や同糸島市三雲南小路《みくもみなみしょうじ》遺跡のように、大中小の鏡を含めて二〇面を超える多量の鏡を副葬することもある。一面の鏡を副葬する場合には、大半は一〇センチ以下の小型鏡であったが、一部には一五センチ前後の中型の鏡も含まれる。日本列島に流入した中国鏡は、当初から大きさと数により区分され、流通し、消費されたのである。

大型の中国鏡

中国鏡には、二〇センチを超える大きな鏡も含まれていた。残念ながら破片しか現存していないが、これら大きな鏡は、中国においても、王侯が保有する価値のある鏡であった。三雲南小路一号甕棺から出土した彩画鏡は、文様を顔料(彩色)で表現した珍しいものである(**図2**)。前後する時期の中国では、南越王墓や滇王墓など漢の周辺領域の王墓で同じ大型の彩画鏡が出土しており、これらと似た経緯をもち流入したことが想定される。これら優品たる鏡は、日本列島の倭人社会に対する漢の認識を反映しており、中国鏡の流入は当初から政治性を帯びていたことを示している。

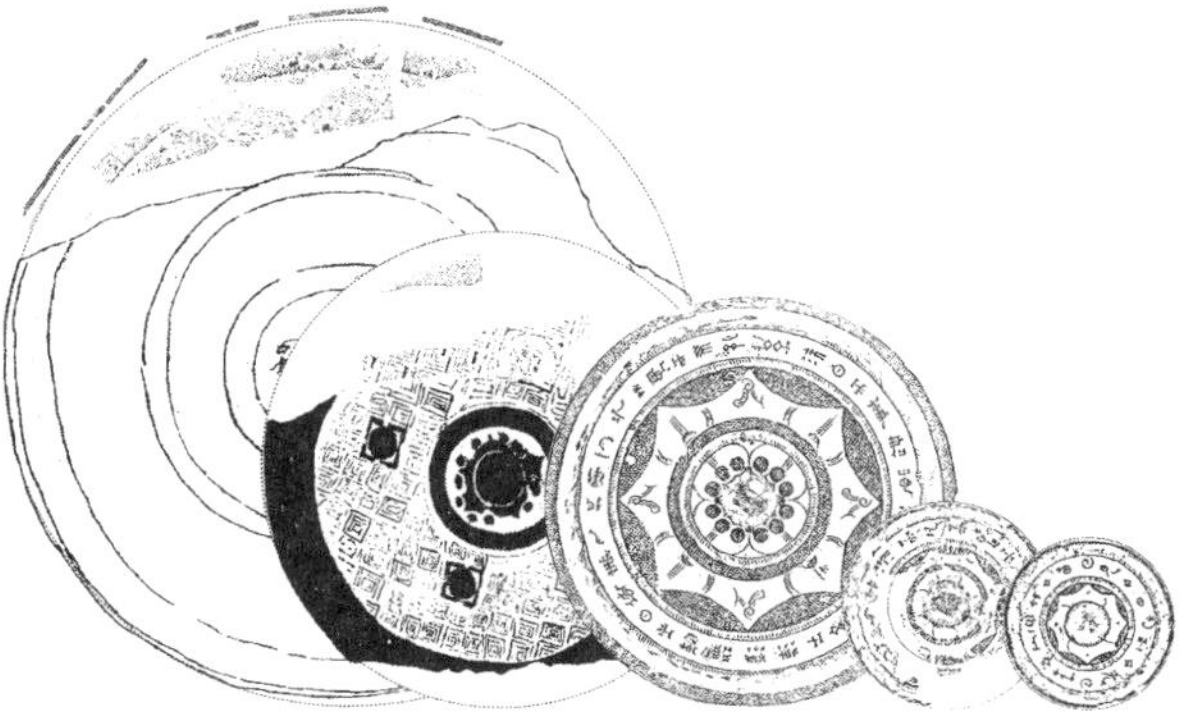

図2　三雲遺跡出土の中国鏡(縮尺同。福岡県教育委員会『福岡県文化財調査報告書第69集　三雲遺跡　南小路地区編』〈1985年〉第9〜11・30-2・31-9図より作成)

中国鏡の保有

北部九州では、中国鏡の保有が限定されていた。福岡県飯塚市立岩《たていわ》遺跡のように、複数の甕棺で中国鏡を副葬することもあるが、その数は少ない。中国鏡は、鉄製武器や南海産貝輪とともに、地域社会のエリート・主導者を可視化したのである。

中国鏡には大きさと数で表現する格差があり、中国鏡の保有を通じて、各地のエリート・主導者は秩序づけられた。こうした関係は、中国鏡が流入する以前にも、武器形青銅器や南海産貝輪を通じて形成されていた。それが中国鏡により明確なかたちとして表れ、中国鏡を集積した、地域の連携を主導する中核としての王と呼べる存在を析出させた。中国との交流は、従来の地域間関係を継承しつつも、社会に新たな局面をつくり出す契機となったのである。

中国鏡と地域の秩序

この時期の中国鏡は、東方には広がらず、北部九州とその周辺に限られた。甕棺という葬俗をもつ文化圏の中で、地域の関係を秩序づける装置として機能した。この秩序は、中国鏡のみに限定することなく、ガラス璧や金銅製品、武器形青銅器や鉄製武器など、様々な要素を組み合わせて表現されたのである。遠距離交易や先進文物、象徴財の生産と流通を媒介に地域関係が形成され、中国鏡はその中核を担ったのである。

中国鏡が登場したのは、前漢時代後期後半の紀元前一世紀後半のことである。『前漢書』には、明確な政治交渉の記録はないが、中国でも価値ある鏡が倭に流入し、すでに政治性を帯びた交渉が展開していた。範囲は北部九州と近隣に限定されるものの、漢との関係と連動して、地域の関係は複雑化したのである。

4 変化する弥生の鏡

鏡片の登場

その後も、中国鏡は継続して日本列島へ流入した。後期へと弥生時代が変わりゆく中、前漢鏡から後漢鏡へと流入する鏡も変化した。新たに、細線で動物などの文様を表現した方格規矩四神鏡や雲気禽獣文鏡が流入し、おくれて内行花文鏡なども登場した。中国で使う鏡がほぼ同時期に流入したのである。この頃から、鏡の取扱いにも変化が現れた。その一つは形態の変化であり、鏡を分割し、研磨し、穿孔するなど加工を加えた鏡片が登場する。後期の遺跡から出土する鏡の多くは鏡片であり、大型片であっても一部を欠くことが多い(**図3**)。

図3　鏡片(大阪府高槻市芥川遺跡出土、高槻市教育委員会蔵)

需要の拡大

そして、鏡を手にする地域は、甕棺の葬俗をもつ北部九州を越えて南へ、東へと広がった。九州では熊本県域や大分県域にも鏡の保有は拡大し、東方へは早くも弥生時代中期の終わりには、名古屋市高蔵《たかくら》遺跡へと到達した。終末期には列島西半へと広がり、鏡の保有は、神奈川県域や千葉県域など南関東にまでおよぶ。日本列島での鏡の需要は、確実に高まりをみせたのである。

鏡片への加工は、こうした需要の高まりと表裏の関係にある。前代には、希少なガラス璧や金銅製品は、分割や加工により保有の幅を広げており、鏡片への加工は需要への対処と評価できる一面がある。ただ、新たに鏡を手にした地域の多くでは、墓に副葬することはなく、その取扱いは異なっていた。利用の拡大は、決して同じ様相が拡大したわけではない。

倭での鏡づくり

中国鏡が流入する一方で、北部九州では新たに鏡の生産が始まった。小さな異体字銘帯鏡を模倣した鏡づくりは、弥生時代後期を通じて継続する。後期に倭の青銅器は大型化するが、弥生時代の倭鏡は一〇センチを超えない小さい鏡であり続け、ほかの青銅器と一線を画していた。また、倭鏡を加工することもまれであり、同じ鏡でも鏡片形態の多い中国鏡とも一線を画していた。小さな倭鏡の生産は、前代に中国鏡の保有の底辺を支えた、小さな異体字銘帯鏡を供給することを意図していたのである。

倭鏡も、鏡片の中国鏡と同じく、甕棺の葬俗をもつ北部九州から南へ、北へ、東へと広がった。その一部は朝鮮半島にもおよぶ。瀬戸内や近畿など東方では、九州の倭鏡が流通するだけでなく、九州とは製作技法が異なる独自の倭鏡も存在した。倭鏡の生産が東方にも展開したことは、鏡の利用が日本列島で拡大したことを示している。鏡片の中国鏡とは少し性格を異にしつつも、鏡の需要は確実に高まったのである。

舶載品の東伝

中国鏡だけでなく、鉄製刀剣などの舶載品も同じ時期に日本列島へともたらされた。高度な加工技術を必要とする重厚なつくりの鉄製品は、弥生時代後期から終末期にかけて、中部高地や関東にまでおよぶ。鏡だけでなく、様々な舶載品・外来品が列島各地へともたらされた背景には、九州から関東に至る広域の物資・情報の流通網の形成がある。

列島各地で同じ器物を共有する状況が、後期から終末期にかけて現れはじめた。中国鏡や倭鏡の東伝は、こうした列島の東西を結ぶ広域流通の形成を反映するものであった。しかし、倭鏡にせよ、鏡片にせよ、瀬戸内から近畿にかけて広がるが、鉄製品を中部高地や関東へと中継した日本海沿岸ではその数が少ない。北部九州から瀬戸内、近畿へと広がる鏡の動きと、北部九州から日本海沿岸を経て中部高地、関東へと広がる鉄製品の動きには違いがみえている。

『後漢書』には、二度の政治交渉の記録がある。後期の中国鏡や倭鏡の動きは、まさにこの時期のことである。一〇七(永初元)年には、倭の一部に広域の連携が存在し、物資を収集して貢納を献上する体制を整えた社会があり、漢の国際秩序に組み込まれていた。この時期には、流入した中国鏡の利用が拡大し、中国鏡を模倣した倭鏡の生産が始まる。中国との交渉が継続する中で、それと連動した社会内部の複雑化や地域連携の拡大が映し出される。

5　古墳時代への転換

近畿地方を中心とした広がり

中国鏡の流入と日本列島での利用は、古墳時代前期へと継続する。流入する鏡は、後漢の鏡から三国時代の鏡へと変化した。三国時代の鏡は、漢の鏡を模倣しており、漢の鏡とは様子が異なる。おおむね同時代の中国鏡が日本列島へと流入したのである。

しかし、日本列島での状況は変化した。古墳時代には、中国鏡が近畿地方を中心に分布し、墓への副葬が全国的に普及する。弥生時代後期や終末期には、中国鏡の保有は列島西半に拡大したが、北部九州で墓に副葬する一方、他地域では墓に副葬しないなど、地域により扱いは異なっていた。明らかに、前代とは一線を画したのである。そして、加工した鏡片が姿を消していく。三国時代の鏡を加工した鏡片はわずかである。完形の鏡を墓に副葬する動きが、近畿地方を中心に全国規模で普及したのである。分布の変化、墓への副葬の普及、完形の鏡の扱い、という鏡にみる三つの変化は、弥生時代と古墳時代を画する大きな変化であった。中国鏡の流入と利用は継続するものの、弥生時代から古墳時代へと順調に推移するのではなく、古墳時代とのあいだには「断絶」がみえるのである。

画文帯神獣鏡と三角縁神獣鏡

前方後円墳が登場し、三角縁神獣鏡の副葬が始まる古墳時代前期には、この新たな動きは確立していた。しかし、変化の画期をどこに求めるかは、見解が分かれる。そこで注目されるのが、弥生時代終末期に登場する、後漢末の画文帯神獣鏡である(**図4**)。弥生時代終末期から古墳時代前期にかけて副葬された画文帯神獣鏡を一括してとらえれば、近畿から瀬戸内海沿岸に集中した分布がみえる。この画文帯神獣鏡こそ、北部九州から近畿地方へと鏡の流通体制が変化する画期として評価し、弥生時代終末期にすでに新しい社会体制、地域連携のかたちが創出されたとみるのである。三角縁神獣鏡に先行して、新たな社会体制の確立をとらえるのである。

しかし、それは、画文帯神獣鏡がこの時期に限定して流入したことを前提とする。画文帯神獣鏡には、三国時代以後の鏡も含まれており、すべてが後漢の鏡ではない。古墳出現期に当たる奈良県桜井市ホケノ山古墳では、すでに三国時代の画文帯神獣鏡が登場している。三角縁神獣鏡は、景初・正始の魏の紀年をもち、三国時代以後の模倣の特徴をもつが、画文帯神獣鏡に三国時代の鏡が含まれるため、三角縁神獣鏡と画文帯神獣鏡は純然とした前後の関係での理解はできない。それに、弥生時代終末期の遺跡から出土する画文帯神獣鏡はきわめて少ない。三角縁神獣鏡に先行して、古墳時代前期につながる新たな動きを積極的に評価することは難しい。

図4　画文帯神獣鏡（ホケノ山古墳出土、奈良県立橿原考古学研究所提供）

卑弥呼の遣使と中国鏡

『三国志』には、二世紀後半の倭の混乱した状況から、邪馬台国女王卑弥呼の登場へ、そして魏との政治交渉の展開へと、詳しい記述がある。倭と魏の交渉は、公孫氏の滅亡後に始まると理解する向きが強い。公孫氏は後漢末に遼東から朝鮮半島にかけての地で自立し、二三九（景初三）年に司馬懿の遠征を受け滅亡した。魏の領有はそれ以後のことである。公孫氏の滅亡により魏への遣使が実現するという理解は、『三国志』魏書東夷伝にある卑弥呼の遣使と倭王承認の景初二（二三八）

年の記事を、翌年の誤記とする認識を定着させた。

三角縁神獣鏡には景初三年、正始元(二四〇)年の銘があり、魏との交渉を結びつけて三角縁神獣鏡の流入や列島内での流通は理解される。三角縁神獣鏡に先だち画文帯神獣鏡が流入したとみれば、画文帯神獣鏡の流入は、魏との交渉に先行した公孫氏との交渉に結びつけて理解される。しかし、画文帯神獣鏡を三角縁神獣鏡に先行してとらえることは難しく、公孫氏滅亡を前提とした魏との交渉も、その理解は相対化されつつある。東アジアを動態でとらえる魅力的な見解だが、史書の記述と文物の動きとの対照には慎重にありたい。

『三国志』は、卑弥呼と魏の政治交渉を詳細に収録する。日本列島では、前代の広域の連携を前提に新たな社会が確立したのであり、三角縁神獣鏡の動きがそれを象徴している。魏との交渉と倭王の承認と、中国鏡の動きはみごとに連動するのである。しかし、魏との交渉がすべての始まりではない。中国鏡の流入と列島内での共有・利用は前代から継続しており、列島内に新たな社会体制を構築する大きな飛躍があるものの、前代からの継続もみえるのである。

おわりに

中国史書には、倭と漢との関係が時期を追うごとに変化し、後漢以後は中国王朝の国際秩序に組み込まれた様子がうかがえる。印綬の賜与や倭王の承認など、冊封体制と形容する中国王朝の国際秩序の一翼を担った。しかし、倭の漢との交渉、魏との交渉は、記録のみにとどまるものではない。その様相は、中国文物の動きに反映されている。

そして、中国鏡は、中国との関係だけではなく、日本列島内での社会の状況も映し出す。前漢の鏡や三国時代の鏡のように、中国との交渉に連動して、列島内の状況が変化することもあれば、後漢の鏡のように、中国との交渉に影響されず、列島内の状況が変化することもあった。中国という先進世界との関係が、後発的な弥生時代社会を複雑化させた、という先験的な理解は相対化せねばならない。必ずしも、中国との交渉が日本列島内部の関係を変化させたわけではない。中国史書に残る交渉の記録と出土資料の動きに注目し、内外の変化を対照してとらえることが肝要なのである。

〈**参考文献**〉

上野祥史　二〇一一年「青銅鏡の展開」(『弥生時代の考古学4』同成社)

上野祥史　二〇二〇年「中国系渡来文化と畿内」(『講座畿内の古代学第四巻』雄山閣)

辻田淳一郎　二〇一九年『鏡の古代史』(KADOKAWA)

下垣仁志　二〇一一年『古墳時代の王権構造』(吉川弘文館)

仁藤敦史　二〇〇九年「卑弥呼の王権と朝貢――公孫氏政権と魏王朝」(『国立歴史民俗博物館研究報告』一五一集)

8

三角縁神獣鏡とヤマト政権の形成

福永　伸哉

はじめに

三世紀中頃から七世紀初めにかけて、東北中部から九州南部までの広い範囲で有力者が大小の墳丘墓をさかんに築く時代が訪れた。わが国の時代区分の中で唯一、構造物の名称を冠して「古墳時代」と呼ばれるこの時代には、各地に築造された前方後円墳の存在から広域の政治統合が生まれ、ヤマト政権がこれを主導したことが明らかになっている。

古墳時代前期(三世紀中頃〜四世紀中頃)の有力古墳には、様々な銅鏡が副葬されているが、その中でもっとも多くを占めるのが三角縁神獣鏡と呼ばれるものである。三角縁神獣鏡とは、断面三角形の縁をもち、鏡背面の外区を鋸歯文・複線波文などで飾り、内区には神仙や霊獣の像を配した大型鏡のことをいう。初期ヤマト政権が地域把握を進める際に各地の有力者に与えた「威信財」としての評価が定着している。

現在約六〇〇枚の出土が確認されており、このうち、四分の三が中国鏡、四分の一がそれを模倣して列島内で製作された鏡とみるのが有力な説であるが、製作地をめぐってはすべてを列島製、すべてを中国製と考える説もある。本稿では第一の説を支持する立場に立ち、中国製の三角縁神獣鏡について、製作工人の系譜、年代、ヤマト政権との関わりなどについて、主要な学史に触れながら現在の研究の到達点を述べてみよう。

1　三角縁神獣鏡の認識と年代

三角縁神獣鏡という銅鏡の型式が認識されはじめたのは、鏡の分類研究が緒についた二十世紀初め頃のことであった。一九一九(大正八)年に東京帝室博物館の高橋健自氏は、「王莽鏡」としてグルーピングした一群の鏡を線刻表現のものと肉彫表現のものに分け、肉彫表現で神像獣形をモチーフとした神獣鏡の中に、「断面は殆ど三角形に近い縁」をもつ一群があることをまず指摘した〔高橋　一九一九〕。三角縁と肉彫表現の神獣像を特徴とする銅鏡は、「半肉刻式三角縁神獣鏡」「三角縁式神獣鏡」などと呼ばれる場合もあったが、やがて「三角縁神獣鏡」という名辞が定着していった。

三角縁神獣鏡の年代については、高橋氏が当初これらを一世紀初頭の王莽時代の所産であると誤認したように、銅鏡の型式研究の揺籃期にあってはその判断が難しかった。そうした中で、京都大学で東洋史を講じていた富岡謙蔵氏は、この種の神獣鏡の中に「銅出徐州、師出洛陽」の銘文語句をもつものがある点に注目して「徐州」「師」「洛陽」の用字がすべて存在しうるのは魏代だけであると絞り込み、図像文様の特徴を考えあわせてこれを三世紀の魏鏡とする見解を示した。同時に富岡氏は、この種の鏡が『三国志』の「魏志」倭人伝(魏書東夷伝倭人条)に卑弥呼が魏皇帝から贈られたと記す「銅鏡百枚」に当たるのではないかとの重要な指摘も行っている[富岡 一九二〇、三三二頁]。

やがて、この富岡説は承認を得て、三角縁神獣鏡は魏鏡であるとの理解が広まり、卑弥呼の「銅鏡百枚」との関係もおおむね受け入れられていった。さらに一九七二(昭和四十七)年には、島根県雲南市神原《かんばら》神社古墳からまさに卑弥呼の遣使年に当たる魏の「景初三年」(二三九年)銘をもつ三角縁神獣鏡が出土し、三角縁神獣鏡＝魏鏡説がほぼ確実視されるに至ったのである。

2 小林行雄氏の研究

「伝世鏡論」と「同笵鏡論」

古墳から出土する大型神獣鏡という意義を超えて、三角縁神獣鏡がヤマト政権の成立と発展に深く関わっているという今日の評価を導き出したのは、第二次世界大戦後まもなくの時期に画期的な研究をつぎつぎと発表した小林行雄氏であった。とりわけ一九五五(昭和三十)年に発表した論文「古墳の発生の歴史的意義」は、古墳の出現と三角縁神獣鏡の分与という現象からヤマト政権(小林氏は「大和政権」と表記)と地域首長の政治関係の成立を読み取ったもので、考古資料によって日本の国家形成の第一歩を明快に論じた記念碑的論文といえる[小林 一九五五]。この論文において小林氏が主張の柱としたのは「伝世鏡論」「同笵鏡論」として知られるつぎのような理解であった。

弥生時代には、共同体の宝器である「漢中期の銅鏡」を前代の首長から受け継ぐことによって次代の首長の地位が承認される仕組みが存在していた。ところが、古墳時代になると代々の首長のもとで継承されてきたこの漢中期の「伝世鏡」が、伝世を終えて古墳に副葬される現象がみられるようになる。この現象は、宝器を受け継がなくても首長権が継承される仕組み、つまり首長の「世襲制」が生まれた証拠となるもので、この場合の世襲制とは「男系世襲制」を意味する。これが「伝世鏡論」の骨子である。

世襲が可能となった背景には、ヤマト政権という外部権威によって首長権が承認されるという、新たな政治関係の成立が想定できる。その証拠となるのがしばしば「伝世鏡」とともに副葬された「同笵鏡」、すなわち三角縁神獣鏡である。三角縁神獣鏡には同じ鋳型からつくられた「同笵鏡」が何種類も確認されており、同笵関係にある鏡がどの古墳に分有されているかを分析すると、もともと畿内に一括して存在していた三角縁神獣鏡が、ヤマト政権によって各地に分与された状況が復元できる。鏡を与える側と受け取る側の立場は対等ではありえず、その政治関係はヤマト政権による地方首長の「県主的地位」への位置づけという性格が考えられる。こうしてヤマト政権の勢力下に入った首長たちによって各地に古墳が築かれるに至った。以上が、「同笵鏡論」の論理である。

小林氏によって三角縁神獣鏡、ヤマト政権、古墳出現の関係が論理的に提示されたことによって、わが国の国家形成にも関わる三角縁神獣鏡の歴史的重要性は広く認知されるようになった。また、小林氏が「同笵鏡の分有関係において畿内が中心的な位置を占めていることから、これが三世紀中葉以来の政治的情勢を反映するものであろう」と述べて、邪馬台国畿内説との整合性に言及している点も注目できる[小林 一九五五、一頁]。

初期ヤマト政権の勢力拡大過程

三角縁神獣鏡の配布によってヤマト政権と地方首長の政治関係が形成されていくことは、ヤマト政権の勢力圏の拡大を意味している。小林氏の研究は引き続いて三角縁神獣鏡の新古の分類編年と、それらの分布の推移から政権の勢力拡大過程を跡づける作業へと進んでいった[小林 一九五七]。

小林氏の三角縁神獣鏡編年は、内区の神獣像配置の方式を基本にすえたものであった。やや単純化していうと、以下のような内容である。三角縁神獣鏡には内区を四つの乳(小突起)で分ける四分割型と六つの乳で分ける六分割型があり、前者から後者へと変遷する。四分割型には乳のあいだに神像二体または獣像二体を並置する「複像式」が多く含まれ、四分割型の一部と六分割型は神像と獣像を一体ずつ交互に配置する「単像式」の構成をとる(**図1**)。さらに「複像式」のうち銘文が「吾作」で始まるものを最古の一群として分離できる。鏡の製作時期でいうと、古いものから「吾作銘複像式」→「複像式」→「単像式」の順となる。

小林氏の独創的な成果は、これらの各鏡式が分布域と分布時期をやや異にしているとみなしたことにあった。分布域としては「吾作銘複像式」が畿内にとくに集中する「中央型」、「複像式」が畿内以東の地域に分布の厚い「東方型」、「単像式」が畿内以西の地域に分布の厚い「西方型」に対応する関係になる。分布が形成された時期はヤマト政権から各地域への働きかけの段階を反映している。注意しておきたいのは、分布の形成が鏡の新古とは一部逆転して「中央型」→「西方型」→「東方型」の順で進行したととらえたことである。製作時期の新しい「単像式」が古い「複像式」に先んじて西方に配布されたとする点が逆転現象を呈していることになる。最初に畿内、ついで西日本、さらに東日本へという配布順序を想定した小林氏には、古墳文化は西方向へ早く波及したとみる当時の通説的な認識があったものと思われる。

こうした理解が成り立つためには、ヤマト政権が三角縁神獣鏡を用いて政治活動を開始した時期には、新旧すべての三角縁神獣鏡がすでに畿内で集積されていたとの前提が必要である。これについて小林氏は、別書で「卑弥呼の時代に輸入された三角縁神獣鏡は、その後のある時期に至って、ようやく、大和の某地の保管場所からとりだされて、各地の首長に分配されることになり、それが今日、各地の古墳から発見されるのだ」と述べている［小林 一九五九、七〇頁］。つまり、三角縁神獣鏡が流入し

a：吾作銘複像式（黒塚古墳）

b：複像式（黒塚古墳）

c：単像式（新山古墳）

図1　三角縁神獣鏡の主要鏡式
（a･b：［奈良県立橿原考古学研究所編 2018］、c：［宮内庁書陵部陵墓課編 2005］より）

た邪馬台国の段階と、これを利用して活動を始めたヤマト政権のあいだには時間的な隔たりが存在すると認識していたのである。この点は、小林氏の考える古墳出現年代が三世紀末〜四世紀初頭であり、三世紀中葉の邪馬台国とは少なくとも数十年以上の開きがあったことと無関係ではなかろう。次節で触れるように、今日この年代観については再検討が必要となっている。

いずれにせよ、一九五〇〜六〇年代の小林氏の一連の研究によって、三角縁神獣鏡とヤマト政権の関係や古墳出現の歴史性が一つの体系的理解に到達したことは疑いなく、今日の古墳時代像を形づくるうえで大きな土台が構築されたといっても過言ではない。

3 三角縁神獣鏡研究の新たな展開

新たな研究段階

今かえりみれば一九八九(平成元)年という年は、三角縁神獣鏡研究の新たな展開にとって画期となる年であった。この年二月、三角縁神獣鏡研究に多大な足跡を刻んだ小林氏が七七歳の生涯を閉じた。三月には兵庫県たつの市権現山五一号墳で五枚、九月には滋賀県東近江市雪野山《ゆきのやま》古墳で三枚の三角縁神獣鏡が検出され、岡山市湯迫《ゆば》車塚《くるまづか》古墳以来、三十余年ぶりに五枚以上の三角縁神獣鏡が同じ年に発見されるという資料上の大きな成果があった。

また、四月から六月にかけては、京都大学文学部博物館において「椿井《つばい》大塚山《おおつかやま》古墳と三角縁神獣鏡」と題する企画展が開催され、同古墳の資料が一挙に公開された。一九五三(昭和二十八)年に多量の三角縁神獣鏡が出土した京都府木津川市椿井大塚山古墳は、研究上に重要な意義をもつにもかかわらず、ある理由で長らく調査報告書が公表されていなかった事情もあって［小林 一九六五］、その企画展自体が画期的なものであった。新進気鋭の研究者による三角縁神獣鏡関連の論考や全国の三角縁神獣鏡の資料目録を収載した展示図録は、新たな研究段階の到来をうかがわせる充実した内容であった［京都大学文学部考古学研究室編 一九八九］。

一九八九年頃から始まる研究潮流は、二〇～三〇代の「新世代の研究者」を中心に、製作系譜・型式編年・年代・配布過程など多岐にわたる分析や考察が、古墳出現年代の更新という新たな状況の中で展開していったことが大きな特徴といえる。

三角縁神獣鏡の製作系譜

銅鏡研究の初期に富岡謙蔵氏が提示した三角縁神獣鏡＝魏鏡説はその後広く賛同を得たが、肝心の中国で出土例がない点に議論の余地があり、早くも一九六〇年代には森浩一氏によって先駆的な疑義が出されていた［森 一九六二］。そして、一九八一（昭和五十六）年に中国社会科学院の王仲殊氏によって発表された「日本製説」は、製作系譜に関わる国際論争を生むきっかけとなった［王 一九八一］。この論争は、日本の多くの研究者がすでに決着済みと思いこんでいた魏鏡説にも、なお検討を要する部分が多く残されている現状を再認識させ、その後の系譜研究を進めるうえで大きな刺激となった。

先述の「新世代の研究者」たちが取り組んだ主要な成果として、三国時代の魏の鏡作りの特徴を明らかにしたことが挙げられる。例えば、同世代の一人であった筆者が着目したのは鏡背面中央の半球

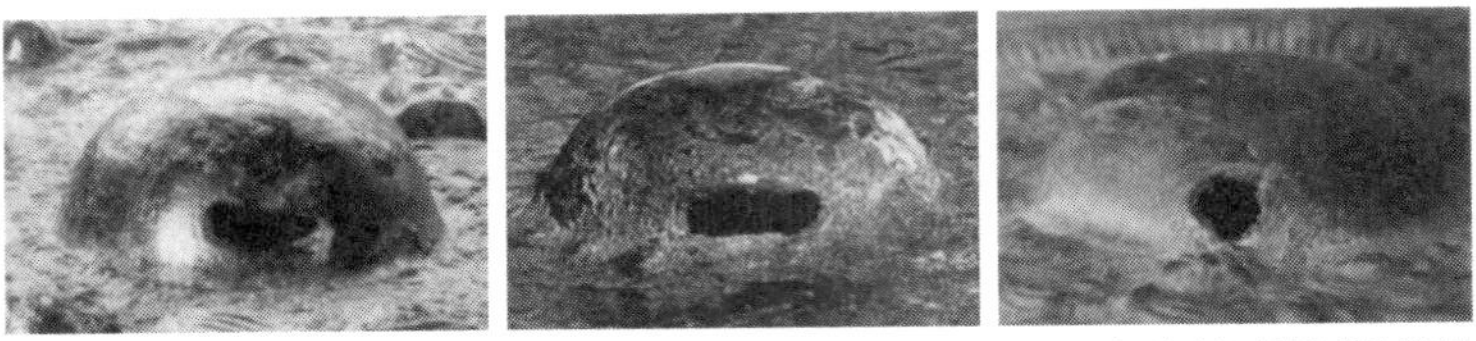
a:魏・景初三年三角縁神獣鏡　b:魏・甘露四年獣首鏡　c:呉・太平元年対置式神獣鏡

図2　鏡の鈕孔形態（a：島根県神原神社古墳出土、b：五島美術館蔵、c：黒川古文化研究所蔵。［福永 2001］より）

状のつまみ（鈕）に設けられたヒモ孔（鈕孔《ちゅうこう》）の形態である。魏の官営工房である「右尚方作」の銘をもつ魏の年号鏡では、鈕孔形態がことごとく長方形を呈しており、円形や半円形が一般的な漢〜三国時代の中国鏡の中ではきわめて異例の特徴となっている（**図2b**）。肝心の三角縁神獣鏡はほとんどがこの長方形鈕孔をもっており、魏の工房の作とみてなんら問題はない（**図2a**）。ちなみに王氏による「日本製説」では、当時魏と対立関係にあった呉の工人が倭に渡って製作したと想定するが、呉鏡の鈕孔形態は円形系統で占められているため、三角縁神獣鏡の工人候補とするのは困難である（**図2c**）。

また、魏の銅鏡生産が新規のデザインを生み出すよりも古い漢代のデザインを復古的に模倣する「倣古鏡」製作を特徴としていたことが明確にされた点も重要である［車崎 一九九九］。三角縁神獣鏡は後漢末期の画文帯神獣鏡のデザインを取り入れてはいるが、その神獣像は後漢の柔らかな表現と比べて独特の硬直した趣をもっている。熟練した漢鏡工人とは系譜を異にする魏鏡工人の作鏡姿勢によく合致したあり方といえよう。

編年と製作年代

型式編年についても、神獣像配置に重きをおいた小林氏のとらえ方とは別に、外区の厚みや図像文様の変化過程に着目した四～五型式の新しい編年が新納泉氏の提唱を皮切りに検討されるようになった［新納　一九九二］。四分割型から六分割型への変遷は小林氏の示すとおりだが、小林氏が後出するとした「単像式」の一部には最古段階の「複像式」に匹敵するものが含まれるなど、新たな編年は小林編年の修正を意味するものであった。当然ながら、小林氏の「単像式」「複像式」は、ヤマト政権による政治活動の推移とも対応していたので、編年が変われば分布形成の評価にも変更が必要となる。

さらに製作年代については、第二次世界大戦後に中国や日本で確認された新資料との比較が進み、少なくとも二三〇年代～二六〇年代頃までの魏鏡および初期西晋鏡と三角縁神獣鏡の年代的な併行関係が確実にたどれるようになった点が注目される［福永　一九九六］。この年代観は、三角縁神獣鏡が「魏志」倭人伝や『晋書』にみえる倭の遣使とまさに同時代のものであったことを示している。つまり、景初三（二三九）年の卑弥呼の初回遣使を起点として、その後数回の遣使の中で列島にもたらされた鏡である可能性を補強する成果となったのである。

古墳出現年代の遡上

鏡自体の研究展開と併行して、古墳の出現年代についての理解が大きく更新されてきた状況も、三角縁神獣鏡の意義の再定義につながっている。この点でも、権現山五一号墳において、出現期古墳の指標である特殊器台形埴輪と古相の三角縁神獣鏡のみが共伴した事実が大きな意味をもっていた。なぜなら、二四〇年代に製作され列島に流入した三角縁神獣鏡が権現山五一号墳の首長に分与され、それを副葬した古墳がまさに出現期の古墳に相当するという関係が見通せるからである。一九九八(平成十)年には、やはり出現期の古墳である奈良県天理市黒塚古墳《くろづか》から古相の三角縁神獣鏡三三枚が出土し、古墳の出現が三世紀中頃までさかのぼる可能性がいっそう明確になった。

加えて、理化学的方法によって古墳出現年代を突きとめる研究も進んだ。最古の巨大前方後円墳である奈良県桜井市箸墓《はしはか》古墳の築造年代が土器付着物の炭素14年代測定によって検討され、二四〇〜二六〇年に絞り込めるという成果を得たことは、三角縁神獣鏡の年代から推定する古墳出現年代と整合的である[春成ほか 二〇一一]。

箸墓古墳は宮内庁が管理しているため、埋葬施設や副葬品の情報は不明であるが、これとほぼ同時期の古墳にすでに三角縁神獣鏡が副葬されている事実は、三角縁神獣鏡の分与が三世紀半ばの古墳出現にわずかに先だって開始された状況を示唆している。つまり、景初三年鏡を含む最古型式の三角縁神獣鏡は列島にもち帰られてすぐに分与が始まったという理解になるのである。古墳出現年代の遡上は、ヤマト政権の成立がまさに卑弥呼の時代に直続する位置におけることを明らかにしつつあるといえよう。

4 三角縁神獣鏡の歴史的意義

画文帯神獣鏡から三角縁神獣鏡へ

三角縁神獣鏡の歴史的意義を考える場合に、二〇〇〇(平成十二)年に公表された奈良県桜井市ホケノ山墳墓(ホケノ山古墳ととらえる立場もある)の調査成果は重要な意味をもっている。ホケノ山墳墓は箸墓古墳より一世代ほど古い三世紀前葉に築造された墳丘墓で、径約六〇メートルの円丘に短い前方部をつけた長さ約八〇メートルの前方後円形を呈している。巨大な箸墓古墳の出現を古墳時代開始の画期ととらえる筆者の立場では弥生時代終末期に属する墳丘墓という理解になるが、邪馬台国期の倭人社会の最有力層が埋葬されたと判断して相違ない。

ホケノ山では、この調査で画文帯神獣鏡と呼ばれる後漢末期の神獣鏡が二枚出土したほか、かつて盗掘された可能性のある画文帯神獣鏡が二枚知られている。ほぼ同時期の徳島県鳴門市萩原一号墓、兵庫県たつの市綾部山三九号墓にも画文帯神獣鏡が存在する事実を勘案すれば、三角縁神獣鏡の入手に先だつ三世紀前葉に、画文帯神獣鏡を用いて西日本の政治連合を主導した中核勢力が、ホケノ山の所在する大和盆地に登場していたという見方が可能になる。

興味深いのは、その直後に現れる最初の三角縁神獣鏡のデザインが、画文帯神獣鏡のそれを継承して始まった点である。前述のように「倣古鏡」製作は魏の鏡作りの特徴であるが、その模倣元が画文帯神獣鏡であった事実は、三角縁神獣鏡を魏に求めた倭人側が画文帯神獣鏡の役割を三角縁神獣鏡に担わせる意図をもっていたことをうかがわせる。

両鏡の継承関係から読み取れるのは、権力者の威信財として画文帯神獣鏡を採用し、その分配をコントロールする戦略によって邪馬台国連合を主導していた卑弥呼の王権が、魏王朝の権威が付加された三角縁神獣鏡の独占的な入手と分与によって、いっそうの求心力強化をはかっていった姿ではなかろうか。三角縁神獣鏡が景初三(二三九)年の遣使に始まる魏皇帝からの賜与品だとすれば、それは諸

図3　最古段階の三角縁神獣鏡の分布（[福永 2005]より）

勢力の合意によって倭王の地位についた「共立王」卑弥呼から、東アジアの政治秩序に位置づけられた「親魏倭王」卑弥呼へという、王権の質的発展を証拠立てるにふさわしい新たな政治的威信財と意義づけられるであろう。

三角縁神獣鏡とヤマト政権

三角縁神獣鏡の年代と古墳出現年代がほぼ重なることが明確になった今日では、かつてのように古くに輸入された三角縁神獣鏡がのちに保管場所から取り出されて利用に供された状況を想定する必要はなくなった。魏の権威をおびた威信財として、入手後は地域把握の戦略のためにスムーズに活用されたとみるのが自然である。また、新しい型式編年によれば、最古段階の三角縁神獣鏡は畿内以西だけでなく東日本にも一定の分布が認められる(**図3**)。弥生時代終末期の墳丘墓が東日本でも続々と明らかになってきた近年の知見を勘案すれば、この分布状況は、卑弥呼段階において畿内からの積極的な働きかけがすでに東西の広い範囲におよびはじめた実態を反映したものと解釈できる。

巨大前方後円墳の誕生をもってヤマト政権成立を画する筆者の立場からすれば、二五〇年頃と推定される箸墓古墳の築造はその最大の指標である。この時期にかつてない規模の墳墓を築いてその死を処遇する必要のあった人物としては、われわれが知る情報の限りでは女王卑弥呼が最有力の候補となるであろう。巨大な前方後円墳をつくり、偉大な王の葬送をやり遂げたことで、その後に続く倭人社会の政治統合が確立したという説明も可能である。その意味では、卑弥呼の死がヤマト政権成立の最大の契機になったともいえるのではないか。

一九八〇年代末以降の新たな研究を織り込んで考えると、三角縁神獣鏡を利用した王権の政治活動は、卑弥呼晩年の二四〇年代頃から初期ヤマト政権段階の数十年にわたって継続したと理解できる。三角縁神獣鏡は、邪馬台国からヤマト政権への発展を支えた王権の威信財として、わが国の国家形成史上に大きな意義を有しているのである。

〈参考文献〉

王仲殊　一九八一年「関于日本三角縁神獣鏡的問題」(『考古』一九八一年四期)

京都大学文学部考古学研究室編　一九八九年『椿井大塚山古墳と三角縁神獣鏡』(京都大学文学部)

宮内庁書陵部陵墓課編　二〇〇五年『古鏡集成――宮内庁書陵部所蔵』(学生社)

車崎正彦　一九九九年「卑弥呼の鏡を求めて」(武光誠・山岸良二編『邪馬台国を知る事典』東京堂出版)

小林行雄　一九五五年「古墳の発生の歴史的意義」(『史林』三八巻一号)

小林行雄　一九五七年「初期大和政権の勢力圏」(『史林』四〇巻四号)

小林行雄　一九五九年『古墳の話』(岩波新書)

小林行雄　一九六五年「拝啓京都府知事様」(『群像』二〇巻二号)

高橋健自　一九一九年「王莽時代の鏡に就いて」(『考古学雑誌』九巻一二号)
富岡謙蔵　一九二〇年『古鏡の研究』(丸善)
奈良県立橿原考古学研究所編　二〇一八年『黒塚古墳の研究』(八木書店)
新納泉　一九九一年「権現山鏡群の型式学的位置」(『権現山五一号墳』同刊行会)
春成秀爾・小林謙一・坂本稔・今村峯雄・尾嵜大真・藤尾慎一郎・西本豊弘　二〇一一年「古墳出現期の炭素14年代測定」(『国立歴史民俗博物館研究報告』一六三集)
福永伸哉　一九九六年「舶載三角縁神獣鏡の製作年代」(『待兼山論叢』三〇号)
福永伸哉　二〇〇一年『邪馬台国から大和政権へ』(大阪大学出版会)
福永伸哉　二〇〇五年『三角縁神獣鏡の研究』(大阪大学出版会)
森浩一　一九六二年「日本の古代文化――古墳文化の成立と発展の諸問題」(『古代史講座３』学生社)

9 古墳と地域経営

若狭 徹

はじめに

日本の歴史の中で、三世紀中頃から六世紀末までを古墳時代と呼ぶ。巨大な前方後円墳の築造を指標とした時代である。古墳時代には、ほかにも前方後方墳・円墳・方墳など多様な形の古墳が知られているが、墳丘規模や副葬品の卓越からみて、前方後円墳はきわ立った存在であった。その広がりは、岩手県南部から鹿児島県志布志湾岸におよび、政治的中心であったヤマト(奈良県・大阪府地域)の古墳と同じ設計規格を用いたものも多い。このことから、前方後円墳はその被葬者がヤマト政権のメンバーであることを内外に示すためのシンボルアイテムであったことがわかる。

日本の古墳時代研究は、こうした古墳そのものや、潤沢な副葬品を中心に進められている。その一方で、古墳を成立せしめた社会背景や社会構造へのアプローチはさほど活発ではない。それは、多様な遺跡を広く総合的にとらえる必要があることに加え、遺跡に残された実生活に関わる考古学的情報が少ないことにも起因している。

しかし、そうした中でも研究条件に恵まれる場合がある。噴火や洪水によって当時の生活面が良好に保存された遺跡群の存在である。本稿では、火山噴火によって古墳時代の地表面や遺跡ユニットが広く残された群馬県榛名山麓を中心にすえながら、古墳を生み出した首長や民衆の地域経営活動の実態を描き込んでいきたい。

1　地域開発拠点と農業

噴火で残された社会

関東平野のもっとも奥に位置する群馬県地域は、東日本唯一の巨大前方後円墳(墳丘長二〇〇メートルを超える古墳)を生み出した地域であり、倭の政治的中心地の一つであった。県域西部には活火山の榛名山があり、五世紀末と六世紀前半頃に二回の大噴火を起こしたことが知られる。その時発生した火砕流・軽石・土石流は、渋川市・高崎市・前橋市にまたがる広大な遺跡群を埋没させた。ここに噴火直前の生活情報が濃密にかつ面的に残されているのである(**図1**)。

首長の館

榛名山の東南麓には、およそ二万年前に大規模な山崩れで形成された扇状地(相馬ヶ原扇状地)が広がっている。扇状地上面は水が乏しく、扇状地末端部から豊富な伏流水が湧き出している。その湧水点に首長の居館が形成されていた。高崎市の三ツ寺《みつでら》Ⅰ遺跡、北谷《きたやつ》遺跡という五世紀後半につくられた同タイプの居館跡が三キロ離れて発見されており、同時期に並び立った二系統の首長の各々の本拠地と考えられる[若狭 二〇一五]。

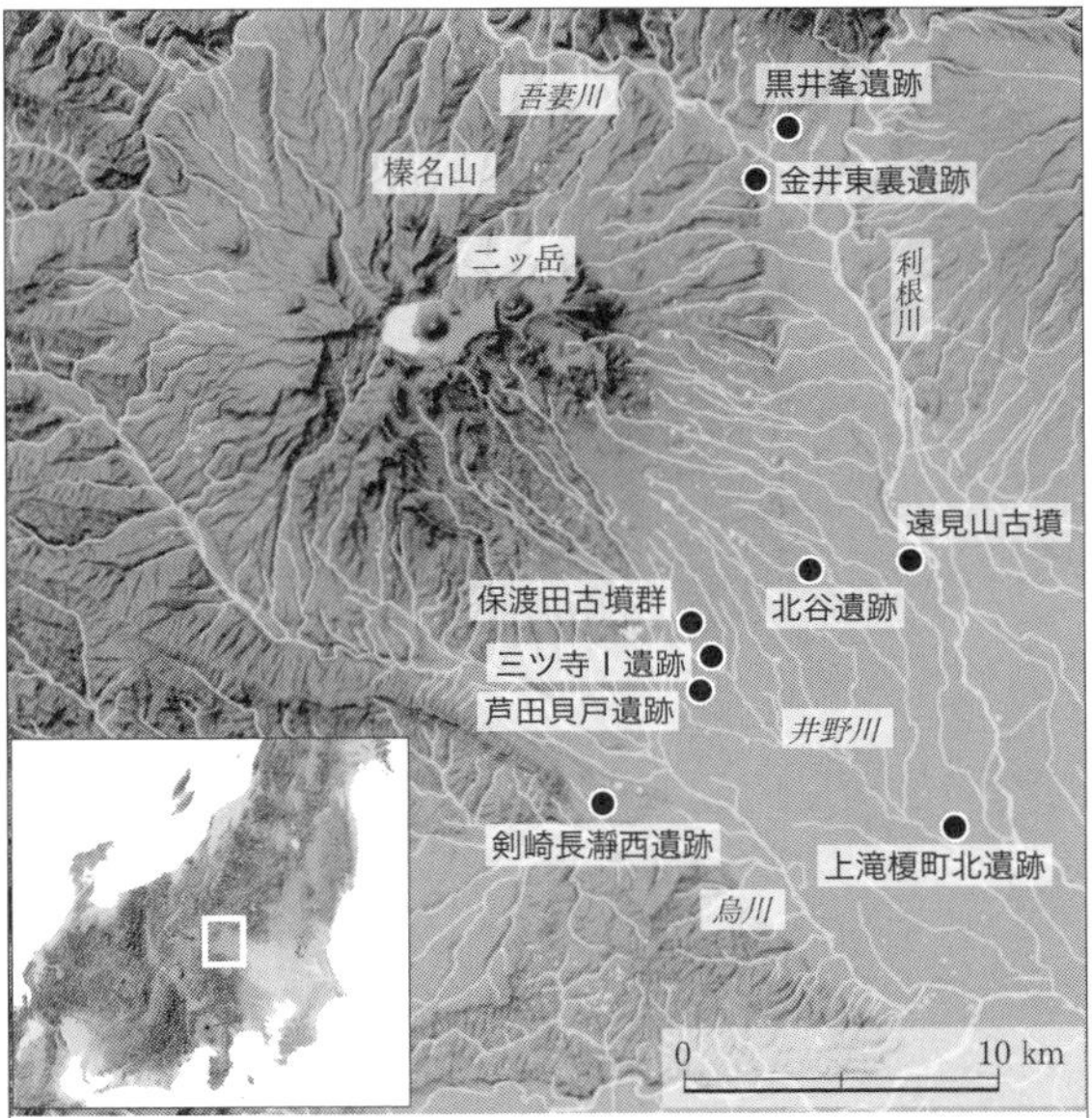

黒井峯遺跡(集落)・金井遺跡群(居館・集落)・遠見山古墳(前方後円墳)・北谷遺跡(居館)・保渡田古墳群(前方後円墳)・三ツ寺Ⅰ遺跡(居館)・芦田貝戸遺跡(水田)・剣崎長瀞西遺跡(古墳群・積石塚)・上滝榎町北遺跡(水田)

図1　本稿で取り上げた榛名山東南麓の古墳時代の遺跡

三ツ寺I遺跡の居館の平面形は方形であり、九〇メートル四方の屋敷地を取り囲んで、幅三〇メートル、深さ三メートルの濠がめぐらされている(図2)。濠の斜面には粗朶《そだ》を敷き、その上に葺石が施され、荘厳な外観に仕上がっている。濠には河川から水を取り込み、長大な堤によって遮蔽して貯水する構造となっていた。

屋敷地は外周を高い板塀で囲い、さらに内部を塀で区画して、政祭空間と家政空間にゾーニングされている。前者には、政治・祭祀施設である大型掘立柱建物が配置される。また、外部から水道橋によって導いた水を用いて祭儀を行う石敷き施設(導水祭祀施設、図3)、並びに上屋付きの井戸が装備される。後者の家政空間には、従者が駐在して居館の生計を維持した竪穴建物(厨房や金属加工工房)が配置された。

この遺跡からは、一般集落とは異なる多量の祭祀用土器、石製祭祀具、木製品(琴・刀形・弓・盾・農工具・機織り具などで多くが祭具)、建築材が出土する。また三ツ寺I遺跡・北谷遺跡では未確認であるが、六世紀後半の首長居館として知られる群馬県伊勢崎市の原之城《げんのじょう》遺跡では、長方形の濠で囲まれた屋敷地のもっとも奥に高床倉庫群が配置されていた。

首長居館が一般集落と異なる点として、遺構の隔絶性と荘厳さ、倉庫にみる財の集積、手工業の占有、祭祀的性格が挙げられる。加えて注目されるのは、広大な濠の貯水システムと、導水・湧水(井戸)を組み合わせた祭祀施設であり、いずれも治水に関わる構築物である。古墳時代の首長の多くは稲作を主産業とした農業王であったため、灌漑施設の構築と維持管理、村々のあいだの水利慣行の調停が重要であり、集団心理をまとめる手段として水の祭儀が重視された。このことが首長居館の構造か

図2　三ツ寺Ⅰ遺跡の模型(高崎市教育委員会提供)

図5　上滝榎町北遺跡の水田跡(調査終了後に水を張った様子。群馬県提供)

図3　三ツ寺Ⅰ遺跡の導水祭祀場(群馬県提供)

図6　下芝五反田遺跡の畑跡(群馬県提供)

図4　芦田貝戸遺跡の大水路(高崎市教育委員会提供)

ら読み取れよう。そのため、地域経営センターとなる居館は、水利権を掌握する山麓水源地に設計されたのである。

水利と水田経営

居館の近くからは大型の水路が発掘されている(高崎市芦田貝戸《あしだかいど》遺跡)。火山泥流に埋もれていた水路は、幅一〇メートル、深さ四メートルと大規模であり、湧水群から貯水池に集めた水を下流に送水した(**図4**)。用水はこうした基幹水路から堰によって徐々に分水され(ときには水道橋によって谷を越え)、水田地帯に送られたのである。

火山灰下から見つかった広大な水田地帯には、およそ一辺二メートル四方を畔で囲んだ小区画の水田が見渡す限り連続している(**図5**)。山麓の緩斜面地に開かれた水田は、あたかも「平野の棚田」といえる景観をつくり出し、用水はその一筆一筆を満たすように運用されたのであった。

田をおおった火山灰をはがすと、荒田起こし・代掻き・縦畔の施工・横畔の施工といった田作りの工程が併存した状態で残されている。手が加わっていない未着手地(または休耕地)もみられる。火山噴火の発生は初夏と考えられており[原田・能登 一九八四]、田植え直前の水田耕作の様々な状況が瞬時に保存されたのである。田を鋤き起こした痕跡、泥田に踏み込んだ素足の足跡がリアルに残されており、小区画の畔は毎年更新され、水の流れを調整しながら慎重に畔作りが進められたことが明らかとなる。

水田に加えて、集落の中や扇状地の上では、畝立てされた広大な畑作地帯も確認された(**図6**)。陸稲やムギが検出されるほか、畝の形状からイモや根菜が栽培された畑もあったことがわかる。低地の水田と乾燥地における畑が大規模に開かれ、その両輪によって、周到な農業経営が進められたのである。

2 ムラの暮らしと技術者たち

ムラの姿

首長に率いられた人々が暮らした集落も火山灰におおわれていた。当時の地表がよく保存されており、人や馬の足跡、道路、耕作痕のような微細な情報までが判明する。

渋川市黒井峯《くろいみね》遺跡では、多くの建物がまとまって柵で囲われた「世帯」が複数集まり、集落が形づくられていた［石井・梅沢 一九九四］。世帯の大きさには差があり、帰属する人数の多寡が反映されている。世帯には一棟の竪穴建物と、数棟の平地建物・高床建物がセットとなっている（**図7**）。

竪穴建物は地下に一・五メートル余り掘り込み、テント型の屋根を載せた伏屋構造で、草葺きを上下二重に施し、あいだに断熱のために土を挟んだ「土屋根造り」である。内部には火処であるカマドが設けられた。

一方、平地建物は地表を床とし、外周に方形や円形に浅い溝を掘り、その中に細い柱を立てて壁と屋根を立ち上げる造りである。平地建物は多様な用途でつくり分けられている。カマドをもち、床に篠を敷いた寝座を備える「住居」、内部をいくつかに分割して馬を入れた家畜小屋、床に大甕を埋め込んだ作業小屋（醸造所か）、土器などを収納した倉、などが確認できる。ただし、用途不明の建物も多い。

高床建物は簡素な構造であるが、床を高くし、内容物を乾燥保存し、動物や虫の害から守っている。穀物の保存などが想定される。

火山噴出物直下の村では、竪穴建物に遺物が少なく、平地建物に遺物が多く出土する傾向がある。噴火が初夏であることから、竪穴建物は冬住みの家で、初夏に向けて家財道具が平地建物に移してあったとする説(季節住み分け説)がある[大塚 二〇〇二]。古墳時代は寒冷期であったことから傾聴すべき意見といえよう。

世帯の暮らし

なお、この頃から馬の生産が始まったことが、馬骨・馬蹄跡・家畜小屋の出土から明らかであり、黒井峯遺跡では家畜小屋は有力な世帯に附属している。また各世帯の中には、土器や石製模造品を供えた祭祀場があり、柵の内に囲い込んだ畑も附属する。建物群のあいだには広場があり、家族での共同作業が行われたことであろう。

各世帯は道で結ばれており、ときには一〇〇〇個体もの土器や多量の石製模造品・鉄器などを集積した村の共同祭祀場が営まれる(**図8**)。村の周囲には広大な畑や水田が展開する。また、馬蹄跡が集中する区画が存在するが、冬場に山野に放たれていた馬を、初夏に追い込んで仔馬を捕らえるための施設であろうと推定される。渋川市金井《かない》東裏《ひがしうら》遺跡では、一〇歳代の人物に引かれた二頭の仔馬が火砕流に巻き込まれて死んでいた[群馬県埋蔵文化財調査事業団 二〇一九]。馬追いで仔馬を捕獲し、調教してヤマトなどに出荷を予定していたのであろう。

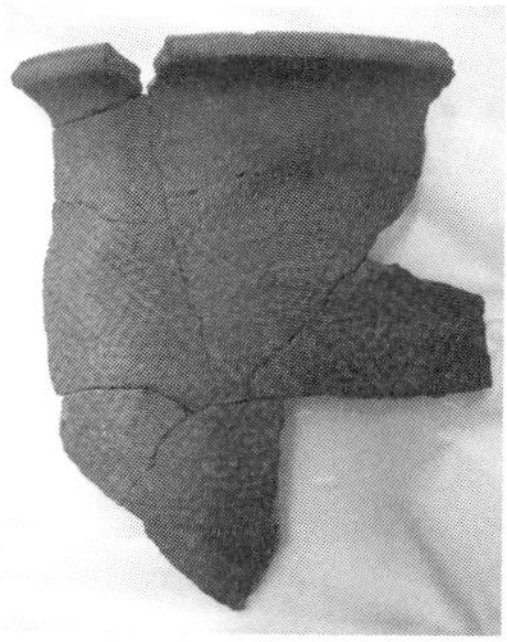

図9-2　剣崎長瀞西遺跡出土の韓式系軟質土器(高崎市教育委員会提供)

図7　古墳時代集落の模型(高崎市教育委員会提供)

図9-3　剣崎長瀞西遺跡出土の朝鮮半島製金製耳飾り(高崎市教育委員会提供)

図8　金井東裏遺跡の大祭祀場(群馬県提供)

図9-4　剣崎長瀞西遺跡出土の朝鮮半島製馬具(高崎市教育委員会提供)

図9-1　剣崎長瀞西遺跡の積石塚(高崎市教育委員会提供)

村の中に井戸はなく、段丘の下へ向かう斜路を下ると湧き水があり、水くみ壺(須恵器の壺)がすえられていた。くまれた水は、頭上運搬で村へ運ばれ、須恵器の大甕などに蓄えられた。また、道を村の外へとたどると、小型古墳が集まった墓域(群集墳)に行き着く。これが村人の墓地であり、一基の古墳が一世帯に対応する可能性が高い。

渡来人の存在

高崎市剣崎長瀞西《けんざきながとろにし》遺跡では多数の円墳が見つかったが、少し離れたエリアに、石だけを低く積み上げた積石塚が集中して営まれていた(**図9-1**)。積石塚は倭人の墓制としては特異であり、朝鮮半島の北部で流行したものである。この遺跡では、渡来人の第一世が榛名山麓でつくったとみられる韓式系軟質土器をはじめ、朝鮮半島製の金製耳飾り、朝鮮半島製馬具を装着した馬の墓も見つかっている(**図9-2~4**)。こうした外来器物のセット関係から、積石塚はこの地で死んだ渡来人を葬り、倭人と識別する墓制であったと考えられる[若狭 二〇二一]。

倭の馬生産は、五世紀から渡来人の技術指導によって始まっており、馬を埋葬する習俗も渡来人集団のものとみてよい。榛名山麓の渡来人は、馬生産を主導する技術者集団だったのである。また彼らは、三ツ寺I遺跡で実施された築堤や貯水池建設など先進の農業土木・治水事業に関与し、渋川市金井東裏遺跡で発見された小鍛冶跡にみるように金属加工にも携わった可能性が高い。高崎市下芝谷ツ《しもしばやつ》古墳のように一辺が二〇メートルにおよぶ大型の積石塚もあり、渡来人はリーダーに統括された一定規模の集団であったことがわかる。

渡来人は勝手にやってきたわけではなく、前方後円墳に埋葬されるような首長によって、「先端産業の担い手」として招致された人々であった。あとに述べるが、地域首長の一部はヤマト政権のメンバーとして対外交流を分担しており、朝鮮半島まで出向いていた。渡来人の中には、そうした経過の中で招聘されてきた者もいたのである。

3　古墳時代首長の姿

前方後円墳からみる首長像

三ツ寺I遺跡を拠点とした首長は、高崎市の保渡田《ほどた》古墳群に埋葬された。ここには、墳丘長約一〇〇メートルで二重の濠をめぐらす前方後円墳が三基築造されている(**図10**)。五世紀後半としては国内でも有数の古墳群として知られる。

最初につくられた二子山《ふたごやま》古墳からは(盗掘されていたものの)朝鮮半島製遺物の破片が多数出土した。対外交流に携わり、渡来人を招致して山麓開発に乗り出した初代王の姿が垣間見える。この古墳からは地元産須恵器や、南方の藤岡市域の窯で焼いた埴輪が出土している。被葬者は関東の豪族の中ではいち早く、窯業経営にも乗り出していたのである(なお、もう一つの居館である北谷遺跡には、前橋市遠《とお》見山《みやま》古墳が対応するとみられる)。

図11　保渡田八幡塚古墳の水の祭りを表す人物埴輪群

図10　保渡田古墳群(高崎市教育委員会提供)

埴輪からみる首長像

保渡田古墳群で二番目に築かれた八幡塚《はちまんづか》古墳の中堤には、五四体の人物埴輪群が並べられていた。その群像には、首長を中心とした様々な祭儀の様子が表現され、古墳被葬者の顕彰の装置であったことがわかる。なかでも群像中央には、水甕を庭におき、巫女や重臣が琴を奏でながら、首長に向かって水を勧める様子が表現されている(**図11**)。水を介した神祭りの場面と考えられ、まさに生前の首長が三ツ寺Ⅰ遺跡の導水祭祀場で行った、地域最上位の祭儀の様子を顕彰したものにほかならない。

埴輪群像には、猪狩り・鷹狩り・鵜飼いも表現される。首長がおさめた山野での誓約《うけい》狩りの様子を表し、狩りの成果によって首長の治世の正当性を示したものとみられる。また、いわゆる武人埴輪も並べられていた。これはたんなる兵士ではなく、ヤマト王権から配布された最高級の甲冑をまとった首長の像である。王権の委任を受け、武威をもって朝鮮半島と交渉した東国武人の誇りを体現したものであろう。

埴輪群像の前面には五体の馬形埴輪が配置されていた。威信財である金色の馬具をフル装備した姿を造形した「飾り馬」が三体、馬具を装着しない「裸馬《はだかうま》」が二体である。貴重な馬を所有する富の顕示ともとらえられるが、二体の裸馬は牧で飼育される若駒の可能性が指摘できる。つまり牧を経営し、ヤマトへ高級財である馬を送る生産者としての経済力・威信を込めたものと考えたい。馬の埴輪には屹立する雄の生殖器が表現されている。このことも埴輪が馬生産の象徴であったことを示唆している。

前方後円墳の立地

保渡田古墳群は、湧水地帯と水田域を眼前にした山麓部に設計されるとともに、のちに成立する古代官道の東山道駅路に近接していた。農業経営の根幹である井泉《せいせん》を保守し集団を見守るとともに、交通拠点を兼ね備えた場所に選地されたと考えられる。首長は物流の安全を保障するとともに、モノが交換される市を監督し、差配していたと考えてよかろう〔北條 二〇一七〕。

経営拠点に居館と墓所を営んだ首長は、村人を統括し、農業王・治水王・産業王として経済活動を主導した。また、前方後円墳の築造を許されたように、ヤマト王権と強く連合を結び、東西の交通と物流を掌握し、軍事力を備え、渡来人を招致するという対外交渉の力も有していたのである。『日本書紀』には、群馬県地域の豪族である上毛野《かみつけの》氏の祖が、ヤマト政権の将軍や外交特使を委任され、新羅・加耶・百済を往来して活動した伝承があり、前述の考古学的事象と整合的である。大きな前方後円墳築造の背景には、このような首長と人々の幅広く旺盛な活動が存在したのである。

図12　金井東裏遺跡１号男性(群馬県提供)

司祭としての首長

火砕流に飲み込まれた金井遺跡群(金井東裏遺跡・下新田《しもしんでん》遺跡)からは、すでに紹介した遺構のほかに、六〇メートル四方の網代垣に囲まれた区画が見つかった。その内部には、巨大な竪穴建物や高床倉庫群が検出されている。垣内からは小型青銅鏡・子持勾玉・鹿角二〇本が出土しており、首長居館と判断できる。この遺跡では、噴火の休止期に屋内から逃げ出した村人の足跡が列になって残されている。しかし、その中で現地にとどまった男性がいた。

この男性は、鉄の小札《こざね》一八〇〇枚を組紐で縅《おど》した小札甲《こざねよろい》を着装していた。甲の格式は大型前方後円墳に副葬される最高級品であり、男性は首長にほかならない(**図12**)。二五本の矢を入れた靫《ゆき》を背負い、前方にもう一領の小札甲をすえ、まじないの模様を刻んだ鉾を立て、山に対峙していたのである。

彼は、やがて再開した噴火の火砕流に巻かれて死亡したが、その際、甲をはだけ、衝角付冑《かぶと》を脱ぎ、その頂部に額をおしつけて、山に向かって倒れた。そこから二〇メートルの地点には、噴火の前に一〇〇〇個体もの土器や貴重な青銅鏡・玉類・鉄製農工具・石製模造品を供えた祭祀場があった。噴火の予兆に対して大量の器物を供え、丁寧にまつったにもかかわらず大噴火した山の神に対し、男は武装して対峙し、その果てに倒れたのであろう。

『常陸国風土記』には、継体天皇の頃に新田開発を企図した首長（箭括麻多智《やはずのまたち》）が、それを邪魔する「夜刀《やと》の神」（蛇身の神）に対して武装し、鉾を振るって排除したとの伝承がある。神意をきいて適正に政《まつりごと》を執行し、人々を安寧に導くのが首長の司祭としての重要な役割であった。しかし、共同体に仇なす悪神には、武力で対峙するのも首長の資質だったのである。こうした古代のメンタリティを金井東裏遺跡の被災人物が私たちに教えてくれる［若狭 二〇二〇］。

4 社会に必要とされた古墳

社会モデルの解明

これまで挙げたのは一つの事例であり、古墳時代にはまったく異なる社会構造も存在したであろう。ただし、日本列島の古墳時代首長の多くが農業を基幹産業としたとみれば、ここで述べてきたような社会像は重要なモデルとみなされる。

ヤマト王権の中枢である奈良県地域でも、有力首長の地域経営のあり方がわかってきた［坂・青柳 二〇一一］。御所市の金剛山東麓に広がる南郷《なんごう》遺跡群では、尾根上に設けられた高殿（首長の祭殿・極楽寺《ごくらくじ》ヒビキ遺跡）、石垣をめぐらす居館（名柄《ながら》遺跡）、倉庫群（井戸大田台《いどおおただい》遺跡）、渡来人の家屋（南郷柳原《やなぎはら》遺跡）、金属加工工房（南郷角田《かどた》遺跡・下茶屋《しもちゃや》カマ田遺跡）、導水祭祀場（南郷大東《おおひがし》遺跡）といった関連遺跡が発見され、近くには巨大前方後円墳である室宮山《むろみややま》古墳（墳長二三八メートル）が築造されている。遺跡地は、奈良盆地から河内平野に抜ける水越峠、紀ノ川ルートを経て和歌山県に抜ける紀州街道を眼下にし、交通拠点を掌握している。大王妃を輩出したヤマト政権の実力者で、外交にも活躍した葛城氏のホームグラウンドであるが、その社会構造は榛名山麓モデルの拡大版ともいえる。こうした社会構造は、山陰地域でも解明されつつある[池淵 二〇二二]。

古墳の社会的意義

首長の配下には、中・小型古墳に埋葬される階層からなる補助機構が存在したが、首長には人物埴輪によって顕彰されたような「幅広く全人的な能力」が期待されていたと考えられる。

そのため、首長を葬った前方後円墳は、たんなる墓にとどまらない共同体を象徴する役割も有したのである。白く輝く葺石と赤い円筒埴輪でいろどられた大型古墳は、首長を顕彰した埴輪群像を前面においてきわめて象徴的な外観を呈していた。平野部の水田地帯から望むと、緑の大地に鮮烈に映えていたはずである。全国の前方後円墳の配置をみると、現在でも良港が営まれる海岸部、河川交通と陸上交通の交差地、平野や盆地の入り口に臨む高台などに分布することが知られる[広瀬 二〇一五]。古墳はランドマークとして、当時の交通・物流・経済網のあり方を知るためのツールともなるのである。

巨大古墳の必要性

日本列島の前方後円墳は、巨大なことでも知られる。最大の大阪府堺市大仙陵《だいせんりょう》古墳は墳丘長五〇〇メートル余りあるが、一〇〇メートルを超える古墳だけでも三〇〇基ほどが知られる。実はこれは特殊な状況である。古墳時代に並行する朝鮮半島の諸国(高句麗・百済・新羅・加耶)で単独一〇〇メートルを超える墳墓は存在しない(新羅の皇南大塚は一〇〇メートルを超えるが、南墳・北墳の二基の円墳が合体したもの)。倭の古墳は、当時の東アジアのどの墓よりも大きいのである[国立歴史民族博物館ほか編二〇二〇]。

その頃の朝鮮半島では諸国がしのぎを削る状況下にあり、資源は軍事施設に投入された。一方、倭では豪族連合が平和的に機能したことから、その資源を古墳に投入することができたのである[山本二〇一八]。倭の古墳が巨大化した理由は、比較的ゆるやかであった豪族連合内において、古墳を競合的に大きくすることによって社会統治をはかるための仕組みであったからにほかならない。巨大な墳墓は無駄な産物ではなく、社会維持に必要な装置として三五〇年間つくり続けられたのである。

〈参考文献〉

池淵俊一　二〇二一年「水利開発と地域権力——五〜七世紀の出雲を素材として」(『考古学研究』六八巻三号)
石井克己・梅沢重昭　一九九四年『日本の古代遺跡を掘る4　黒井峯遺跡——日本のポンペイ』(読売新聞社)
大塚昌彦　二〇〇二年「榛名山東麓の災害と歴史——遺跡からわかる災害と土地利用の変遷」(『国立歴史民俗博物館研究報告』九六集)
群馬県埋蔵文化財調査事業団　二〇一九年『古墳人、現る——金井東裏遺跡の奇跡』(上毛新聞社事業局出

版部）
国立歴史民族博物館・松木武彦・福永伸哉・佐々木憲一編　二〇二〇年『日本の古墳はなぜ巨大なのか——古代モニュメントの比較考古学』（吉川弘文館）
原田恒弘・能登健　一九八四年「火山災害の季節」（『群馬県立歴史博物館紀要』五号）
坂靖・青柳泰介　二〇一一年『葛城の王都——南郷遺跡群』（新泉社）
広瀬和雄　二〇一五年「海浜型前方後円墳を考える」（かながわ考古学財団編『海浜型前方後円墳の時代』同成社）
北條芳隆　二〇一七年「関東地方への前方後円（方）墳の波及を考える」（東松山市教育委員会編『三角縁神獣鏡と三〜四世紀の東松山』六一書房）
山本孝文　二〇一八年『古代韓半島と倭国』（中央公論新社）
若狭徹　二〇一五年『東国から読み解く古墳時代』（吉川弘文館）
若狭徹　二〇二〇年「群馬県金井東裏遺跡一号男性の研究——古墳時代首長の地域経営と地域集団の階層構造」（『考古学研究』六七巻二号）
若狭徹　二〇二一年『古墳時代東国の地域経営』（吉川弘文館）

10 古墳時代の渡来人

高田 貫太

はじめに

古墳時代の技術革新と渡来人

日本列島の古墳時代と同じ頃、朝鮮半島は、北に高句麗、東に新羅、西に百済というように、三国が割拠した時代、三国時代だった。また、新羅と百済に挟まれた南部には、加耶と総称される王国群(金官加耶・大加耶・小加耶・阿羅《あら》加耶など)が群立していた。さらに、西南部の栄山江《ヨンサンガン》流域にも、独自の文化を有する社会が位置していた。

九州から東北中部にかけて広がっていた倭は、新羅、百済、加耶、栄山江流域などとさかんに交流を重ね、様々な先進文化を受け入れ、取捨選択し、自らのものとしていった。その動きのもっとも盛んだった五世紀は「技術革新の世紀」と呼ばれることもある。そして、先進文化を伝える担い手の中心が、朝鮮半島の諸社会から倭に渡ってきた渡来人だったことが、長年の研究によって明らかとなっている。

日本史教科書の渡来人

この渡来人について、高校の日本史教科書は、どのように記述しているのだろうか。ここでは『詳説日本史』(日探 山川出版社 二〇二三)の第二章「古墳とヤマト政権」一節「古墳文化の展開」を取り上げる。渡来人が倭に渡ってきた歴史的な契機については、つぎのように述べられている。

・倭は、朝鮮半島南部の鉄資源を確保するために、早くから加耶と密接な関係をもっていた。
・四世紀後半に高句麗が南下策を進めると、倭は百済や加耶とともに高句麗と争うことになった。
・高句麗の広開土王(好太王)碑の碑文には、倭が高句麗と交戦したことが記されている。

そして、「この間(おおむね五世紀:筆者註)、倭は百済や加耶から様々な技術を学び、また多くの渡来人が海を渡って、多様な技術や文化を日本列島に伝えた」とまとめる。その技術や文化としては、つぎのようなものを挙げる。

・朝鮮半島から乗馬の風習を学び、五世紀になると日本列島の古墳にも馬具が副葬されるようになった。
・より進んだ鉄器・須恵器の生産、機織り・金属工芸・土木などの諸技術が、主として朝鮮半島からやってきた渡来人によって伝えられた。

さらに、漢字の使用や出納・外交文書の作成、六世紀以降の儒教や仏教の伝来などにおける渡来人の役割を記すとともに、ヤマト政権が彼(彼女)らを「氏姓制度」の中に編成していく過程についても記述している。

「古墳文化の展開」の節を通読すると、倭人社会の展開における渡来人の動向や役割を詳細に取り上げている。その理由は、当教科書の冒頭「日本史を学ぶにあたって」に記されている。「日本列島の中での人々の歩み」は、「様々な地域との交流の中で、その影響を受けつつ展開してきたもの」であり、「日本史を学ぶ場合、いつの時代についても、周辺の国々をはじめとする各地域の歴史や、日本と諸外国との関係に目を向けていく必要がある」。

教科書と研究をつなぐために

このような日本史教科書の真摯な姿勢は、今後も継承されていくべきだと思うし、筆者自身も、先史・古代の日朝関係史(日本列島と朝鮮半島に暮らす人々の交流の歴史)を専門とする研究者として、倭に渡ってきた渡来人の実態を追究し、その成果を社会に発信していく決意を新たにする〔高田 二〇一七〕。

そして、教科書の記述と現在の研究動向をつなぐためには、大きく二つの課題がある、と考える。

一つ目は、渡来人が倭に渡ってきた歴史的な契機として、広開土王碑文に記された倭と高句麗の交戦のみを取り上げていることである。最新の研究では、軍事的な衝突よりもむしろ、王権間あるいはその傘下にある地域社会の政治・経済的な交渉活動を重視している。

二つ目は、様々な階層の人々が朝鮮半島から倭の各地に渡来、短期滞在、ときには定着し、在来の人々と集住し、それぞれの地域の振興、ときには外交に深く寄与した状況、いうなれば渡来人の実像についてより豊かに描いていくことである。
以下、この二つの課題に沿いつつ、五世紀を中心とした渡来人に関する研究の現在を紹介したい。

1　なぜ渡来人は倭にやってきたのか

「任那支配」論

既述のように、渡来人が倭に渡ってきた契機として重視されているのが、広開土王碑文（図1）に記された四〇〇年前後の時期における高句麗の南下と、それに対する百済・加耶・倭との軍事衝突である。この戦乱の結果、倭軍による工人の連行や朝鮮半島南部の人々の倭への大量移住があって、先進文化が倭で急速に広まった、という考え方である。

この背景には、一九七〇年代頃までの通説であった「ヤマト朝廷による任那支配」論がある。四世紀後半からヤマト朝廷が大規模な「朝鮮出兵」を数度にわたって行い、朝鮮半島南部の「任那」（=加耶）を植民地のように支配していた、その支配機関が「任那日本府」であり、あわせて百済や新羅を属国とすることで、それらから様々な文化を摂取した、という学説である。豊臣秀吉による文禄・慶長の役の際、朝鮮の多数の陶工が日本につれてこられたようなイメージである。

そして、大規模な「朝鮮出兵」が可能なのだから、ヤマト朝廷はすでに倭人社会を一つにまとめていただろうし、当然、軍事権や外交権もヤマト朝廷が握っていて、朝鮮半島からもち込んだ文物や技術者を地方へ分け与えた、と考えられていた。それが日本史の教科書にも反映された。いうなれば、

「ヤマト朝廷による朝鮮出兵・任那支配→獲得した文物や技術者の独占→地方への分配」という図式である。

この「任那支配」論の根拠となった史料は二つある。一つ目は『日本書紀』神功摂政四十九年条であり、三六九年に神功皇后が加羅(≒加耶)七国を平定したという記載がある。二つ目が広開土王碑文である。碑文には——教科書にも原文の一部が掲載されているように——四〇〇年を前後して倭が新羅や百済を属国にしたり、数度にわたって朝鮮半島へ進攻し、それを高句麗が撃退したと記録されている。

図1　広開土王碑(東京大学東洋文化研究所提供)

なぜ広開土王碑文が重視されるのか

この「任那支配」論は、一九八〇〜九〇年代に徹底的に見直された。それによって不動の史実とも評されていた「任那支配」が架空のできごとであることが浮き彫りとなった。そこに至る研究史の詳細については拙論[高田二〇一四]を参考にしていただきたいが、その理由を一言でいえば、『日本書紀』神功摂政四十九年条をはじめとする立論の根拠となった諸史料は、記録・編纂した人々やそれを命じた権力者の思惑によって、実際よりも誇張して記録されたり、時期を違えて編纂されたり、そして一部は創作されたりした、ということである。現在、「ヤマト朝廷による任那支配」をそのまま是とする研究者は、ほとんどいない。

けれども、倭王権（≒ヤマト朝廷、ヤマト政権）が倭の軍事権や外交権を、古墳時代の始まりから掌握していたとする考え方は現在でも根強い。先の図式の「ヤマト朝廷による朝鮮出兵・任那支配」の部分を「百済や加耶との軍事的な提携と出兵」のように変更しつつ、図式の後半、「獲得した文物や技術者の独占→地方への分配」は、そのまま踏襲する学説が主流である。それが現在の教科書の記述に反映され、渡来人が倭に渡る契機として広開土王碑文の内容が重視されている、と筆者は考える。

倭の軍事活動とは

近年の古代史研究では、広開土王碑文に記された倭の軍事活動とは、高句麗の南下に対抗する百済や加耶の要請・承認が必要だったと考えられている。ただし、倭が実際にどのくらいの兵力を送ったのかについては、碑文の中に具体的な記述はない。

三九九〜四〇〇年にかけて新羅——おそらくは王都の慶州——に倭軍が駐留し、それを高句麗が撃退したという内容が碑文に記されている。そのとおりとすれば、その駐留期間は短くとも数カ月におよび、それを維持するための兵站が必要だったはずだ。しかし、慶州ではさかんに遺跡の発掘調査が行われているにもかかわらず、いまだ多くの倭人がまとまって滞在していたような遺跡は確認されていない。文禄・慶長の役の際に日本の軍勢が駐屯した「倭城」が朝鮮半島南部の各地に残っているのとは対照的である。

今後、兵站と想定可能な遺跡が確認されるかもしれないので、断言は難しいが、現状では新羅に駐留した倭の軍勢を、倭の総力を結集したような大規模なものだったとみることは難しそうである。むしろ、広開土王碑文を起草した人物、もしくはそれを命じた高句麗王権が、広開土王の偉大さをきわ立たせるために、強大な敵としての「倭」を碑文の中で演出したのではないだろうか[李 一九九四]。ある程度の規模の軍勢が派遣されたとしても、倭の一方的な出兵ではなく、加耶や百済の要請・承認のもとでの動きである。支配や従属ということとは別次元だ。

このような研究の現状に鑑みると、「多くの渡来人が海を渡って、多様な技術や文化を日本列島に伝えた」契機として、倭と高句麗の交戦を過度に重視することには慎重であるべきである。

不断の交渉の積み重ね

さらに、考古学を中心とした研究では、倭の軍事行動や特定の歴史上の事件よりも、朝鮮半島諸社会と倭、それぞれの目的にもとづく不断の政治・経済的な交渉に焦点を定めて、当時の日朝関係を記述する。それはつぎのようにまとめられる。

三〜六世紀前半頃の朝鮮半島には、高句麗、百済、新羅、加耶、栄山江流域などの社会が割拠し、遠交近攻のような関係でしのぎを削っていた。高句麗が南下策をとるようになると、百済、新羅、加耶、栄山江流域などの社会は、その国際情勢を有利に展開させていくために、様々な対外戦略をとる必要が生じた。その一つに海向こうの倭との通交があった。一方で、倭の側にも先進文化の安定的な受容という目的があった。

このように、社会間の目的や利害関係が一致したために、ときに厳しい対立や葛藤を含みつつも、人・物・情報をめぐる交易、使節団の派遣などの交渉が積み重ねられ、友好的な関係が模索された。その交渉とは、王権間だけではなく、その傘下にある地域社会や集団、実際の交渉を担う個人も含み込んだ多元的なものだった。

このような歴史観を基礎とすれば、渡来人たちが海向こうの倭の各地に移動し、短期滞在し、ときには定着した契機を、特段一つに定める必要はない。技術者の贈与・招請、自発的な渡来、漂着、ときには強制的な連行など、多様な契機があったと想定するほうが自然である。教科書にあえて一つを記すとすれば、社会間の交渉における技術者の贈与・招請が適当だろう。

2　渡来人の実像

渡来人が伝えた技術・文化

教科書にも記されているように、渡来人がもたらした技術や文化は多岐にわたる。その詳細をまとめた最良のテキスト[土生田・亀田編 二〇一六]によりながら、おもだったものを紹介する。

まず鉄器の生産である。日本列島には、弥生時代の後半から、朝鮮半島系の鍛冶技術が数度にわたってもたらされる。その結果、各地で小規模な鍛冶が可能となり、小型の武器や農工具が生産されるようになっていた。そして五世紀代に入ると、渡来人によって、新式の鍛冶炉(地上式鍛冶炉)や鞴羽口《ふいごはぐち》

（「ハ」字形羽口）、鉄製の鍛冶具など新たな技術がもたらされるとともに、各地の集落における鉄器生産が一般化していく。鉄の原料も朝鮮半島からの輸入に頼っていたが、六世紀後半以降、鉄鉱石から鉄を生み出すこと自体が可能となっていく。

また、須恵器の生産技術も、四世紀末〜五世紀初め頃に渡来人によって伝えられた。それまでの日本列島では、褐色で軟質の土師器が生産されていた。土師器は開放的な野焼きによって、八〇〇度ほどの酸化焔で焼かれたもので、煮炊き用の道具としての利点はあったが、液体の保存には向いていなかった。それに対して須恵器は、密閉性が高い穴窯によって一〇〇〇度を超える高温で還元焔焼成された。器質は堅牢で液体を通さないため、液体の保存に適している。その製作に高速回転が可能なロクロを用いることや、タタキ板と当て具によって器壁をたたき整えるタタキ技法も須恵器の特徴である。おおむね五世紀前半には、西日本各地で小規模な窯が営まれていたが、五世紀後半になると倭王権膝下の大規模な生産地（陶邑《すえむら》）で集中して生産されるようになる。

さらに、馬匹《ばひつ》生産も五世紀代に渡来人によって伝えられた。馬を飼育し、繁殖させ、騎馬として用いるためには、専門的な知識や技術が不可欠である。それを有した「馬飼」が渡来人の中に含まれていた。大阪府四條畷市蔀屋北《しとみやきた》遺跡のような初期の馬匹生産の場（牧《まき》）では、騎馬に必要な馬具の製作、馬飼育に必要な塩の生産、飼料作物の栽培（麦作）などが複合的に行われていた状況が明らかとなっている。馬匹生産に関連する産業が、馬飼の人々の指導のもとで行われていたのだろう［諫早編 二〇二三］。その後、牧は日本列島の各地に設置されていく。倭王権や地域社会の有力者が、その社会経済的な有用性を早くに認識したためである。

図2 剣崎長瀞西遺跡の全景 手前に積石塚群、奥に円墳群が広がる(高崎市教育委員会提供)

そのほかにも、金・銀・青銅などの貴金属を用いた金工の技術、灌漑や土木の技術、ひいては新たな炊事道具(蒸し器=甑《こしき》)や暖・厨房施設(カマド)などがもたらされた。それによって、古代、中世へと続く人々の生活様式の大きな変化が古墳時代に起こった。その中心となった五世紀が「技術革新の世紀」と評されるゆえんである。

渡来人と倭人の雑居・協業

それでは、日本列島各地に定着し先進文化を伝えた渡来人は、その地にもともと暮らしていた在来の人々と、どのような関係にあったのか。両者の関係をうかがい知ることのできる遺跡を一つ紹介したい。それは群馬県高崎市剣崎長瀞西《けんざきながとろにし》遺跡である[高崎市教育委員会 二〇〇二]。

この遺跡では五世紀代の墓地と集落がセットで確認された。墓地では中小の円墳群と、その北東側に空白地を挟んで方形の積石塚群が確認された(**図2**)。積石塚は発掘調査の範囲の中で八基がまとまっていた。これまでの研究によって、積石塚が渡来人の墓の特徴の一つであることが明らかになっている。

したがって、在来の人々の墓(円墳群)と当地に定着しつつあった渡来人の墓(積石塚)——厳密には朝鮮半島系の血縁関係をもつ人々の墓——が、ある程度の区別をもちながらも、同じ墓地に営まれていたことがわかる。また、集落からは現地の土師器とともに、多くの朝鮮半島系の土器が出土していることから、渡来人と在来の人々が集住していたこともうかがえる。

八基の積石塚の中で規模の大きい一〇号墳では、加耶系のアクセサリー(垂飾付耳飾り《すいしょく》)が出土した。その被葬者は、渡来人たちのリーダー格のような人物だろう。また、その近くでは初期の馬具(鉄製轡《くつわ》)をつけた馬が埋葬されていた。このことから、渡来人たちは様々な産業の専門的な技術・知識を有していた可能性が高く、おそらく地域振興を推進する地域社会の有力者によって招請されたと考えられる。

重要な点は、このような渡来人たちが在来の人々と、ともに集住・雑居し、やや区別されながらも同じ墓地に葬られていた、という事実である。すなわち、周辺一帯の地域振興は、渡来人と在来の人々の協業のもとで進められた可能性が高い。

これは、先に初期の牧として紹介した蔀屋北遺跡でも同様である。木製馬具を製作する際に周辺で調達可能な木材を利用したり、鉄製馬具を補修したり、朝鮮半島ではいまだ確認事例のない製塩土器によって馬に必要な大量の塩が生産されている。遺跡周辺の集落などでは、在来の土師器と朝鮮半島系の土器がともに出土している。したがって、渡来人と在来の人々が雑居、協業する中で、牧が経営されていたと評価できる。

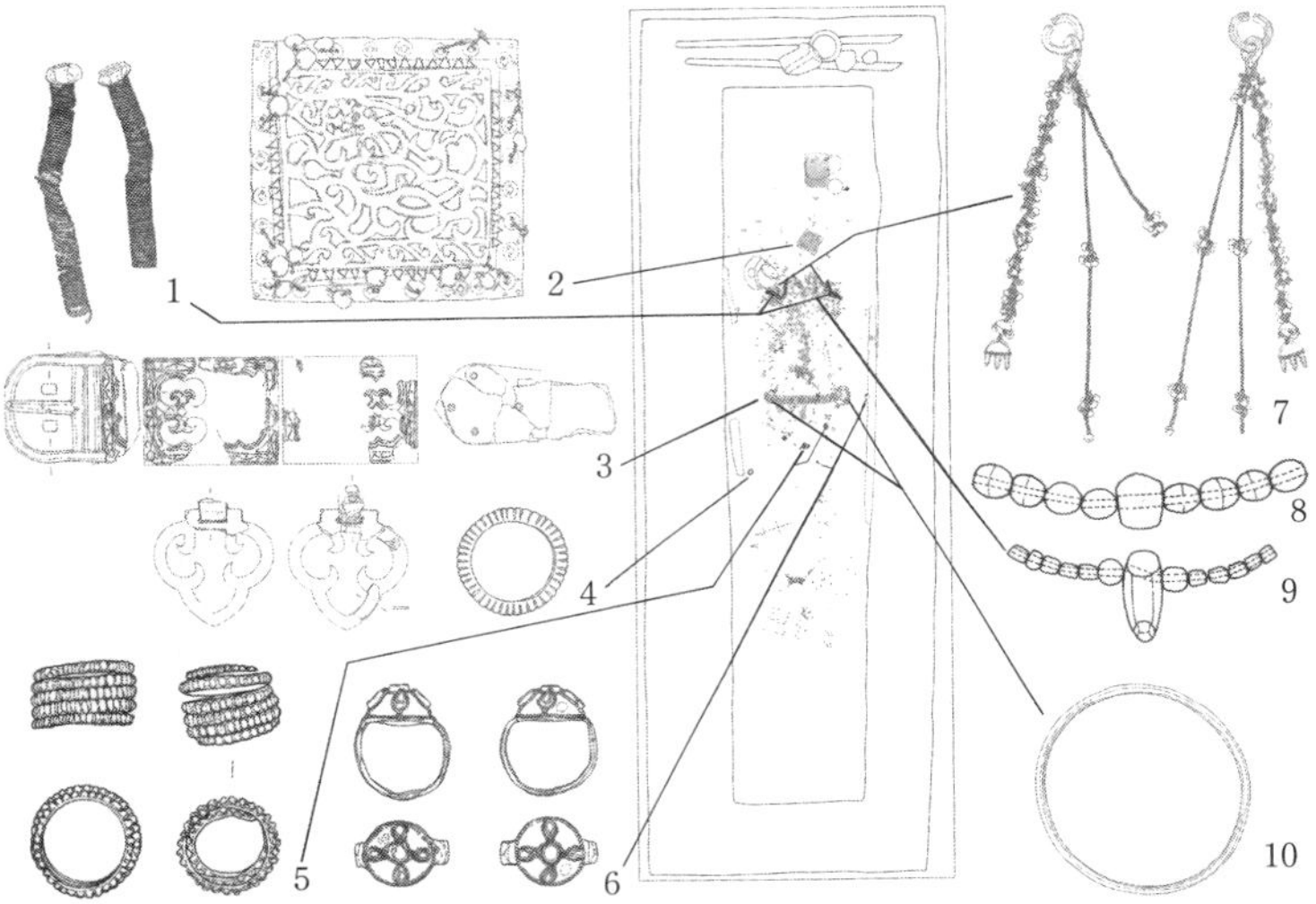

図3　新沢千塚126号墳から出土したアクセサリー　1：金製螺旋状垂れ飾り　2：金製冠飾り　3：金銅製帯金具　4：銀製指輪　5・6：金製指輪　7：金製垂飾付耳飾り　8・9：首飾り　10：金製腕輪（[橿原市千塚資料館 2002]より作成、原品は重要文化財、東京国立博物館蔵）

高位の渡来人

渡来人は、先進文化を伝え倭人社会の地域振興に携わっただけではない。高位の人物は、ときに倭と朝鮮半島諸社会の外交に携わることがあった。そのことを示す墳墓に、奈良県橿原市の新沢千塚《にいざわせんづか》一二六号墳がある。

新沢千塚古墳群は、奈良盆地の南部、越智岡《おちのおか》丘陵の西北部に広がる。数百基の中小の古墳が群集していて、倭王権を構成する有力集団の墓地である。一二六号墳はそのf支群に属する。五世紀前半の長方形墳であり、死者をおさめた木棺を埋葬したものだった。丘陵の頂きという中心的な位置にあり、ほかよりひと回り大きい。周囲のf支群の墳墓からは、朝鮮半島系の文物も出土しているので、渡来人と在来の人々が混在した集団の墓地だったようである。そして、一二六号墳に葬られた人物は、渡来人たちの統率者だったと考えられる。

この人物は、冠・耳飾り・飾り帯・首飾り・腕輪・指輪など金銀の多彩なアクセサリーを身にまとっていた(**図3**)。アクセサリーのデザインや製作技法を観察すると、その多くは、新羅で製作されたか、新羅から入手したものだった。五世紀の新羅では、アクセサリーの組合せ(どれだけ多彩なアクセサリーを着装するか)や材質(金↓銀・金銅)によって、いくつかのランクが存在した。このことは一二六号墳に葬られた人物にも当てはまる。ほぼすべてのアクセサリーをセットで着装していること、その多くが金で製作されていることから、おそらく王族や有力な貴族に準ずるような地位にあったと考えられる。

新羅と倭の外交に携わる

なぜ高位の人物が新羅から倭にやってきたのだろうか。その理由は当時の新羅の国際環境にある。新羅は、四世紀末から五世紀初めにかけて、王族の実聖《シルソン》や卜好《ボッコ》を「質《むかはり》」として高句麗へ派遣している。高句麗に従属的にふるまうことで、その南下策に対応していた。「質」とは、単に「人質」ということだけではなくて、交渉相手の社会に派遣されて、そこで自らが属する社会の交渉目的を代弁するような人物のことである[仁藤二〇〇四など]。

その一方で新羅は、倭に対しても王子の未斯欣《ミサフン》を「質」として派遣している。高句麗の影響下にありながらも、したたかに倭ともつながり、その厳しい国際環境を打開しようと、いうなれば両面外交を繰り広げていたことをうかがい知ることができる。

このような五世紀前半の新羅の国際環境を考えると、一二六号墳に葬られた人物もまた「質」のような性格をもっていた可能性が高い。すなわち、新羅から倭に派遣され、新羅の交渉目的を代弁して外交を有利に展開させるよう活動していたと想定できそうである。そして倭に渡る際には、外交のカードとなりうる技術者たちを引き連れていたのではないだろうか。

おわりに

本稿では、古墳時代の渡来人に関する二つの課題について紹介した。まず、渡来人が海を渡ってきた歴史的な契機について、広開土王碑文に記された高句麗と倭の交戦に限定されるものではなく、朝鮮半島諸社会と倭の不断の交渉における技術者の贈与・招請という側面を重視すべきである、と述べた。つぎに、渡来人が倭人社会に伝えた技術・文化を具体的に紹介し、それを活用した地域振興が、渡来人と在来の倭人の協業によって推し進められていた状況を論じるとともに、ときに外交に関与した高位の渡来人の姿も浮き彫りにした。

本稿の内容が少しでも、渡来人に関する日本史の教科書の記述と、研究の現在をつないでいくものになっていれば、幸いである。

〈**参考文献**〉

諫早直人編　二〇二三年『牧の景観考古学――古墳時代初期馬匹生産とその周辺』(六一書房)

橿原市千塚資料館　二〇〇二年『国指定重要文化財　新沢千塚一二六号墳出土品における復元模造品作製図録』
高崎市教育委員会編　二〇〇二年『剣崎長瀞西遺跡Ⅰ』
高田貫太　二〇一四年『古墳時代の日朝関係――新羅・百済・大加耶と倭の交渉史』(吉川弘文館)
高田貫太　二〇一七年『海の向こうから見た倭国』(講談社現代新書)
仁藤敦史　二〇〇四年「文献よりみた古代の日朝関係――質・婚姻・進調」(『国立歴史民俗博物館研究報告』一一〇集)
土生田純之・亀田修一編　二〇一六年「特集　古墳時代・渡来人の考古学」(『季刊考古学』一三七号)
李成市　一九九四年「表象としての広開土王碑文」(『思想』八四二号)

11 古代における都城の成立と展開

林部　均

はじめに

東アジアでは王都や都市の周囲を城壁で囲むことが多い。いわゆる城郭都市である。これにならってつくられた日本の王都を都城と呼称している。その王都や都市を支配・運営していくためのシステムが都城制である。日本では飛鳥時代後半、中国の隋・唐帝国の影響のもと、王宮を核として、その周囲に方形街区を配列した王都が造営された。方形街区を条坊と呼び、それを含めた王都全体の支配・管理システムが条坊制である。そこで、このような条坊制を導入した王都を条坊制都城と呼称している。ここでは、王都に条坊制が導入される過程や条坊制都城の成立・展開について、飛鳥宮跡、藤原宮・京、平城宮・京などの具体的な遺跡の発掘調査から解説し、その歴史的意義について検討してみたい。

1　古代の王宮・王都

王都とは「京」「都」ともいう。ともに「ミヤコ」と読む。「ミヤ」＋「コ」で、「ミヤ」は高貴な人の住まいを意味し、建物である「屋(ヤ)」に尊敬を表す接頭語である「御(ミ)」がついたものである。「コ」はそこらあたりを意味し、「ミヤコ」は「ミヤ(宮)」とその周辺を示す。「ミヤコ」は本来的には、高貴な人の住まいの「ミヤ」には必ず存在するものであり、どの「ミヤ」にも「ミヤコ」は存在したとみなくてはならない。そして、天子が居住する空間とその周辺を示すようになり、日本では「京」「都」となった[岸 一九九三]。そこで、日本の場合、王都と都城は厳密な意味では一致しない。王都の中の一形態として都城がある。

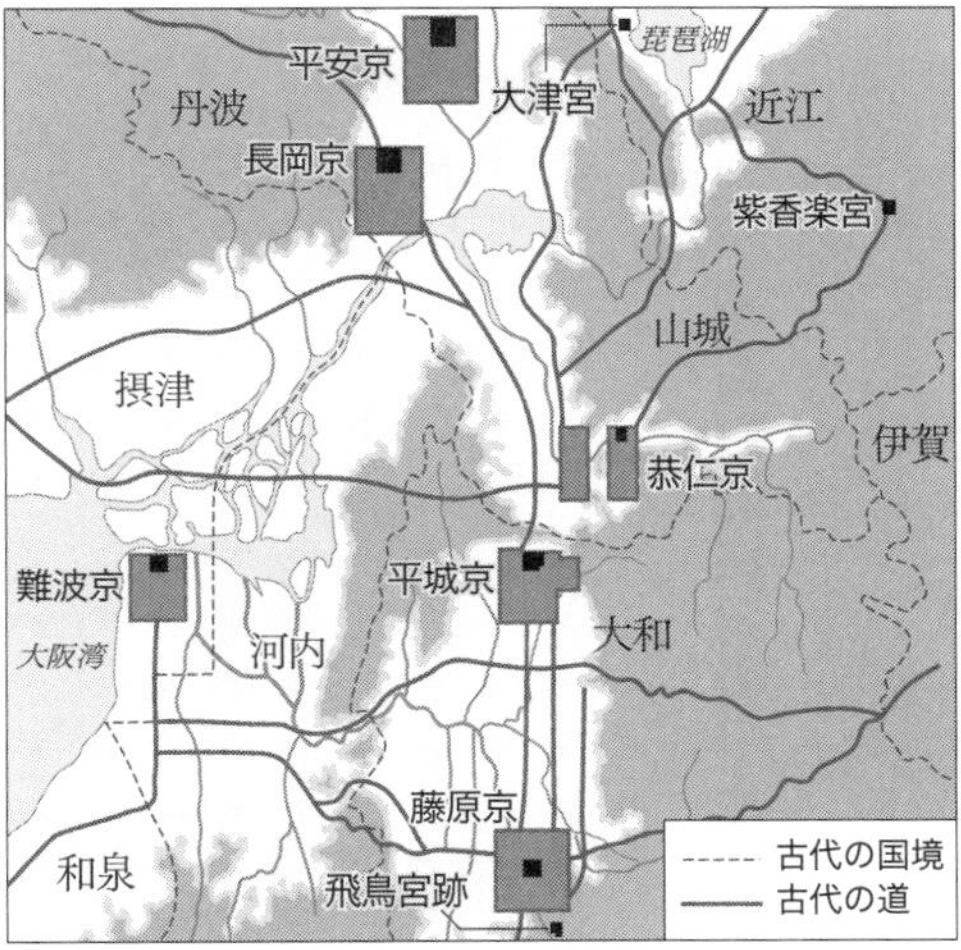

図1　日本古代における王宮・王都の分布

図1は日本古代における王宮・王都の分布図である。古代国家は飛鳥時代後半から奈良・平安時代にかけて、これだけ多くの王宮・王都を造営した。すなわち遷都を繰り返した。遷都を繰り返すというのが、東アジアの中での日本古代の王都の特徴である。ただ、どうして遷都が多いかについては、定まった意見はない。

また、日本では古代においてのみ都城が造営された。平安京以降の都城の造営はみられない。大陸や朝鮮半島においては、近世に至るまで、都城が造営され機能した。中国では明・清の北京城(一四〇三年〜)、朝鮮半島では朝鮮王朝の漢城(一三九六年〜)である。どうして日本において、平安京以降、都城の造営がみられなくなるのかということも、日本の都城を考えていくうえで大きな課題である。

図1で確実に条坊が存在する王都(条坊制都城)は、藤原京・平城京・長岡京・平安京である。朱雀大路など中心大路のみしか確認できないのが、難波京・恭仁京である。そして、条坊がまったく確認できない王宮に、飛鳥宮跡・大津宮跡・紫香楽宮跡がある。

2 条坊制都城以前の王宮・王都

飛鳥時代以前の王宮は、大王一代ごとにその位置を移したといわれる。いわゆる歴代遷宮である。歴代遷宮の理由は、建物の耐用年数から解釈する意見や、前大王の死の穢《けが》れの問題をはじめ、新大王が即位前に住んでいた王子宮をそのまま利用して即位したため遷宮することになったという意見など、様々な解釈がみられる[岸 一九九三]。いずれにしても王宮の位置は、頻繁に移動した。その結果、飛鳥時代以前の確実な王宮の発掘調査での確認例はない。

飛鳥宮跡は奈良県高市郡明日香村岡に所在する。一九五九(昭和三十四)年から発掘調査が行われ、ほぼ同一の場所で三時期の王宮の存在が確認されている。下層からⅠ期遺構、Ⅱ期遺構、Ⅲ期遺構と呼んでいる。出土した土器の年代や木簡などの検討から、Ⅰ期遺構は舒明の飛鳥岡本宮(六三〇年〜)、Ⅱ

期遺構は皇極の飛鳥板蓋宮(六四三年〜)、Ⅲ期遺構は斉明・天智の後飛鳥岡本宮(六五六年〜)、天武・持統の飛鳥浄御原宮(六七二年〜)と推定されている[林部 二〇〇一・二〇〇八、小澤 二〇〇三]。

飛鳥宮跡における三時期の遺構変遷の中での最大の変化はⅠ期遺構からⅡ期遺構への変遷にある(**図2**)。Ⅰ期遺構は建物主軸が北で西に約二〇度振れた方位で造営されている。Ⅱ期遺構は、それが正方位に変わる。Ⅰ期遺構は北で西に振れる飛鳥・藤原地域の地形条件を最大限有効に活用して造営されたもので、ある意味、地形条件に制約された王宮といえる。Ⅱ期遺構は、北で西に振れた地形条件を無視して、正方位で造営された。そのため大規模な地形改変を必要とした。発掘調査でも大規模な埋め立てや削平が確認されている。王宮が正方位をとるのは、中国からもたらされた新しい思想の影響で「天子、南面す」という思想も含めて、新しく導入された中国の世界認識、宇宙論が深く関わると考える。

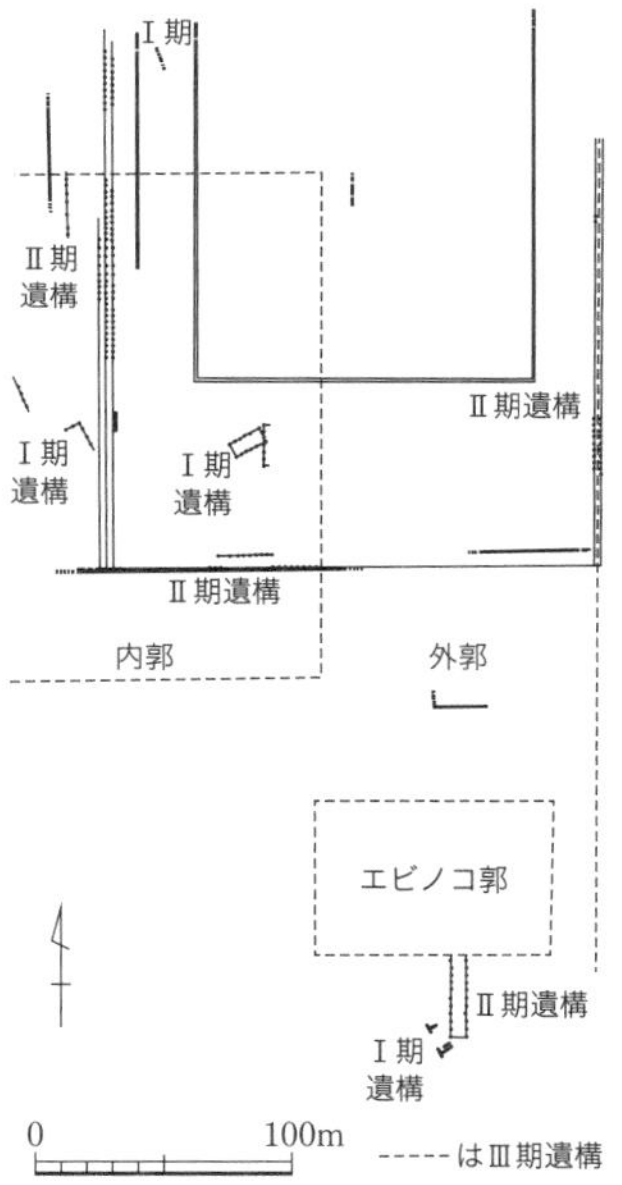

図2 飛鳥宮跡Ⅰ期遺構・Ⅱ期遺構

さらに、Ⅰ期遺構が舒明の飛鳥岡本宮とみてよいならば、舒明はその八(六三六)年に飛鳥岡本宮焼失後、飛鳥とは異なる地域に王宮を造営し、再び飛鳥に戻ることはない。再び飛鳥に王宮が造営されるのは、皇極の飛鳥板蓋宮で、飛鳥宮跡Ⅱ期遺構である。王宮は乙巳の変(六四五年)ののち、孝徳による難波遷都により、難波長柄豊碕宮（前期難波宮　六五二年〜）に移るが、飛鳥板蓋宮はそのまま維持・管理がなされ、孝徳の死後、皇極が重祚して斉明となった時も利用された（六五五年）。その焼失後、後飛鳥岡本宮が同じ場所に造営された（六五六年）。また、Ⅱ期遺構の地割は、Ⅲ期遺構である斉明・天智の後飛鳥岡本宮に継承された。後飛鳥岡本宮は、天智による近江遷都（六六七年〜）にあたっても留守司がおかれ維持・管理がなされ、壬申の乱ののち、天武によって飛鳥浄御原宮として利用された（**図3**）。Ⅰ期遺構とⅡ期遺構のあいだにみられたような断絶はみられない。飛鳥宮跡Ⅱ期遺構からは、少なくとも同じ空間に王宮が継続して営まれるようになり、歴代遷宮とは明らかに異なる段階へと発展しつつあったと考える。Ⅰ期遺構からⅡ期遺構への変遷は、飛鳥宮跡の遺構変遷の中でも大きな変化点であるが、日本古代の王宮・王都の変遷の中でも一つの画期とみなしてよい［林部 二〇〇三・二〇〇八］。

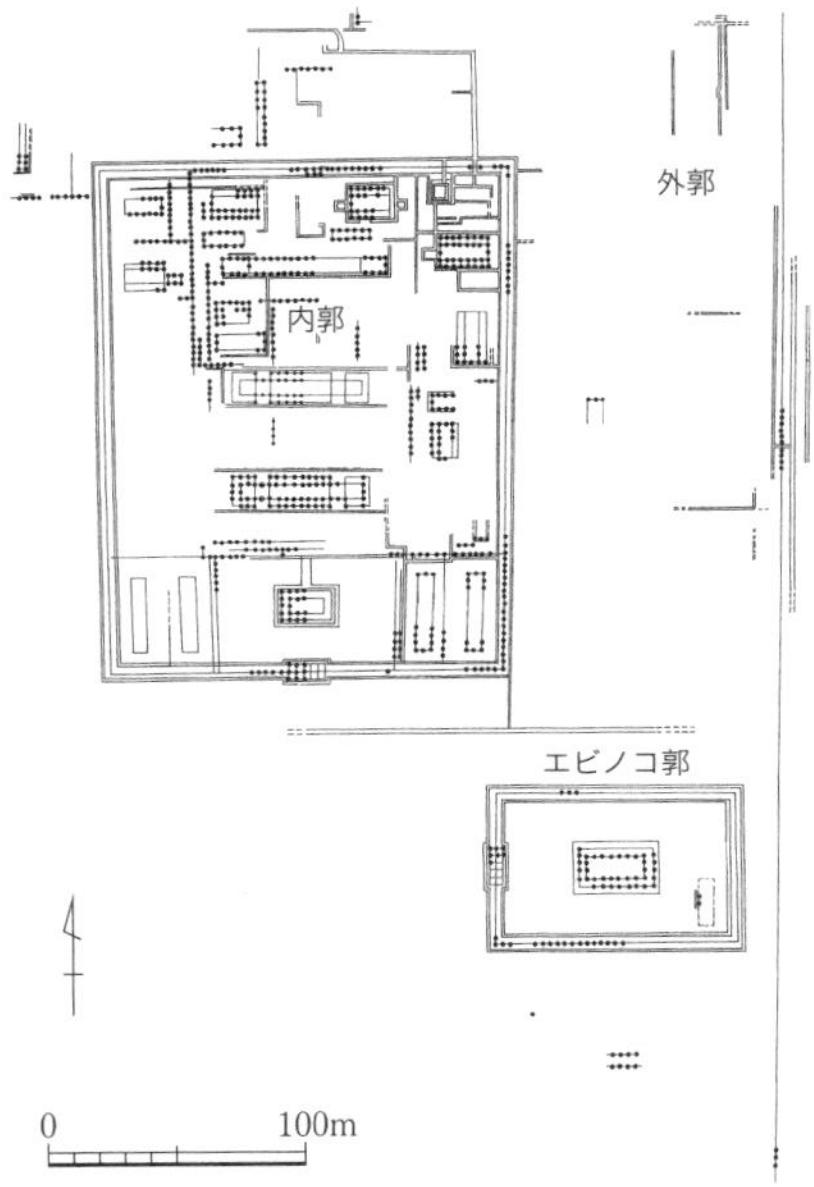

図3　飛鳥宮跡Ⅲ期遺構

さらに、飛鳥宮跡の三時期の王宮変遷から王都の形成について考えてみたい。飛鳥宮跡には三時期の王宮が見つかっているが、王宮の周囲にはいかなる方形区画などの地割は確認されていない。どれも王宮だけが単独で存在した。そういった意味では、条坊制都城以前の王都とみてよい。しかし飛鳥宮跡でⅢ期遺構が造営される頃から、その周辺地域でも、正方位の建物群が見つかるようになる。王宮でみられた正方位による造営が周辺地域にも拡大したのである(**図4**)。明日香村島庄《しまのしょう》遺跡では北で西に主軸が振れていた建物が七世紀後半に正方位で建てかえられる。また、飛鳥の北方地域である橿原市の和田廃寺界隈でも、北で西に振れていた建物群が六六〇年前後の土器を含む土で埋め立てられ正方位の建物が建てられている。飛鳥の西方地域、橿原市五条野内垣内《ごじょうのうちかいと》遺跡や五条野向《むかい》イ遺跡では北西に延びる丘陵を大規模に削平し平坦地をつくり、正方位の建物を建てている。王宮の正方位での造営が周辺地域にも拡大し、王宮の周囲をより荘厳に見せるよう空間整備したと考える。その結果として、七世紀後半、天武朝には、飛鳥・藤原地域に正方位で建物の造営方位を揃えた特殊な空間が出現した。とくに飛鳥・藤原地域のさらにその周辺では、地形条件に制約されたままで、統一した方向で建物などを建てた形跡はないので、正方位で統一して整備された空間の出現は、周辺地域から見た時、視覚的にもきわめて特殊な空間と認識できたはずである。その空間を王宮である「飛鳥宮」にともなう王都としての「京」とみなしても、それほどの違和感はないであろう。まさに王権が支配拠点として意識して空間整備を行った範囲が「京」であった。これは明らかに範囲がともなうものであり、これまで王宮の周囲を漠然と「京」と呼んでいた段階とは異なるものであり、行政的な王都としての「京」の成立とみなしてよい。また、このような視覚的に周辺地域とは異なる特殊な空間を、考古学からも王都としての「京」と呼んでもよいと考える[林部 二〇〇八]。

『日本書紀』では天武朝以降、頻繁に「京」「京師」という言葉が出てくる。天武十四(六八五)年三

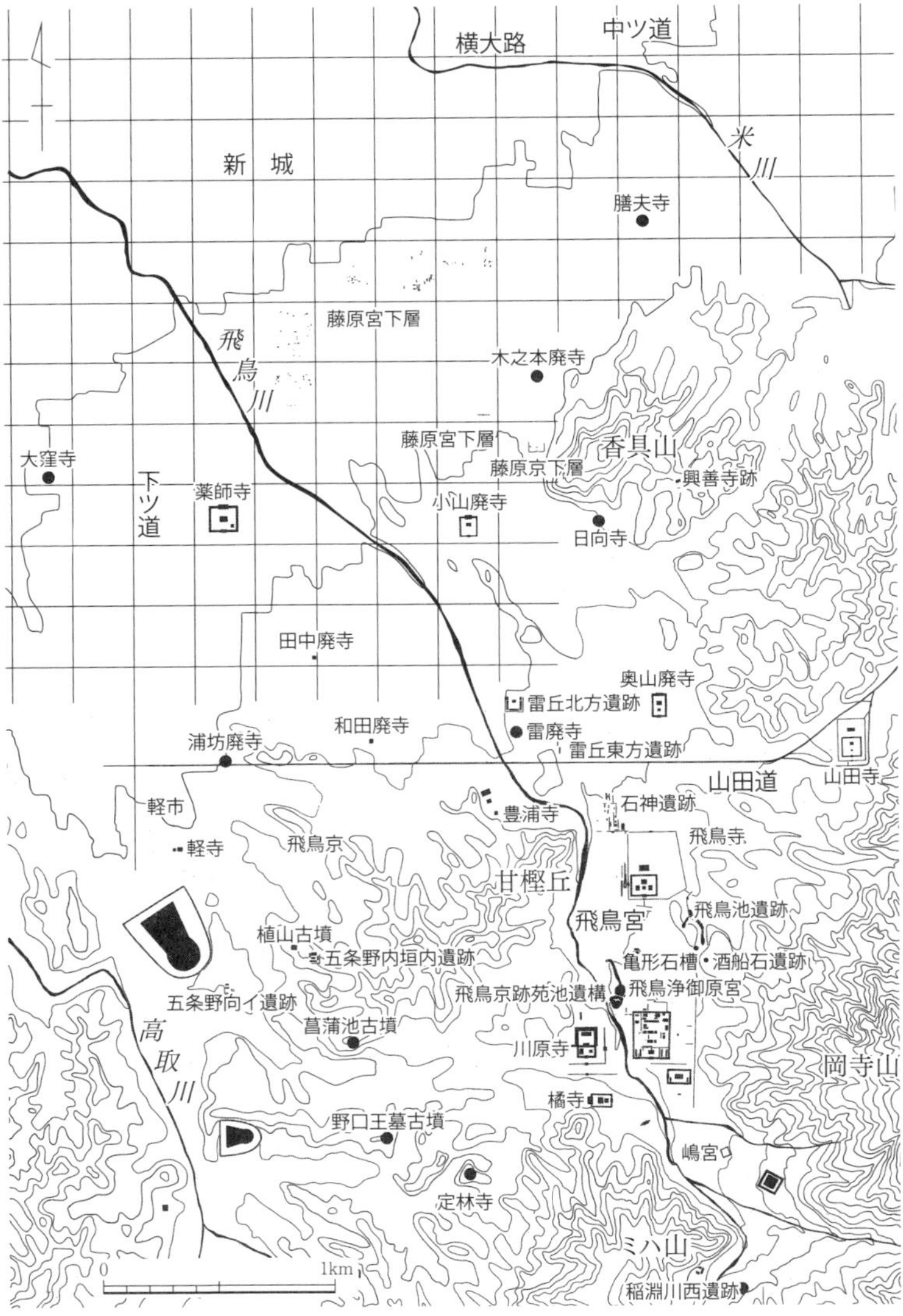
横大路
中ツ道
米川
新城
膳夫寺
藤原宮下層
飛鳥川
木之本廃寺
大窪寺
下ツ道
薬師寺
藤原宮下層
藤原京下層
香具山
興善寺跡
小山廃寺
日向寺
田中廃寺
奥山廃寺
雷丘北方遺跡
和田廃寺
雷廃寺
浦坊廃寺
雷丘東方遺跡
山田道
山田寺
軽市
石神遺跡
豊浦寺
軽寺
飛鳥京
飛鳥寺
甘樫丘
飛鳥池遺跡
飛鳥宮
植山古墳
五条野内垣内遺跡
亀形石槽・酒船石遺跡
飛鳥京跡苑池遺構
飛鳥浄御原宮
五条野向イ遺跡
高取川
菖蒲池古墳
川原寺
岡寺山
橘寺
野口王墓古墳
嶋宮
定林寺
ミハ山
0
1km
稲淵川西遺跡

図4　天武朝の飛鳥・藤原地域

月に「京職大夫直大参許勢朝臣辛檀努卒りぬ」という記事がある。「京職大夫」という「京」を管理する役人の存在が確認できる。少なくとも天武末年には、支配対象としての領域をもった「京」が存在したと考える。このような王宮である「飛鳥宮」にともなう王都としての「京」の存在が前提となって、藤原宮において条坊制が導入された。

3 はじめての条坊制都城、藤原京

六九四(持統八)年十二月、持統は飛鳥浄御原宮から藤原宮へと移る。藤原遷都である。藤原宮の周囲には、はじめて条坊と呼ばれる方形街区が形成された。条坊制都城の誕生である。一辺約五三〇メートル(一五〇〇大尺)の方形区画を南北に一〇個(条)、東西に一〇個(坊)並べた十条十坊説[小澤 二〇〇三]が有力であるが、いまだ京域が確実に確定しているわけではない。藤原京は平城遷都後、条里が施工されたことで、条坊の痕跡が消されてしまった。そのため、条坊の確認は発掘調査によらねばならず、確実な京極の確認が必要となる[林部 二〇〇四]。藤原京が十条十坊であったかはともかく、条坊が施工された範囲のほぼ中央あたりに王宮である藤原宮が造営された。また、条坊の方形街区の中に王宮を造営した関係で、藤原宮も方形の区画割に規制され方形となった(**図5**)。

『日本書紀』によると藤原京の造営は六七六(天武五)年の「新城」の造営に始まる。そして、一度中断して、六八二(天武十一)年頃から造営が再開され、六八四(天武十三)年に王宮である藤原宮の位置が決定される。しかし、天武の死(六八六年)とともに造営は再び中断する。それを継承したのが持統の藤原宮・京である。『日本書紀』では「新益京」と呼ばれる。六九四(持統八)年十二月の遷居まで、実に二〇年近い歳月を要した。また、そのあいだには「新城」から「新益京」という名称の変更もあった。藤原京の造営にあたっては紆余曲折があり、条坊制導入期の複雑な様相がみてとれる[林部 二〇〇一]。発掘調査でも、条坊痕跡だけではなく、それに先行する二時期の条坊や地割溝が見つかるなど、単純ではない。しかし、藤原宮における条坊の導入は、日本古代の王宮・王都の変遷の中では大きな画期とみてよい。

　藤原宮で導入された条坊制では、藤原宮に出仕する官人たちに身分に応じて宅地が班給された(『日本書紀』持統五〈六九一〉年十二月乙巳条)。すなわち、条坊は官人を王宮の周囲に居住させるための集住地であった。一般の住民がどれだけ住んでいたかは定かではないが、いわゆる都市に拠点をおいて生活する都市民は藤原京ではそれほど顕著ではなく、都市民が成立してくるのは奈

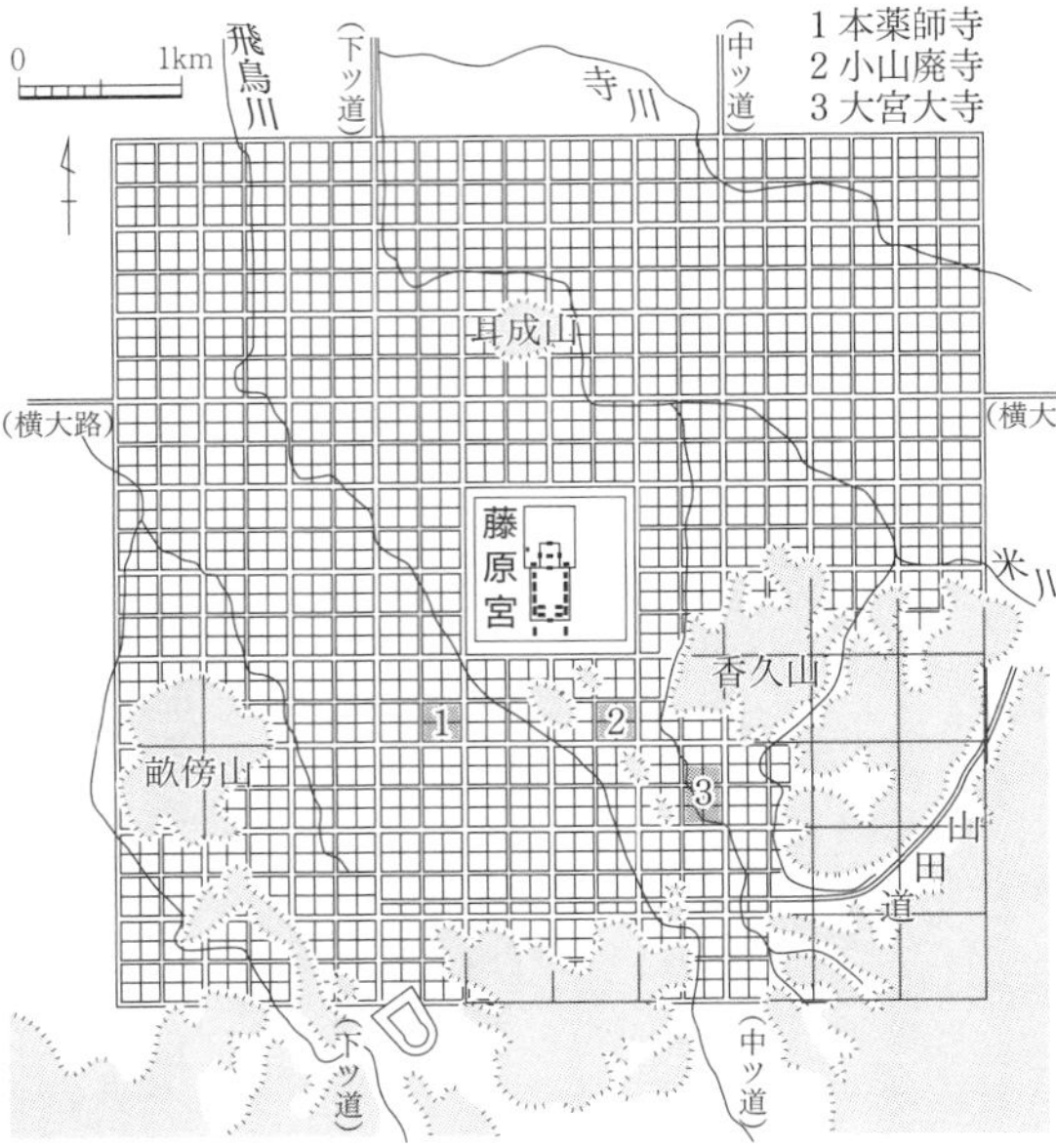

図5　藤原京の条坊復元図

良時代後半の平城京を待たねばならない。さらに、どの程度、官人たちの条坊への集住が徹底されていたかも疑問である。なぜならば、飛鳥宮跡の西に位置する五条野内垣内遺跡・五条野向イ遺跡など、有力氏族の邸宅、皇子宮と推定される建物群が藤原宮期まで存続して、平城遷都とともに廃絶するからである。また、飛鳥寺・川原寺といった寺院も条坊に寺地を移すことはない。この点にも、条坊制というはじめての制度を導入した藤原京ならではの特徴が表れている［林部 二〇〇八］。

さらに、はじめて条坊制を導入した藤原京ならではといった特徴をいくつか取り上げてみよう［林部 二〇〇四・二〇〇八］。

藤原宮は東西九二五メートル（二六〇〇大尺）、南北九〇六メートル（二五五〇大尺）のほぼ方形で、条坊が施工された範囲のほぼ中央付近に四坊分の土地を確保して造営された。しかし、藤原宮の大垣とその周囲に施工された条坊道路とのあいだには、東西南北の各面ともに幅六〇メートルを超える不自然ともいえる空閑地が存在した。条坊の二区画は一〇六〇メートル（三〇〇〇大尺）であるから、条坊の道路幅を差し引いても、かなりの空閑地ができる。すなわち、藤原京の条坊と藤原宮はうまく整合していなかったのである。さらに藤原宮の周囲には幅五〜一〇メートルの外濠がめぐる。外濠の存在は藤原京のみにみられる特徴である。かつて王宮は単独で存在した。その場合、王宮には厳重な警備が必要であるので、幅の広い濠が周囲をめぐっていたのではないか。王都に条坊制が導入され、王宮がその中に造営されることになっても、藤原宮の場合は、それがはじめてであったため、王宮が単独で存在した頃の痕跡が残ったと考える。考古学では、これをルジメント（痕跡器官）という。もちろん、藤原京のつぎの王都である平城京では、空閑地も外濠も存在しない。王宮の周囲にはすぐに条坊が施工される。

さらに藤原宮の下層からは王宮造営に先行して五三〇メートルを基本単位として施工された条坊が見つかっている。これを宮内先行条坊という。本来、王宮を造営する予定地に条坊を施工する必要はない。排水のために施工されたという意見もあるが、条坊施工時に王宮の位置が決まっていなかったため、ほかの地域と区別なく条坊が施工されたと考えるのが自然であろう。これも藤原宮だけにみられる特徴である。平城京では地割などが宮内道路として継承されることはあるが、王宮中枢の下層で条坊の痕跡は見つかっていない。

藤原宮・京では、王宮と王都の条坊制の不整合や王宮が単独で存在した時の痕跡である外濠が残るなど、王宮と王都が一体的には造営されていなかった。何かしっくりしない側面をもっていた。これらは王都にはじめて条坊制を導入した藤原京ならではの特徴とみてよい。

ところで、藤原京の条坊は、王宮の南面大路(朱雀大路)を除くと、道路幅は大路が約一六メートル、坊間路・条間路が約九メートル、小路が約六・五メートル前後と三ランクしかなかった。きわめて単純で形式的な設定となっていた。平城京でみられるような道路の役割や機能に応じた道路幅のメリハリはまったくみられない。また、王都にとってもっとも重要な儀礼を行う南北軸となる王宮南面大路(朱雀大路)もどこまで施工されていたのか判然としない。それに対応するかのように王都の南正面に位置するはずの羅城門は、丘陵地帯に入り造営することは困難である。さらに王宮が王都の真ん中あたりに位置する関係で、王宮南面大路を北に反転した大路も存在した。このように藤原京の条坊制には形式的かつ不自然なところが多々存在した。これも、はじめて王都に条坊制を導入したために起こったこととみなすことができる。

藤原京は『日本書紀』によると「新益京」と呼ばれた。「新たに益す京」である。「飛鳥宮」にともなって領域をもつ「京」が存在した可能性を先に述べた。その「京」は条坊制をはじめとした、いかなる方形区画ももたないが、『日本書紀』の記述を解釈する限り、「京」の領域は明確に存在した。考古学からみても、王権が王都として空間整備した特殊な地域の存在が指摘でき、それがまさに「京」の実態と考えた。このような「飛鳥宮」にともなう「京」の存在を前提に、天武朝以降、新たに条坊を施工した範囲も含めて、一つにまとめた王都であったため藤原京は「新益京」と呼ばれることになったのではないだろうか〔林部 二〇〇八〕。

しかし、どのようなかたちであれ、王都への条坊制の導入は高く評価できる。藤原京で不自然であったところ、形式的であったところが、平城京で改善され、より実態をもった条坊制都城へと発展していくと考える。これが、藤原京から平城京への遷都の最大の理由である。

4 条坊制都城、平城京

七一〇(和銅三)年三月、王都は藤原京から平城京へと移る。平城遷都である。平城京では王都の北端中央に王宮である平城宮が造営された。王宮の南面大路である朱雀大路は、道路幅約七五メートルで、南の羅城門まで約三・七キロが王都のメインストリートとして整備された。平城宮の大極殿、朱雀門、平城京の朱雀大路、羅城門と王宮・王都の南北軸が儀礼のためのラインとして確立した。また

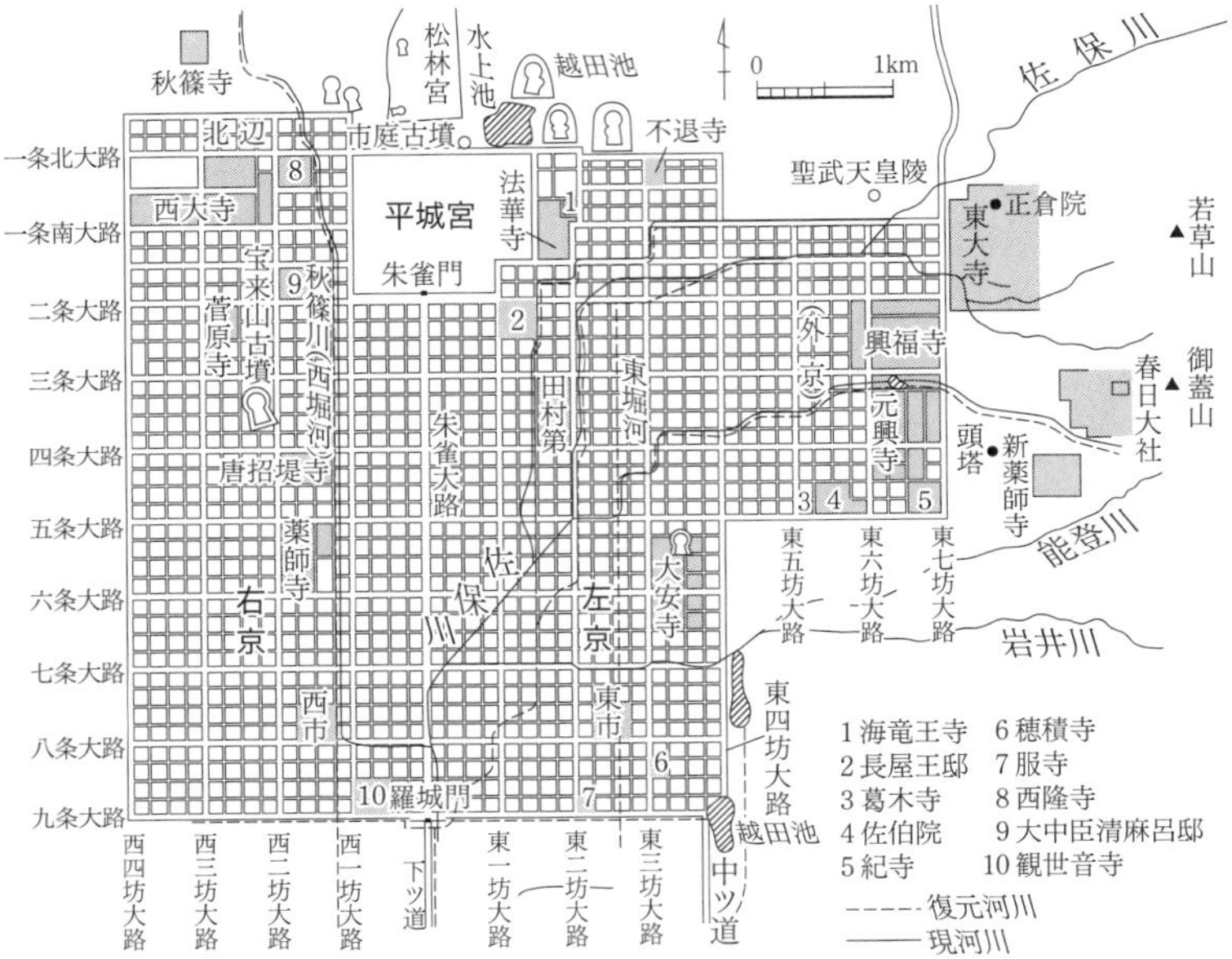

図6 平城京の条坊復元図

王宮の南辺に沿った二条大路も道路幅約三六メートルで造営された。朱雀大路と交差する箇所には儀礼・儀式を行う広場が整備された。藤原京でみられた空閑地や外濠はなく、王都と王宮の一体性がより高まった(**図6**)。

平城京では王宮である平城宮に近接した場所で大規模な宅地が見つかることが多い。長屋王邸(左京三条二坊)は平城宮の東南、藤原不比等邸(左京一・二条二坊)は平城宮の東に隣接して営まれた。近年、大型建物が見つかり注目された左京三条三坊には舎人親王の邸宅が推定されている。平城京の宅地も基本的には政府から身分に応じて班給されるものであったので、古代国家の官人制がそのまま平城京の宅地に反映されることになった。藤原京でみられた形式的かつ単純な条坊はより実態をもったものとなった。もともと条坊制は隋・唐の長安城や洛陽城にみられる坊里制をモデルにして日本の王都に導入したものであったが、それが平城京で機能しはじめたことを意味する。

しかし、平城京の条坊制は、隋・唐の坊里制をそのまま導入したものではなかった。日本独自な側面もみられる。例えば、隋・唐の長安城や洛陽城では一つの坊ごとに坊牆《ぼうしょう》と呼ばれる壁がめぐり、入り口には門があって、秩序の維持と管理がなされていた。坊牆制と呼ばれる。平城京では一つの坊を囲んで坊牆や、その入り口となる門が確認された例はなく、制度としての坊を管理するシステムは導入しているにもかかわらず、実態として坊牆制は導入されない［林部 二〇〇八］。また、日本の都城にはいわゆる羅城がない。平城京では羅城門とその東西に各一坊分ずつ簡単な羅城が存在することが確認されているが、王都全体を囲む羅城は存在しない。これらの特徴は、平安京でも同じであり、日本都城の特徴といえる。

また、平城京では、条坊を数詞で呼称した。例えば、左京四条四坊などである。左京四条四坊には太安万侶が住んだことが、その墓から出土した墓誌に記載があるので、確実に条坊が数詞で呼称されていたということがわかる。隋・唐の長安城や洛陽城では固有地名で呼称していた。藤原京では数詞で条坊を呼称していたことがはっきりとしないが、平城京・長岡京・平安京では数詞で条坊を呼称していた（ただし、平安京は八七四〈貞観十六〉年を初出として、固有名称も使用された［岸 一九八八］）。これも古代国家の官人制と結びついて、王宮に近ければ近いほど、その数詞は小さくなるので、数詞と身分とが対応できるようになっていた。また、数詞による条坊呼称は、固有地名などに比べて単純でわかりやすく王都の中での位置を簡単に示すことができた［吉村 二〇〇五］。中国の隋・唐の制度である坊里制をとるべきところは採用し、さらに日本独自な制度もつくるというのが、日本の条坊制都城の特徴である。また、律令制という中国の制度を日本化していく過程でもあった。

ところで、近年、平城京の造営にあたっても、試行錯誤をしていたことが発掘調査で明らかとなった。大和郡山市下三橋《しもみつはし》遺跡の発掘調査である。平城京の条坊が京極大路である九条を越えて、十条まで存在することがわかったのである。当初は左京のみといわれていたが、その後の発掘調査で右京にも条坊が存在することが確認された[十文字 二〇一二]。また、条坊道路に沿って建物なども確認された。ただ、存続期間は短く、八世紀前半で廃絶して、九条にセットバックして羅城門を造営していることが明らかとなった。この事実に対する様々な解釈があるが[舘野編 二〇〇九]、少なくとも平城京は当初において、十条で造営を開始していたことだけは間違いない。ただ、かなり早い段階で、その方針が転換され、南北九条となり、その南端に羅城門と簡単な羅城が造営されたと考えられる。藤原京から平城京への遷都は実態をもった条坊制都城の成立を意味していた。そのため、多分に理念的であった藤原京の十条十坊が平城京に引き継がれることはなく、南北九条、東西八坊(外京は除く)という、平安京に継承される日本都城の原形が生み出された。

さらに、山背遷都後(七八四年〜)の平城京で興味深い事実が判明した[中島 二〇一二]。それは平城京左京五条四坊、左京一条三坊などの発掘調査で明らかとなったもので、山背遷都後も旧都となった平城京に住民が残るという事実である。山背遷都後も平城京の条坊をそのまま生かした邸宅が発掘調査で検出されている。この様相は、左京二条四坊の調査などでも確認されている[奈良市埋蔵文化財調査センター 二〇一九]。また、平城京東三坊大路から見つかった告知札木簡も、告知すべき住民の存在を示している[渡辺 二〇一〇]。条坊制都城の宅地、すなわち坊は、もともと官人に班給されるものであった。官人のための宅地といっても過言ではない。そこで、王都が山背遷都で長岡京や平安京に移される時は、当然のことながら王宮に出仕する官人たちも、その住まいを新しい王都に移した。しかし、近年の平城京の発掘調査で見つかる平安時代の邸宅は、すべてがそうではなかったことを意味している。旧都となった平城京の地にとどまり、本拠をおく住民が生まれていた可能性がある。このことは、平城京が条坊の痕跡を残しつつ、水田化が行われたこととも関係する。藤原京では簡単に消すことができた条坊の区画が、平城京では廃絶することが簡単でないほど成熟した実態をもった区画となっていたことを意味している。山背遷都にあたっても平城京の寺院は移されることはなく、そのまま残る。こういったことが、後世、奈良が「南都」と呼ばれる要因になったことは言うまでもない。

5 これからの都城研究——まとめにかえて

ここまで、王宮が単独で存在した飛鳥宮跡から、はじめて条坊制が導入された王都である藤原京、条坊制をより深化させた平城京を取り上げて解説を加えてきた。最後に、これからの都城研究を筆者なりに展望してまとめに代えたい。

ここでは、飛鳥宮跡、藤原宮・京、平城宮・京を中心にその変遷をもとに歴史像を描いてきた。分析する資料は、おもに発掘調査で見つかる遺構をもとに復元した王宮・王都の形態であった。これまで『日本書紀』などを中心とした文献史料から検討されていた歴史像に、より実態をもった具体的な歴史像を提供してきたという意味で、考古学の発掘調査は大きな成果を得てきた。飛鳥宮跡の変遷や藤原京の京域についての成果はその典型例といえる。平城京についてもその様々な実像を提供した。しかし、考古学の発掘調査の成果を過信してはならない。たまたま発掘調査ができた場所で、たまたま残っていたものが見つかったにすぎないからである。また、考古学からの王宮・王都研究は、どうしても発掘調査で見つかる遺構、建物群やその配置が対象となる。建物といったハードの検討が中心となり、資料的な限界もあり、そこに住んだ人々の生活といったソフト面の分析が十分ではないように思う。誤解を恐れず言いかえると、歴史像に人の気配がしないのである。これまでの研究はやむをえないこととして、これからの王宮・王都研究は、いつまでも建物配置といったハードの研究だけではなく、そこに住んだ人々の生活や社会をイメージした研究が必要であろう。それを意識するだけで、より深い歴史像が描けるのではないか。近年、そのようなことを意識した研究がいくつかみられつつある[馬場 二〇一〇、近江 二〇一五、奈良文化財研究所 二〇一六]。さらなる深化を期待したい。

また、これまでの王宮・王都研究では、自然科学的分析が不十分であった。正倉院文書などの文献史料が残っているため、それに頼る一面があったのではなかろうか。文献史料にすでに書かれていることであっても、改めて考古学からの検証が必要であろう。出土した土器付着物や土坑などの土壌、土器の使用痕跡や土坑一括資料の多面的な分析、年輪年代学、動植物遺存体の分析など、自然科学的分析の王宮・王都研究への導入が強く求められる[飛鳥資料館 二〇一九・二〇二〇、三舟・馬場 二〇二一・二〇二三]。こういった研究は文化財科学という側面から取り組まれつつあるが、歴史学との連携という意味では、いまだ方法論的には模索段階にあるように思う。相互の資料や方法論の特性に十分に配慮しつつ、もたれ合うことなく、より充実した連携を期待したい。このような王宮・王都研究が進めば、これまで以上に考古学の成果を十分に発揮した新しい歴史像が描けるのではないだろうか。これからの都城研究に期待したい。

〈参考文献〉

飛鳥資料館　二〇一九年『骨ものがたり――環境考古学研究室のお仕事』
飛鳥資料館　二〇二〇年『骨ものがたり――飛鳥資料館学芸室のお仕事』
近江俊秀　二〇一五年『平城京の住宅事情――貴族はどこに住んだのか』(吉川弘文館)
小澤毅　二〇〇三年『日本古代宮都構造の研究』(青木書店)
岸俊男　一九九三年『日本の古代宮都』(岩波書店)
岸俊男　一九八八年『日本古代宮都の研究』(岩波書店)
十文字健　二〇二二年「平城京南辺「十条」条坊の調査成果」(『条里制・古代都市研究』三八号)
舘野和己編　二〇〇九年『都城制研究3　古代都城と条坊制――下三橋遺跡をめぐって』(奈良女子大学21世紀COEプログラム)
中島和彦　二〇一二年「長岡京遷都後の平城京――平城京内検出の平安時代の遺構の検討」(『都城制研究6　都城の廃絶とその後』奈良女子大学古代学学術研究センター)
奈良市埋蔵文化財調査センター　二〇一九年「平城京跡(左京二条四坊十坪)の調査　第七〇八次」(『奈良市埋蔵文化財調査年報　平成二十八年度』奈良市教育委員会)
奈良文化財研究所　二〇一六年『平城京のごみ図鑑――最新研究でみえてくる奈良時代の暮らし』(河出書

房新社）
馬場基　二〇一〇年『平城京に暮らす――天平びとの泣き笑い』（吉川弘文館）
林部均　二〇〇一年『古代宮都形成過程の研究』（青木書店）
林部均　二〇〇三年「飛鳥の諸宮と藤原京の成立」（広瀬和雄・小路田泰直編『古代王権の空間支配』青木書店）
林部均　二〇〇四年「藤原京の「朱雀大路」と京域――最近の藤原京南辺における発掘調査から」（『条里制・古代都市研究』二〇号）
林部均　二〇〇八年『飛鳥の宮と藤原京――よみがえる古代王宮』（吉川弘文館）
三舟隆之・馬場基編　二〇二一年『古代の食を再現する――みえてきた食事と生活習慣病』（吉川弘文館）
三舟隆之・馬場基編　二〇二三年『古代寺院の食を再現する――西大寺では何を食べていたのか』（吉川弘文館）
吉村武彦　二〇〇五年「歴史への新視線――地名・固有名と数字」（『古代史の新展開』新人物往来社）
渡辺晃宏　二〇一〇年『平城京一三〇〇年「全検証」――奈良の都を木簡からよみ解く』（柏書房）

12
城郭考古学の現在

千田 嘉博

はじめに

いま城は大人気である。城を訪ねて歴史や武将を体感する楽しみが、性差や年齢を超えて広がっている。このような城人気は過去に例がない。城ブームと呼ぶ人もいたが、もはや城はブームというより、鉄道やキャンプ、ウォーキングなどと並ぶ市民の趣味として定着した。

城を好きになる理由も大きく変化した。以前は、歴史小説やドラマ・映画をきっかけに城に関心をもつ人が多かった。しかし今日では、武将や合戦を主題にしたマンガ・アニメーション、ゲーム、刀剣と刀剣を擬人化した物語など、多様な出会いを契機に城への関心を開く人が多い。

そして城をどう楽しむかの間口も広い。天守をはじめとした建造物に関心をもってもよいし、石垣や堀を楽しんでもよい。桜や紅葉など城の自然を満喫したり、雲海と城など城の写真撮影をするのも楽しい。山城といってもそのほとんどは里山にあったので、日本アルプスに挑戦する覚悟はいらない。城歩きによって人々は安全に体を動かし、四季の自然を感じてリフレッシュしながら歴史を学べる。その結果、深い教養と武将の決断力が身につく。城は二十一世紀を生きる市民に最適な趣味ではないか。

もちろん城が人気になる前提には、文化庁と各地の自治体が重要な城跡を史跡として保護し、調査・整備してきた地道な文化財保護活動があった。どれほど魅力的な城でも、草木におおわれてその本質的価値を理解できなければ、多くの人は訪ねようとしない。だから城跡の調査・整備に、城郭を考古学から研究する方法が不可欠である。

このように城がかつてないほど人気になったのはすばらしい。しかし同時に様々な問題に直面することにもなっている。例えば海外からの観光客にとっても、城はサムライを感じる日本観光のポイントになっている。だから今日の城には国内だけでなく国際的な文化観光を牽引して地域経済を活性化する期待が寄せられている。その期待はときに政治的な圧力となって、城の学術上の評価をゆがめかねない事態もまねいている。本稿では、城郭考古学の現状とこれからを論じていきたい。

1　城と考古学

中世や近世といった時代は文字史料が豊富であり、文字の史料にもとづいて研究するのが当たり前であった。また第二次世界大戦までの城の研究において軍が大きな役割を果たしたことから、アカデミックな研究者は城や合戦を研究テーマにすべきではないと長く考えられてきた。そのため一九七〇年代までは遺跡としての城がよく残っていても、その多くが未調査のまま工事によって破壊された。

そもそも城が埋蔵文化財の一つとして調査・保護対象になるためには、あらかじめ「埋蔵文化財包蔵地」として行政が周知化する必要がある。しかし多くの考古学者が城を研究の対象外と考えていたため、そこに城が存在していても調査・保護の対象にならなかった。

また中・近世の文献史学者は文字史料には関心をもっても、その文書を発給した場である城そのものを研究対象にすることはなかった。つまり城跡を学問的に究明する研究者そのものが不存在であった。このため城の研究は民間学として市民が担い、地表面観察にもとづく「縄張り図」を作成する方法で、城の位置や構造の基礎資料を蓄積していった。

わずか一五〇年～数百年前に遺跡化した城は、大規模な土木工事をともなったので埋没しきっていない。そのため現地を訪ねれば誰でも城の堀や土塁・石垣・曲輪の跡を確認できる。これは埋没していて考古学者が発掘しなければ基礎情報が得られない原始・古代の遺跡との大きな違いである。

市民が直接オリジナルな歴史資料である「城跡」を、専門家フィルターなしに分析・研究できるのは、歴史分野だけでなく、あらゆる学問領域でまれである。この点が民間学としての城郭研究が発達した理由だが、自治体に所属する考古学の専門職員よりも、しばしば市民の方が地域の城に詳しいという状況は、城をめぐる研究の学術性を曖昧なものにし続けている。

民間学としての城郭研究が果たしてきた役割は大きい。しかし城の簡易平面図である縄張り図をたくみに描けることが、適切に文字史料を扱え、考古学的な資料操作ができることを担保するわけではない。縄張り図を資料としてどのように歴史を読み解くかは、本来、城の堀や土塁がわかるだけで達成するのは難しく、専門領域の広い知の力が求められる。しかし城に関しての総合的な専門性を備えた研究者はきわめて少ない。

一九七六(昭和五十一)年に三重県教育委員会が刊行した『三重の中世城館』を筆頭に[三重県教育委員会編 一九七六]、行政が民間学の成果にもとづいて城跡の位置と範囲、歴史的価値を把握していったことで、今日では中・近世の城跡はようやく埋蔵文化財としてあるべき取り扱いを受けるようになった。しかし三重県に隣接した奈良県は、県内の中・近世の城跡の把握を二〇二一(令和三)年に行ったが[奈良県 二〇二二]、これは三重県の調査から遅れること実に四五年であるように、都道府県によって中・近世の城に対する保護・活用への意識差はきわめて大きい。ある時代の遺跡だけを大事にすればよいと考える行政や行政内研究者の意識は、はたして適切だろうか。

2 考古学と文字史料

今日では城の発掘事例は増えた。開発に際して城を発掘するのは当然である。また史跡として城の整備・活用をする前提として、発掘を行って考古学的な把握をするのも当たり前になった。しかし発掘すればすべてが解決できるわけではない。発掘成果を的確に分析するとともに、様々な文字史料や絵図・地図資料、建築・土木遺構とあわせて総合的に検討・評価する総合知が城の理解には求められるからである。

例えば滋賀県安土城の発掘事例で考えてみよう。滋賀県教育委員会は発掘にもとづいて、安土城の

図1　安土城の大手道

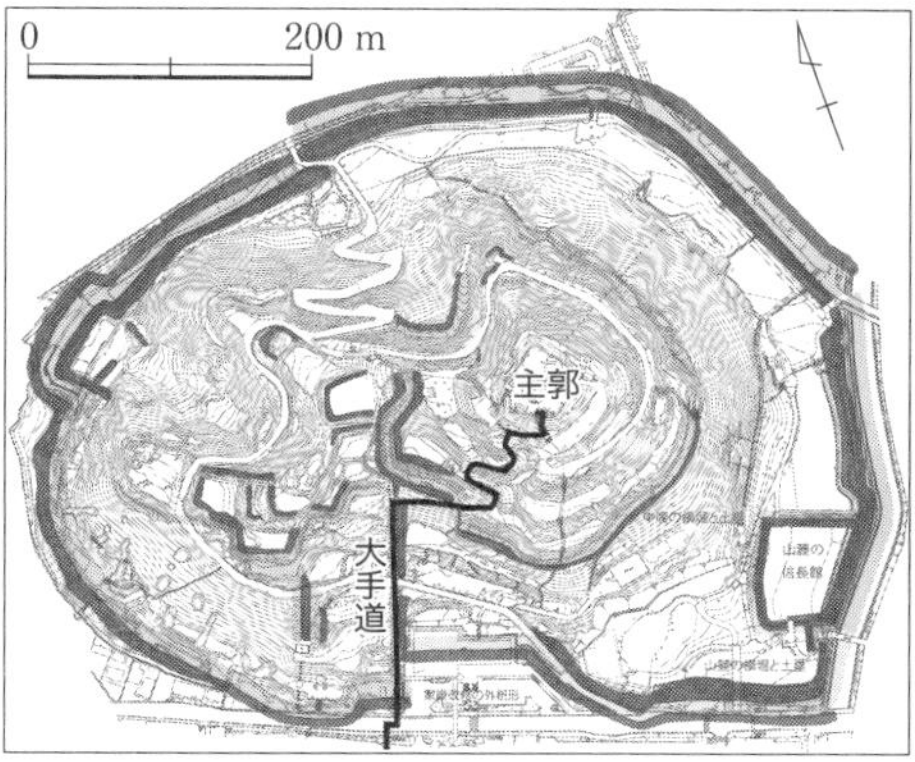

図2　小牧山城の大手道

大手道が山麓から山腹まで直線になっていたのは正親町天皇の行幸のためであり、行幸のための御成り道＝行幸道以外の何ものでもないとした(**図1**)。そして安土城の山上の大手門だった黒金門に大手道は接続せず、裏口に相当した本丸南門に接続したと発表した[滋賀県教育委員会 一九九四、滋賀県安土城郭調査研究所編 二〇〇四、木戸 二〇〇七]。

しかし一五七六(天正四)年の安土築城をさかのぼる一五六三(永禄六)年に織田信長が築城した愛知県小牧山城で、すでに山麓から山腹までを直線にした大手道が出現していた[千田 二〇一三]。小牧山城に天皇の行幸を予定した可能性は皆無である(**図2**)。そして大手道が安土城の山上の大手門である黒金門に接続しないという解釈も、のちに安土城の総括報告書で否定されている[滋賀県教育委員会 二〇〇九]。

安土城に実現しなかった正親町天皇の行幸計画があったのは文字史料から明らかである。しかし一過性の行幸のために大手道だけでなく城郭構造を設計したと解釈するのは、考古資料の解釈として大きな飛躍がある。また先述したように山麓から山腹までの大手道を直線にした設計は、すでに小牧山

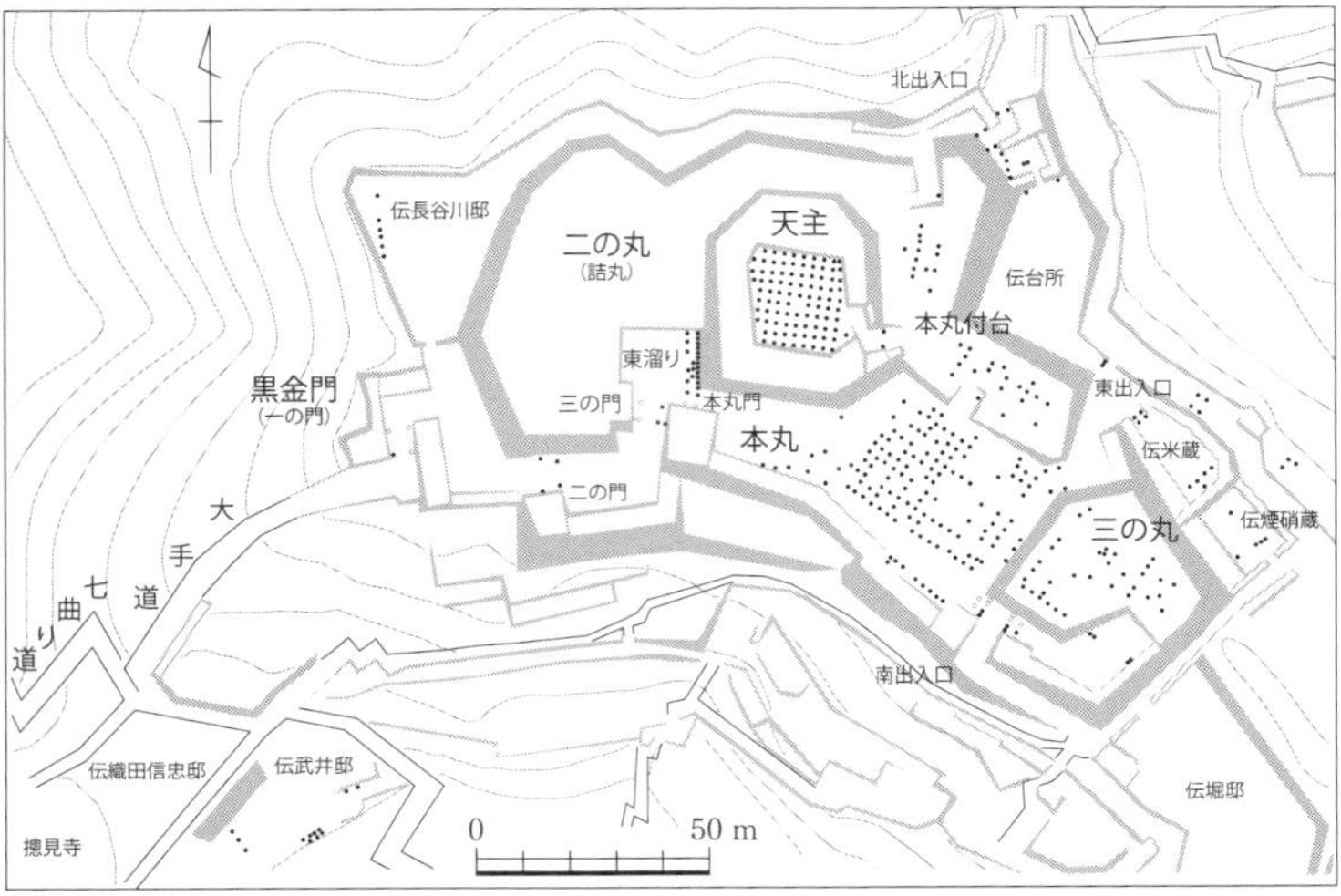

図3 安土城の中心部

城で認められるので、そもそも行幸で安土城の大手道を説明しようと考えるのは適切といえない。

さらに安土城の本丸では大規模な本丸御殿の礎石が発掘で明らかになった〔滋賀県教育委員会 二〇〇二〕。この御殿は東西一五間×南北一一間にもおよぶ大規模なもので、城内の主要御殿の一つであったのは間違いない(**図3**)。この御殿について滋賀県教育委員会は天皇の住まいである内裏清涼殿に酷似した建物とした〔滋賀県教育委員会 二〇〇九〕。

たしかに『信長公記』には安土城の中心に「御幸の御間」「皇居の間」があったと記す(巻一五)。しかし『信長公記』の記述は本丸にあった御殿すべてが行幸御殿だったとは記していない。発掘成果を都合よく文字史料と重ねてはいないだろうか。川本重雄氏は建築史の立場から滋賀県教育委員会が復元した本丸の清涼殿に酷似した建物について「礎石は一間毎に東西・南北いずれの方向にもほぼ隙間なく残っており、部屋と部屋の境の間仕切りの位置は、礎石配置からは絶対にわからない。清涼殿風の平面にしようという意志なしには(中略)平面は復元できない」「結局この復元図は、近世清涼殿の平面に合わせて作成した図以外の何ものでもない」と批判した[川本 二〇一〇]。

しかし今日も安土城の本丸を訪ねると、滋賀県教育委員会が復元した清涼殿酷似建物を説明する陶板解説板がそのままになっており、訪れた市民が滋賀県教育委員会の説明に対して適切な学術的批判をするのは困難であろう。そもそも織田信長が、一過性の行幸御殿を天主直下の城の中心である本丸に常設のものとして建てたと考えるにはかなりの無理がある。『信長公記』が記した「御幸の御間」とは、上段の間に加えて上々段を備えた対面空間をもつ御殿と考えるのが妥当である。

安土城を事例にみてきたように、城の発掘調査を行って得た考古学的情報を、文字史料からの既知の情報と単純に結びつけて解釈すると、実は考古学の成果でもなく、文字史料からの成果でもない評価を導いてしまう恐れがある。様々な資料／史料を分野横断してとらえて分析する城の総合知＝城郭考古学が必要なのである。

同様の考古資料と文字史料との問題は城の考古学の分野で枚挙に暇がない。しかし、安土城では考古学の発掘成果の評価を、文字史料からの解釈に全面的にゆだねたことで問題が生じた。しかし城の考古学を進めるにあたって、文字史料を無視して評価するのも、研究としての適切さを保てない。

静岡市は二〇一八(平成三十)年に駿府城の天守台発掘について「徳川家康の駿府城跡に豊臣秀吉の〝幻の城〟発見」と大々的に発表した(静岡市役所二〇一八年十月十九日プレスリリース)。考古学の中井均氏は「天守台石垣は自然石を積む野面積みであり、さらに出土した大量の金箔瓦の造瓦技術が豊臣期

図4　駿府城天正期大天守台石垣

の特徴を示していることより、天正十八年(一五九〇)に豊臣秀吉によって駿府に入れ置かれた中村一氏が秀吉の支援を受けて築いたものであることは間違いない。関東に移された徳川家康に対して金箔瓦に飾られた天守の造営は豊臣政権の威光を示すシンボルであったと考えられる」と述べた。

しかしこの評価は、果たして適切であろうか。筆者がすでに批判してきたように[千田 二〇二一・二〇二二]、徳川家康に仕えた松平家忠が記した『家忠日記』には、家康が一五八七(天正十五)年二月に二の丸堀の工事をしつつ石垣石材を運び込み、翌三月には石垣を積みはじめたこと、同年十二月までに本丸の堀の工事が完了し、一五八八(天正十六)年五月には大天守台石垣を、一五八九(天正十七)年二月には小天守台石垣の工事を始めて、四月に完成したことを記している。

静岡市の調査では、発掘で見つけた大小天守台石垣よりも古い天守台石垣はないので、中村一氏が築いた天守台石垣ではなく、『家忠日記』が明記した一五八七〜八九年に家康が築いた大小天守台石垣と考えなくてはならない(**図4**)。『家忠日記』は家康の時代を考える一次史料であるとともに、『増補續史料大成』(第一九巻)が採録して翻刻しており、容易に読める。

文字史料のある時代の考古学成果を、考古学の知見のみによって評価するのは否定しない。しかし駿府城の天守台のケースでは、そもそも中村一氏も豊臣秀吉も文字史料からわかることであって、氏名を記した資料が出土しなければ考古学ではわからない。つまり中井氏の評価は、自説に都合のよい文字史料の知見は用いつつ、実際に駿府城の大小天守台石垣の工事に携わった当事者が記した日記史料の記述は完全に無視するという、基本的な史料操作に過誤がある。一次史料である、『家忠日記』の記述を存在しないように扱うのは適切とはいえないのではないか。

また駿府城の天正期天守台石垣は、角の隅脇石を欠くなど、ほぼ同時期に秀吉が築いた石垣とは技術的に大きな差があって、とても中村一氏が秀吉の支援を受けて築いた石垣とは評価できない。この点は『家忠日記』の記述で否定できるだけでなく、考古学的な石垣の型式研究からも否定できる。さらに金箔瓦についても駿府城天守台からは、凹面に金箔を施した安土城タイプのものと、凸面に金箔を施した豊臣大坂城・伏見城タイプのものが出土しており、金箔瓦＝秀吉時代と単純化して評価できない。

驚くのは静岡市が二〇二二年に刊行した報告書で天守台石垣について「築城時期も天正十五〜十七年(一五八七〜一五八九)の徳川家康在城時期に該当することも、発掘調査から証明できた」と記すことである[静岡市教育委員会編 二〇二二]。いくら正式な調査報告書の刊行前のプレスリリースとはいえ、誤った評価を大々的に報道発表し、シンポジウムなどで市民に宣伝したのを、まるでなかったかのように当事者がふるまってよいのだろうか。

文字史料が豊富な中・近世の城を考古学から研究するには、考古学的な方法にもとづく調査・分析を基軸に、文字史料や絵図・地図資料、建築資料などを総合的に検討することが重要だと指摘したい。

3　城郭考古学の提唱

いくつかの具体的事例を示して、発掘成果を的確に理解し、文字史料や絵図資料の研究成果をふまえて総合的に把握して歴史評価を進めることが決して簡単ではないのをみてきた。ではなぜ難しいのか。その理由は、学問の壁を越えて城に関わる歴史情報を、横断的に融合して理解することが、従来の研究意識では難しいからである。考古学も文献史学も歴史地理学も建築史も歴史を考える学問だから一緒と考える人もいるだろう。しかし、それぞれの研究方法はまったく異なる。

例えば物質資料を根拠にする考古学と、文字史料を根拠にする文献史学は、大学で学ぶ内容も技術も違う。考古学を学んで石垣の実測ができても古文書は読めないのが普通で、逆もまた同じである。そして立論のための資料／史料の批判方法も異なる。大学での学びは明治以降どんどん細分化してきた。

つまり発掘ができるから城がわかる、古文書が読めるから城がわかる、歴史地理学を学んだから城がわかる、建築史を学んだから城がわかるは、いずれも間違いではない。しかしそれは、それぞれの学問的視点からはこうみえるということであって、城の総体を理解できていることを意味しない［千田二〇二二］。

それぞれの研究は、これまでも大きな成果を挙げてきた。ところが考古学の成果と文字史料の成果が常に同じ評価に行き着かないように、同じ学問的対象である城を一視点から眺めているだけでは、全体像にたどり着くのは難しい。考古学や文献史学からの精緻な研究は、視点を定めて描いた精緻な一視点画である。あなたがある人物を正面から描いた絵を眺めたとき、その人物の後ろ姿は永久に見えない。しかしピカソが描いたような多視点画は、正面の姿だけでなく、側面も背後も描いてその全貌を私たちに伝える。

城郭考古学が目指すものは、まさにピカソを代表とするキュビズムのように、城を様々な角度から究明し、それを再構成して全体像をとらえることである。だから考古学を軸に文献史学、歴史地理学、建築史学などの関連分野を融合した新たな研究領域としての城郭考古学が、城を資料として歴史をさらに究明していくためには必要である。

そして城郭考古学は城を通じて歴史を解明するだけでなく、分野を横断した総合知が不可欠な城の整備・復元を通じて、より文化的な社会を生み出すことに寄与する。つまり城郭考古学は城を通じて歴史を究明するとともに、城の本質的価値を顕在化して地域にいかしていく未来に向けた学問なのである。

4　城を訪ねる楽しさをすべての人に開く

今日では各地で城の整備が盛んである。しかし近年まで城を訪ねて歴史を体感するのは健常者だけだと無意識に考えてこなかっただろうか。例えばわが国の史跡では、文化庁の補助によって遺跡の理解を促進するため史跡内に遺跡の立体模型をしばしば設置する。来訪者は立体模型によって、複雑な地形や遺跡の構造を視覚を通じて立体的に把握できる(**図5**)。

同様の野外の遺跡立体模型は、ヨーロッパでも普遍的にあって、来訪者の史跡理解に寄与している。

図5　触れるには大きすぎ、点字もない沖縄県勝連城の立体模型

図6　点字と音響ガイドを組み合わせたドイツ・エーレンブライトシュタイン要塞の立体模型

ところが日本とヨーロッパの遺跡立体模型は、その志において決定的に異なっている。文化庁が指導してわが国の史跡に設置している遺跡の立体模型は、徹頭徹尾健常者に向けてつくったもので、視覚によって遺跡の立体的な構造を理解するのを目的にしている。

　それに対してヨーロッパの遺跡立体模型は、健常者が視覚を通じて遺跡を理解するだけでなく、視覚に障害のある人が触覚で遺跡の立体的な構造を理解できるように、触ることを前提につくり、点字や音声ガイドとセットにしているのである(**図6**)。同じように史跡に設置する遺跡の立体模型であるが、日本とヨーロッパのそれぞれの遺跡立体模型が物語る意識差はきわめて大きい。

　イギリスの政府外公共機関であるヒストリック・イングランド(Historic Buildings and Monuments Commission for England)は、史跡や歴史的建造物のバリアフリー化のガイドラインをまとめ、その意義をつぎのように記す[Historic England 2015]。「ヒストリック・イングランドは、誰もが歴史的環境へ容易かつ包括的にアクセスできるようにすべきであると認識している。アクセスの障壁を取り除くことで、より多くの人々が歴史的環境を利用し、その恩恵を受けることができる」。

城をはじめとする史跡を訪ねて歴史を体感する感動を、私たちは広げていこう。「誰もが歴史的環境へ容易かつ包括的にアクセスできるようにすべきである」という認識を、日本でも当たり前にしていこうではないか。もちろん史跡整備としてできないこと、現在の技術で克服できないことはあるが、私たちの時代だからできることもたくさんある。史跡整備はよりよい社会をつくる手段の一つである。史跡整備が人々を差別し、分断するものにしてはいけない。

なぜ日本では、すべての人に史跡を開くことがこれほど遅れてしまったのか。文化庁はもちろん、文化財の保護・活用に関わるすべての関係者が自省しなければならないと思う。そして多くの史跡の中で城は、もっともバリアフリー化が難しい。防御を基本にした城は、歴史的にバリアそのものだったからである。

しかし私たちは二十一世紀に、軍事施設として城をよみがえらせようとしているのではない。国民共有の財産である史跡の城がもつ歴史と文化のすばらしさを誰もが体感できるように城を整備しようとしているのである。だから城を訪ねて歴史と文化を体感する対象を、健常者に限定するような整備は決して許されない。誰であれ等しく城を訪ねて歴史と文化を体感できるよう、史実性や歴史的景観を守りつつ、できる限りの社会的障壁を史跡においても取り除く努力を続けるべきである。そうした努力は、障害のある人だけでなく、小さな子どもをつれた家族や行動に制限がある高齢者など、すべての人に優しい史跡をつくることにつながる。史跡を守りつつ、誰もが平等に城を訪ねられるように整備すること以上に、重要なことがあるだろうか。

史跡の復元建物について「史実に忠実な復元」をするのだからバリアフリー化の措置はできない、すべきではないという意見がある。しかし城の天守や櫓だけでなくどの時代の復元建物であっても、二十一世紀に建てる以上、耐震強度や消防法などに対応しなければ建てられない。例えば江戸時代の天守を文字通り江戸時代のままに建てると、そもそも耐震強度などあらゆる法規に反するので建築許可が下りず、たとえ建てても中に人は入れない。

天守などの復元建物に人を入れて活用しようとすれば、コンクリートケーソンの基礎や耐震補強金具、免震装置、防煙垂壁、電気配線、スプリンクラー用の給水配管、連絡用のＬＡＮ配線、二方向避難路の確保などが必要で、これらを完備してようやく健常者が中に入って歴史を体感できるようになる。つまり「史実に忠実な復元」天守とは、文字通り江戸時代のままに建てることを意味しない。史実性を守りながら求める活用を実現するための様々な改変との最適解を見つけ出すことなのである。

健常者が復元建物の中に入って歴史を体感するための改変はすべて認め、その一方でバリアフリー化の措置だけはもともとなかったから許さないと考えるのは適切ではない。本稿の最初に、城や史跡を、すべての人に開いていくアクセシビリティをもっと広げていこうではないか。城は大人気だと記した。しかし、それを健常者だけのことにしていてよいか。今こそ変わるべき時である。

石川県金沢城ではすべての史跡内の木造復元建物に史実性と歴史的景観を担保しながらスロープやリフトを設置し、可能であればエレベーターも設置している(**図7**)。それに対して二〇二二年に城内の櫓門・桜御門を立体復元した香川県の高松城では、復元建物の検討にあたってバリアフリー化につ

図7　石川県金沢城の木造で立体復元した五十間長屋内に設置したエレベーター

図8　バリアだらけの復元建物、香川県高松城の桜御門

いてほとんど議論せず、健常者でなければ見学できないバリアだらけの復元建物をつくってしまった（**図8**）。同時代に進んだ二つの復元建物に関わった文化財関係者の意識差は何と大きいのだろう。考古学、文献史学、建築史の個別の専門知を集めただけの復元検討が、今日の社会において求められる総合知に達していないのを高松城の事例は示す。これからの史跡整備を推進するときにも、城に関わる知を総合化した城郭考古学の方法が重要である。

〈参考文献〉

奥野高広・岩沢愿彦校註　一九六九年『信長公記』(角川文庫)
川本重雄　二〇一〇年「行幸御殿と安土城本丸御殿」(千田嘉博・矢田俊文編『都市と城館の中世――学融合研究の試み』高志書院)
木戸雅寿　二〇〇七年「安土城の大手道は無かった――登城道と御成道」(『紀要』二〇号、滋賀県文化財保護協会)
滋賀県教育委員会　一九九四年『特別史跡安土城跡発掘調査報告4　大手道および伝武井夕庵邸跡・伝織田信忠邸跡』
滋賀県教育委員会　二〇〇一年『特別史跡安土城跡発掘調査報告11　主郭中心部本丸の調査』
滋賀県教育委員会　二〇〇九年『特別史跡安土城跡発掘調査報告書II　大手道・伝羽柴秀吉邸跡』
滋賀県安土城郭調査研究所編　二〇〇四年『図説安土城を掘る』(サンライズ出版)
静岡市教育委員会編　二〇二二年『駿府城本丸・天守台跡――駿府城公園再整備に伴う発掘調査報告書』
千田嘉博　二〇一三年『信長の城』(岩波新書)
千田嘉博　二〇二一年『城郭考古学の冒険』(幻冬舎新書)
千田嘉博　二〇二二年『歴史を読み解く城歩き』(朝日新書)
竹内理三編　一九八一年『増補續史料大成第一九巻　家忠日記』(臨川書店)
奈良県　二〇二一年『奈良県中近世城館跡調査報告書』
三重県教育委員会編　一九七六年『三重の中世城館』
Historic England 2015　*Easy Access to Historic Buildings.*

13 考古学からみた日本の近代化

櫻井 準也

1 問題の所在

埋もれていた近代化遺産

日本で遺跡の発見というと縄文時代や弥生時代など古い時代の遺跡を想像するが、近年では「新しい時代」の遺跡も注目されている。その中でも東京都港区の高輪《たかなわ》築堤はもっとも話題となった遺跡である。高輪築堤の発見は二〇一九(平成三十一)年にJR高輪ゲートウェイ駅開設にともなう再開発工事において石垣が発見されたことが港区教育委員会に報告されたことに端を発する。その後二〇二〇(令和二)年の試掘調査によって近代遺構が確認されたため記録保存調査が実施され、二〇二一(令和三)年九月に国指定史跡(「旧新橋停車場跡及び高輪築堤跡」)に指定された[港区教育委員会 二〇二二]。奇遇にも翌二〇二二(令和四)年は日本の鉄道開業一五〇周年に当たり、当時の錦絵にも描かれている高輪築堤が残存していたことに鉄道ファンのみならず専門家も驚かされ、保存や活用を訴える論考が発表されている［橋口ほか 二〇二一、谷口 二〇二二など］。

また、文化庁文化審議会文化財分科会は二〇二二（令和四）年の『これからの埋蔵文化財保護の在り方について（第一次報告書）』において、高輪築堤の確認や保存の必要性の提言が遅かったことを問題視し、近代遺跡が建造物の観点からのみ価値判断がされていたため適切な行政的措置を取ることができなかったとしている。このように「埋もれていた近代化遺産」である高輪築堤の発見が契機となって、わが国の近代遺跡への対応をめぐる問題点が明らかになったのである。

近代化遺産は、一九九〇（平成二）年に全国調査を始めた文化庁によって名づけられた名称であり、「幕末から第二次世界大戦期までの間に建設され、我が国の近代化に貢献した産業・交通・土木に係る建造物」と定義され、近年では新たな観光資源や魅力的なまちづくり、さらには伝統産業の振興の寄りどころとして社会的関心を集めている（経済産業省は、二〇〇七年度から日本の産業近代化を物語る建築物・機械・文書などを近代化産業遺産に認定している）。

これに対し、近代以降の時代を研究対象とする近現代考古学の分野では、東京都港区汐留《しおどめ》遺跡（旧新橋停車場跡）［福田 二〇〇四、斉藤 二〇一四］をはじめ、幕末・明治期の外国人居留地や別荘地の発掘調査［櫻井編 二〇一五］など、近代を象徴する遺跡の発掘調査が実施され、陶磁器や煉瓦などの近現代の遺物研究も盛んになっており、その研究成果は日本の近代化を考えるうえで重要な役割を果たすことが期待されている。

近代化とは何か

考古学の分野から近代化について考えるためには、まず近代とは何かという基本的な問題について検討する必要がある。日本における近代は、一般的に「歴史の時代区分の一つ。広義には近世と同義で、一般には封建制社会のあとをうけた資本主義社会についていう。日本史では明治維新から太平洋戦争の終結までとするのが通説」(『広辞苑 第七版』)と定義されているが、こうした政治史的な時代区分はほかの専門分野の研究者には必ずしも受け入れられるものではなく、経済史では開国、文化史では文明開化、生活史では日清・日露戦争の頃というように研究者によって近代の始まりのとらえ方が異なることを知っておく必要がある(ちなみに山川出版社の高校日本史探究教科書『詳説日本史』〈二〇二三年〉における「第一一章　近世から近代へ」は開国から新政府の発足までを扱っており、「第一二章　近代国家の成立」に明治時代初期までが記載されている)。

つぎに、近代化は「近代的な状態への移行とそれに伴う変化。産業化・資本主義化・合理化・民主化など、捉える側面により多様な観点が存在する」(『広辞苑 第七版』)というように、前近代から近代への移行やそれにともなう様々な変化を意味している。日本では「西欧化」「都市化」「工業化」「国家の台頭」といった視点から近代化が語られ、その際には開国や明治維新以降を議論の対象とすることが多い。しかし、近代化の下地をつくった江戸時代にさかのぼって近代化について語ることも重要である。このことは、十八世紀における洋学(蘭学)の流行だけでなく、大蔵永常の合理的農業思想にみられるような近世における合理主義思想、さらには儒学(朱子学)などの近世思想がわが国の近代化に対して潜在的に果たした役割[源 一九七三]についても検討する必要があることを意味している。

また、マックス・ウェーバーは近代を「魔術(宗教や迷信)からの解放」「事象化」「合理化」の時代であると述べている。近代合理性は「計算可能性」ととらえることができ、計算と数量の論理で価値や人格が排除され、人間の存在や生活の諸活動が事象化(物象化)されることによって業績が自己目的となることを意味している[堀田 一九九六]。こうした近代の本質を理解しておくことも重要である。

2 モノの生産と近代化

近代におけるモノ生産

遺物(モノ)に関する研究を実践してきた考古学にとって、製造(製作)技術の解明が中心的研究課題であったが、近代技術を考える場合はたんに製造技術だけでなく、動力や生産システム、さらには産業構造も重要な検討課題となる(**図1**)。

江戸時代は手工業中心の産業構造であり、幕末期になって諸藩が大砲や蒸気船の製作を試みたものの欧米との技術差は歴然としていた。その後、明治政府は工業化政策を積極的に推し進め、一八七〇(明治三)年に工部省を設け、工学寮・勧工寮・鉱山寮・鉄道寮などを設置したが、工業化が本格的に始動したのは明治時代中期以降のことである。そして、西洋技術習得の背景として、江戸時代以来の蘭学による西洋の知識の蓄積、幕末・明治期の留学生、明治初期のお雇い外国人の存在が重要な役割を果たした。また、職人の熟練を要する家内制手工業から蓄積した資金による設備投資をともなう十八世紀の問屋制家内工業への変化、十九世紀前半に始まったとされる工場制手工業(マニュファクチュ

	伝統技術		近代技術
動力	人力や家畜 人力・畜力 水力・風力 （自然エネルギー）	➡	機械化 蒸気機関・発電機関（電力） 内燃機関（エンジン） 燃料：石炭・石油・天然ガス
生産システム	伝統的生産システム 家内制手工業（17世紀） 問屋制家内工業（18世紀） 工場制手工業（19世紀）	➡	近代的生産システム 機械工業 規格化（標準化） 互換式生産方式・ライン生産
素材	伝統素材 紙・木・竹・粘土 鉄・銅・真鍮・ガラス	➡	新素材 アルミ・アルマイト・琺瑯 プラスチック（合成樹脂）

➡ 発掘資料

図1　伝統技術と近代技術

ア）にみられるわが国の工業の発達を支えたのが、在来技術の質の高さや藩校・私塾・寺子屋などの教育機関の存在による江戸時代の教育水準の高さであった。

　このように、日本の近代化の基礎は十九世紀前半までにできあがっていたといえるが、江戸時代の職人たちの適応能力の高さは幕末・明治期の擬洋風建築などで発揮されたものの、技術的にみると日本の新技術の多くは外来技術を部分的に取り入れた「折衷技術」であり、欧米の新技術をすべて受け入れられるほど技術水準は高くなかった［鈴木 一九九九］。

新たな生産システムの登場

　これに対し、西欧の近代工場における効率的な生産システムの導入も近代化を象徴するできごとであった。例えば、モノ作りの近代化にとって重要な要素として挙げられるのが、製品や部品の規格化（標準化）である。以前のモノ作りでは、職人が使用者の要望にあわせて一つ一つつくっていたが、それでは大量生産は不可能であり、規格化が大量生産のための重要な条件であった。さらに、同一規格の部品を生産し、一個一個修理するのではなく故障した部品を交換して使用するという「互換式生産方式」も大きな役割を果たした。「互換式生産方式」は一七一七年にフランスの兵器工によって考案され、その後、アメリカのジェファーソンがホイットニーに命じてマスケット銃の「互換式生産方式」が実現した。また、この方式の採用によって熟練した職人ではなくても銃の生産が可能になったことが大きな変革であり、「互換式生産方式」はその後、農業機械・時計・ミシン・タイプライター・自転車などの民需品の大量生産につながっていった[小林 一九九三、橋本 二〇一三]。

さらに、一九一三年にアメリカのT型フォードの生産において考案されたベルトコンベアーを使用した「ライン製造」(フォードシステム)も画期的な生産システムであり、自動車産業はこの生産システムの導入によって大幅に生産効率が向上した。このように、モノ作りの量産化は単純に蒸気や電力による動力化(機械化)によって実現されたのではなく、従来とは異なる新たな生産システムの導入があったことを認識しておく必要がある。これに対し、日本では明治政府が工作機械を軽視していたこともあり、工作機械は欧米の技術水準に達することなく輸入機械に頼っていたため、資本力のある大企業以外では、様々な工夫をしながらも基本的には職人による伝統的なモノ作りが継承された。

3 考古資料から日本の近代化を探る

「連続性」と「不連続性」

長期間にわたる資料の変化をとらえることを得意とする考古学では、日本の近代化を開国や文明開化にともなう西洋文化の受容のみでとらえるのではなく、様々な考古学的事象を「連続性」や「不連続性」という観点からとらえることがある［メタ・アーケオロジー研究会編 二〇〇五、中野光 二〇二二］。

まず、近代化の議論で通常意識されることの多い「不連続性」については、幕末・明治期に建設された鉄道施設、ガス灯、煉瓦建物などはそれ以前に存在しなかったもので、その意味でこれらは近代化や西洋化を象徴する施設であり、その目新しさから当時の錦絵の題材にもなっている。さらに、「不連続性」という観点で考古資料を扱う場合は、近代以前には存在しなかった素材の使用にも注目する必要がある。台所用具の素材変化の事例を挙げるならば、金属製品ではかつては鉄や銅が用いられていた鍋や釜は、琺瑯鉄器《ほうろうてっき》やアルマイト、アルミニウム、ステンレススチールへ素材が変化している。また、プラスチック（合成樹脂）は、汁椀や重箱などに使用されたベークライトが一九一五（大正四）年に製造開始され、現在至るところで使用されている石油系プラスチック製品は一九五五（昭和三十）年頃から普及するようになった［古島 一九九六］。

これに対して、「連続性」については江戸において重要なインフラ（社会資本）である水道の埋設工法がそのまま近代の東京へ受け継がれていることがわかりやすい事例である。水道は近代になって木樋《もくひ》から鉄管へ変わるが、現在のような加圧式水道が敷設されたのは一八九九（明治三十二）年以降のことであり、近世からの「連続性」が長期間にわたって認められる。同様の傾向は土木技術などにも当てはまるものであり、前述の高輪築堤の石垣の一部が江戸時代以来の在来工法で構築されている点が注目されている。

モノの生産技術の系譜

発掘調査によって遺跡から出土する近現代遺物には、①近代以前から存在したもの、②近代以前にも存在したが生産量が少なく生産技術も西欧に劣っていたもの、③近代以前には存在しなかったものに大まかに区分できる〔中野高 二〇一八〕。

このうち①の近代以前から存在し、現在も引き続き生産されている近現代遺物として陶磁器・土器・瓦などがある。江戸時代から近代にかけて基本的な窯構造は変わらず、製作技術でもロクロ成形や板作り、型作りといった基本的技術に変化はみられないが、土練機や機械ロクロの使用、さらには電気釜の導入などの変化がみられる。ただし、こうした新技術の導入は窯業地の規模や市場規模、さらには経営形態によって状況が大きく異なっていた〔渡辺 二〇一四〕。

具体的な事例を挙げると、近現代の飯茶碗について考察した浅川範之氏は、飯茶碗がほかの飲食器に比べ使用期間が短く新しい施文技法や製造技術の導入年代が明らかであり、遺構の廃絶年代や遺物の廃棄年代を推定する際に有効な資料であると述べたうえで、明治時代における陶磁器業界の近代化と鉄道網の全国的整備が廉価な飯茶碗の大量生産と日本各地への迅速な製品供給を可能にしたと述べている〔浅川 二〇〇七〕。また、絵付け技法は比較的短期間で変化しているが、浅川氏は瀬戸美濃における飯茶碗の絵付け技法とその導入年代について、一八七一・七二(明治四・五)年頃の酸化コバルト使用、一八七五(明治八)年の酸化クロム使用、一八七五・七六(明治八・九)年の盛絵、一八八二(明治十五)年の型紙摺絵、一八八九(明治二十二)年の銅版転写、一八九四(明治二十七)年頃の多色吹絵、一八九五(明治二十八)年の赤絵銅版、一九一六(大正五)年のゴム印判、一九五六(昭和三十一)年のスクリーン印刷という年代を示している。

つぎに、②の近代以前にも存在はしたものの生産量が少なく、明治時代以降になって普及した遺物としてガラス瓶や土管などが挙げられる。このうちガラス瓶は江戸時代にも存在していたが生産量は少なく、一八七六(明治九)年の品川硝子製作所の設立によってガラス瓶生産が本格的に工業化された。近現代における成形方法は人工成形・半人工成形・機械成形に区分されるが、明治時代末期になると半人工式製瓶機、さらに大正時代になると自動製瓶機が輸入されることによって作業効率が上がりビール瓶などが大量生産されるようになった［梶木 二〇二二］。そして、昭和時代になるとガラス瓶の品質が向上するとともに化粧瓶などを中心に様々な形態や色調のガラス瓶が登場した［桜井 二〇一九］。ガラス瓶製造は小規模な製造所で人工成形が継続される一方で、資本力のある企業では自動製瓶機の導入によって品質の高いガラス瓶の大量生産が可能になった。

さらに、土管については、イギリスのお雇い外国人ブラントンが一八七二(明治五)年に横浜の居留地で下水道に国内製(常滑産)の土管を用いている。当時の土管の製造法は江戸時代以来の「ヨリコづくり」(紐造り技法)であったが、木型を使用して内径などの規格やソケットの形状を一定にした。そして、土練機や粘土をおし出して成形する土管機を導入することによって大量生産が可能になった［ＩＮ

AXライブミュージアム 二〇一一]。小栗康寛氏によると常滑産の土管については、江戸時代後期から幕末にかけておもに灌漑に用いられた軟質の素焼きの赤物土管(土樋《どひ》)が出土している。形状は上端分がソケット状にゆるやかに広がっているものと下端部が印籠状のものがある。これが明治期前半になると東京都汐留遺跡などで、硬質で内面に釉薬がかかり上端分のソケット部に木型を用いて台形状あるいは直線状に成形したもの(近代土管)が出土し、明治期後半になるとソケット部内面と下端部の外面に櫛目が施されるようになる(**図2**)[小栗 二〇一八]。このように、江戸時代から存在していた土管は改良され、近代化にともなうインフラ(社会資本)整備にとって必要不可欠な存在となったのである。

最後に、③の近代以前には生産されなかった遺物として、煉瓦・西洋瓦・ランプ・電灯・鉄道関連遺物などがあるが、その代表的な遺物が煉瓦である。煉瓦には通常の粘土を材料とし建築物などに使用される赤煉瓦、珪質を含んだ粘土を材料とし溶鉱炉やボイラー室、煙突などに使用された耐火煉瓦(白煉瓦)がある。近代における煉瓦生産は、一八五〇(嘉永三)年に佐賀(耐火煉瓦)、一八五八(安政五)年に長崎(赤煉瓦)で製造されたものが最初とされている。当初は木枠を使用した「手抜き」と呼ばれる一個一個成形される方法で生産され、その後、明治時代中期にワイヤーカット式の「機械抜き」成形によって生産されるようになった。また、煉瓦の焼成についても窯を環状に配置したホフマン窯の導入によって大量に焼成することが可能になった[水野 一九九三、中野光 二〇一八]。煉瓦は近代建築や工場、鉄道施設などの建築部材として日本の近代化を支えた文明開化を象徴する遺物であるといえる。

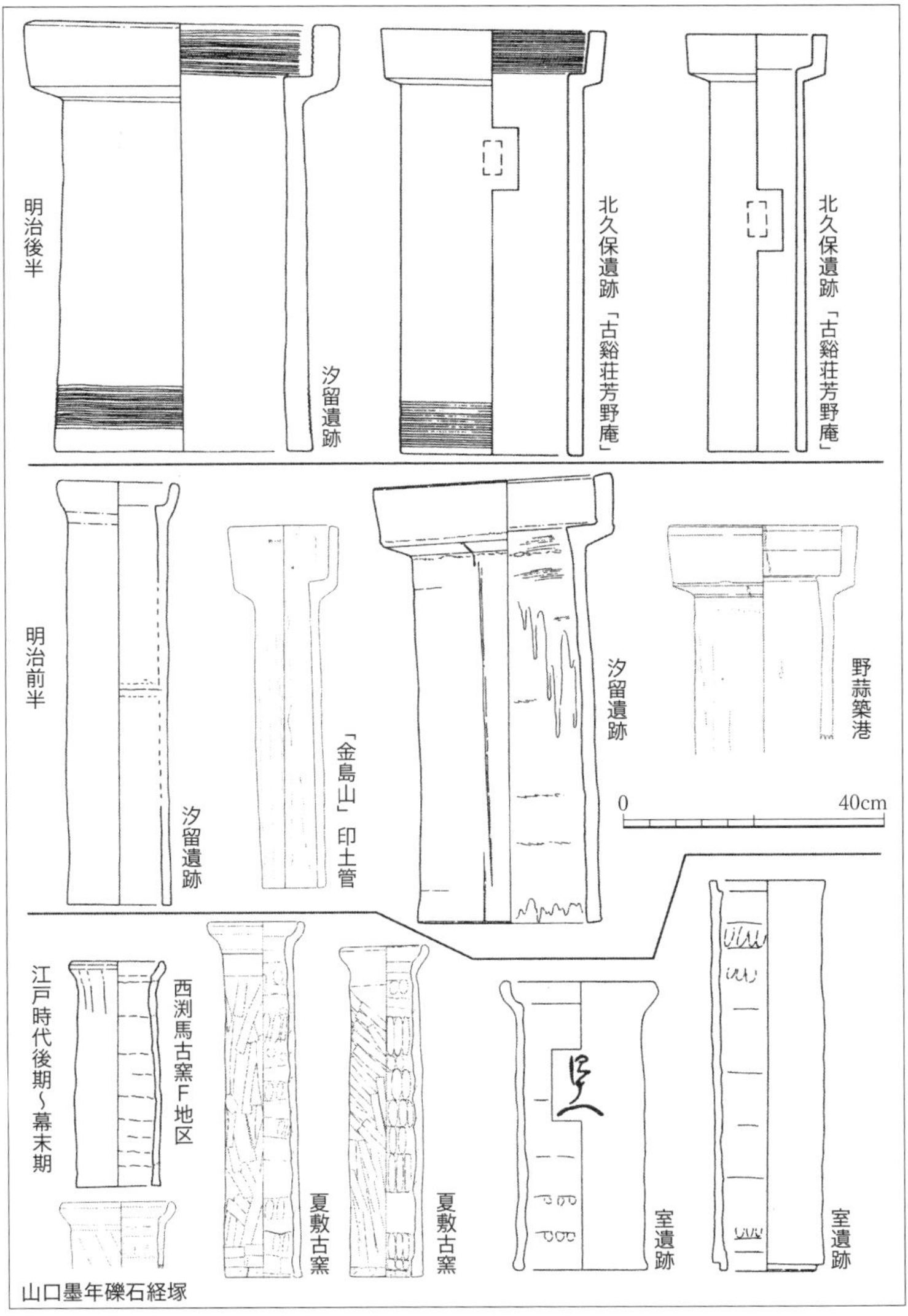

図2　近世・近代常滑窯土管編年表（[小栗 2018]より）

インフラ(社会資本)の整備と民衆生活の近代化

近代化によって民衆生活がどのように変化したかは、近現代考古学にとって大きな関心事であるが、そのためには近現代遺跡の発掘調査が実施された地域の当時のインフラ(社会資本)の整備状況を把握する必要がある。

具体的には、当時の基本的なインフラとして光源・熱源・水源が挙げられる。このうち、光源については明治時代初年までは灯油を用いた行灯・灯台、和ろうそくを用いた燭台や提灯が使用されていたが、明治十年代に石油ランプが普及している。電灯については、一八八八(明治二十一)年に東京で電力供給が開始され、明治時代末〜大正時代初期に急速に普及したが、大正時代の初期段階でも普及率は全戸数の三分の一程度であった。熱源については、明治時代以降も薪や炭が使用されてきたが、明治時代後期から大正時代にかけて都市部を中心に電気を熱源として使用するようになった。現在普及している熱用ガス(都市ガス)は、一八九九(明治三十二)年に利用が始まり、昭和時代になって全国的に普及している。また、水源については東京などの都市部を除くと明治時代までの水源は湧水・流水・井戸に依存する時代が続き、近代水道は一九一六(大正五)年の段階で給水戸数は全体戸数の三・六%にすぎず、五六・八%が共同栓利用という状態であった[古島 一九九六]。このように近現代におけるインフラの整備状況は、地域によって大きく異なっていたのである。

こうした民衆の近代化の実態を出土遺物から検討できる遺跡は少ないが、筆者らが発掘調査を実施した神奈川県三浦市ヤキバの塚遺跡は、住人が約百年にわたり継続的に遺物を廃棄していたため、層位発掘によって出土遺物(生活財)の変化を把握できる貴重な遺跡である[三浦の塚研究会編 二〇〇三、櫻井二〇二三〕。ヤキバの塚遺跡は、明治十年代から戦後にかけての継続的な廃棄行為により、東西約二〇メートル、南北約一五メートル、高さ約二・五メートルの塚が形成された遺跡である。この遺跡からは周辺の海でとれた貝類や漁具にまじって、陶磁器やガラス製品など多量の遺物(生活財)が出土している。

なかでも調査地の近代化を語るうえで注目されるものが明治時代から戦後に至る「灯火具類」や「化粧道具類」である。このうち「灯火具類」については、江戸時代以来、行灯などに使用された秉燭《ひょうそく》や受付皿が明治十年代から大正時代頃までの層、ランプの部品や火屋が明治十年代から戦中頃の層、そして大正時代以降の層からは電灯傘・碍子《がいし》・電池などが出土している(**図３**)。これに対し「化粧道具類」では、お歯黒道具である鉄漿《かね》坏《つき》や鉄漿壺が明治時代末から大正時代頃の層から出土していることから、この頃にお歯黒の風習がなくなったと思われる。こうした状況を総合的に判断すると、この地域において伝統的生活スタイルが近代的生活スタイルへと変化した時期はこの地に電気が供給された大正時代頃であったと推測される。

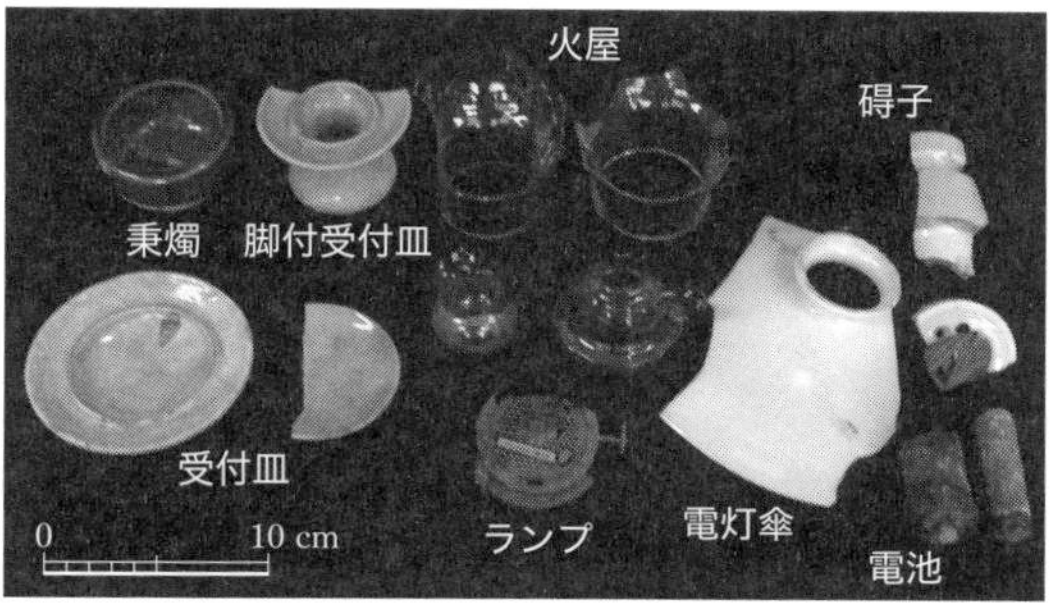

図３　ヤキバの塚遺跡出土の灯火具類

4　展望

本論では、考古学の立場から日本における近代化の問題を取り上げたが、「明治日本の産業革命遺産」が世界遺産に登録され、高輪築堤跡が国指定史跡に追加指定されるなど、近年産業遺産や近代化遺産に対する注目度が増している。そのため、近現代考古学の分野においても従来の調査研究だけではなく、大局的な観点から近代化の問題について考える必要が生じている。

しかしながら、近現代遺跡の発掘調査をめぐる問題も存在する。日本では通常「考古資料＝埋蔵文化財」と認識され、埋蔵文化財の調査研究や保護を目的とする文化財行政の中で戦後の考古学が発展してきたが［櫻井 二〇一八］、近現代遺跡については現在、「地域において特に重要なもの」（一九九八年の文化庁次長通知「埋蔵文化財の保護と発掘調査の円滑化等について」）という評価を受けたものが発掘調査の対象となっている。そのため、生活史や民衆史という観点から当時の民衆が残した「普通の遺跡」が注目される機会は減っている。

こうした近現代考古学をめぐる環境変化の中で注目される施設がある。二〇一九（令和元）年に原爆被爆遺構の発掘調査が実施され話題となった広島市の広島平和記念資料館本館の近接地にある被爆遺構展示館である。この展示館は二〇一八（平成三〇）年に広島市文化財団によって旧中島地区の被爆遺構を展示整備するために確認調査が実施され、「旧中島地区の人々の暮らしの痕跡をその場で直接見て肌で感じることのできるような」被爆遺構が保存・展示されたものである［広島市文化財団文化科学部文化財課編 二〇二〇］。展示館には解説員が配置され、広島平和記念資料館啓発課によって作成された原爆投下前の街並みと現在の平和記念公園周辺の建物の配置を示したリーフレットも配布されている。平和記念資料館のある広島平和記念公園一帯(旧中島地区)は被爆前には民家や商店が密集した市街地であり、被爆後は瓦礫がかたづけられたのちに盛土され公園となったが、発掘調査によって、封印された土地の記憶あるいは原爆によって一瞬で失われた「普通の人々」の日常生活がよみがえったのである。こうした試みは失われた過去を掘り起こし、当時の記憶を再生させる非常に意義深いものであり、近現代考古学の新たな可能性を示唆するものであるといえる。

〈参考文献〉

浅川範之　二〇〇七年「「飯茶碗」の考古学」(鈴木公雄ゼミナール編『近世・近現代考古学入門――「新しい時代の考古学」の方法と実践』慶應義塾大学出版会)

INAXライブミュージアム企画委員会企画　二〇一一年『やきものを積んだ街かど――再利用のデザイン』(INAX出版)

小栗康寛　二〇一八年「近世・近代における土管の様相――常滑を中心に」(『江戸遺跡研究会第三一回大会　遺物にみる幕末・明治』江戸遺跡研究会)

梶木理央　二〇二二年「ガラス瓶製造技術の工業化とその画期」(『考古学ジャーナル』七七〇号)

ギーディオン(S・ギーディオン)、榮久庵祥二訳　一九七七年『機械化の文化史――ものいわぬものの歴史』(鹿島出版会)

小林昭　一九九三年『「モノづくり」の哲学』(工業調査会)

斉藤進　二〇一四年『鉄道考古学事始　新橋停車場』（新泉社）
櫻井準也　二〇一八年「近・現代（第一章　中の文化）」（日本考古学協会編『日本考古学・最前線』雄山閣）
桜井準也　二〇一九年『ガラス瓶の考古学（増補）』（六一書房）
櫻井準也　二〇二三年「近現代貝塚の発掘」（『遺跡と現代社会』六一書房）
櫻井準也編　二〇一五年「居留地・別荘地の考古学」（『考古学ジャーナル』六六八号）
鈴木淳　一九九九年『日本の近代15　新技術の社会誌』（中央公論新社）
谷口榮　二〇二二年「姿を現わした日本の近代化を象徴する文化遺産——文化観光的視点から高輪築堤跡問題を考える」（『東京考古』第四〇号）
中野高久　二〇一八年「基調報告「遺物にみる幕末・明治」」（『江戸遺跡研究会第三一回大会　遺物にみる幕末・明治』江戸遺跡研究会）
中野光将　二〇一八年「考古資料としての煉瓦——東京近郊の出土事例を中心に」（『江戸遺跡研究会第三一回大会　遺物にみる幕末・明治』江戸遺跡研究会）
中野光将　二〇二二年「総論　近・現代の遺構・遺物からみた近代化の可能性」（『考古学ジャーナル』七七〇号）
橋口定志ほか　二〇二一年「特集　高輪築堤跡」（『東京の遺跡』一一九号）
橋本毅彦　二〇一三年『「ものづくり」の科学史——世界を変えた《標準革命》』（講談社学術文庫）
広島市文化財団文化科学部文化財課編　二〇二〇年『旧中島地区被爆遺構確認調査報告書』
福田敏一　二〇〇四年『新橋駅発掘——考古学からみた近代』（雄山閣）

古島敏雄　一九九六年『台所用具の近代史――生産から消費生活をみる』(有斐閣)
堀田泉　一九九六年「マックス＝ウェーバーの近代世界」(堀田泉編『「近代」と社会の理論』有信堂高文社)
三浦の塚研究会編　二〇〇三年『漁村の考古学――三浦半島における近現代貝塚調査の概要』
水野信太郎監修・解説　一九九三年『赤れんが物語』(舞鶴市赤れんが博物館)
港区教育委員会　二〇二二年『概説　高輪築堤』
源了圓　一九七三年『徳川思想小史』(中公新書)
メタ・アーケオロジー研究会編　二〇〇五年『近現代考古学の射程――今なぜ近現代を語るのか』(六一書房)
渡辺芳郎　二〇一四年「近世・近代陶磁器生産の展開」(『考古学研究会六〇周年記念誌　考古学研究六〇の論点』)

14 近代日本の戦争遺跡を考える

菊池　実

はじめに――戦争を語り継ぐために

近年、日本では戦争に関わる跡(遺跡)や物(遺物)への社会的関心が高まっている。そして、それらを保存・活用しようとする動きが全国的にみられる。その背景には、戦争を体験した世代の大幅な減少にともない、次世代に戦争体験をどのように伝えていくのか、という切実な問題がある。敗戦時に国民学校児童であった方でさえも、いまでは八五歳以上の高齢者となった。二〇二〇(令和二)年の国勢調査によると八五歳以上の国民は全人口の四・九%にすぎない。

かつて日本国民が経験したもっとも大きな戦争体験の風化を防ぎ、そして戦中・戦後を含むアジア諸国民への癒しがたい労苦(植民地支配と侵略戦争の被害)を考えるためには、モノ(遺跡と遺物)を介在させて人から人への継承が必要となる。しかしモノについても何らかの手立てを講じなければ、永久に失われてしまう。戦争遺跡の調査研究と保存・活用が重要で、戦争を語る場としての遺跡が大きな役割を果たすことになるのである。

1 戦争遺跡の調査研究

戦争の記憶

戦争体験、あるいは集団や個人の戦争記憶という時、例えば日本、中国、韓国では大きな相違がある。

日本で戦後七〇年が語られた時、それは、内地における一九四四(昭和十九)年六月から本格化した米軍のB29による空襲(広島・長崎への原爆投下も含まれる)、四五(昭和二十)年三月下旬からの国内唯一住民を巻き込んだ沖縄戦、陸・海軍航空機による特攻作戦、そして本土決戦準備が主であった。外地のそれは、一九四二(昭和十七)年のミッドウェー海戦、同年八月から翌年二月の南太平洋最大の激戦地の一つガダルカナル戦、四四年三月からのインパール作戦、同年十月からのレイテ戦であり、そして戦後のシベリア抑留や満洲からの引揚げに代表された。すなわち日本国民にとっては一九四一(昭和十六)年十二月八日以降の米・英などとの戦争である太平洋戦争がその主体となっている。そのためか、日本人の多くには「感情記憶」として戦争の被害者との意識が感じられる。そこには一九三一(昭和六)年の満洲事変から足かけ一五年続く中国への侵略戦争という意識が少なからず欠落しているのである。

一方、中国人にとっての戦争記憶は、日本軍の侵略に対する抗日戦争である。そして中国東北部(旧満洲)の日本による植民地支配、ハルビン郊外平房の満洲第七三一部隊による細菌兵器製造や生体実験の数々、一九三七(昭和十二)年の南京大虐殺(南京事件)、日本軍による毒ガス兵器使用と廃棄問題などに代表される。そして日本の敗戦から七〇年が語られた時、それは抗日戦争と世界反ファシズム戦争勝利七〇周年に収斂されたものであった。

韓国でのそれは一九一〇(明治四十三)年からの日本帝国主義による侵略と三六年間の植民地支配である。韓国の人々から国を奪い、人間の尊厳を奪い、言葉や名前すら奪った。暴力支配と土地取り上げ、皇民化政策による朝鮮語の禁止・創氏改名・神社参拝の強要、そして工場・戦場への強制動員、さらに慰安婦などの問題に集約される。

はからずも、昨今の世界遺産や世界記憶遺産(「世界の記憶」)登録の過程で改めて顕在化してきた問題でもある。

近代日本の戦争遺跡とは

近代日本の戦争遺跡とは、国内・対外侵略戦争とその遂行過程で形成された遺跡である。その取り扱う時代の範囲は、幕末・開国頃から第二次世界大戦(アジア・太平洋戦争)終結頃までとなる。調査研究の対象地域は、日本国内に限定されずに朝鮮半島、中国大陸、東南アジア、西太平洋地域、すなわちアジア・太平洋全域に残されている遺跡にまでおよぶ。

戊辰戦争から西南戦争に至るあいだを除くと、国内には日清戦争や日露戦争、第一次世界大戦、満洲事変、日中戦争における戦場の遺跡はない。これはアジア・太平洋戦争期でさえ、その末期を除けば同様である。いずれも他国の領土での戦争であったからである。このために戦争の全体像を理解するには、「大日本帝国」の地域や「大東亜共栄圏」における戦争遺跡というように空間の組みかえや時間軸の延長が必要となる。一九四四年後半以降の米軍機による本土空襲の激化以後、国内も戦場となった。そして敗戦までのわずかな期間に、国内の遺跡が形成されていったという特色がある。その典型的な事例を沖縄守備隊の第三十二軍(一九四四年三月編制)配備前後の沖縄本島で詳細に確認できる。戦争遺跡の考古学的研究は、近現代考古学の一部を構成する研究領域となる。

戦争遺跡と遺物

広大な地域にあった旧日本軍施設の多くは、戦災による消滅(国内外)、敗戦時における意図的な破壊(おもに国外)があり、さらに関連資料の焼却(陸・海軍文書など)、毒ガス弾に代表される砲弾類の地中や水中への処分、すなわち証拠隠滅が徹底的に行われた。このため物質資料の残存状況に大きな制約を受ける。そして戦後の高度経済成長期における解体や都市再開発によっても少なくなっているが、それでも地上に残るものはあり、また地中や水中に残されているものは数多い。さらに、現在の米軍基地や自衛隊駐屯地など、旧日本軍施設が継承されているものもある。

地上に残る代表的なものに、木造・煉瓦造・コンクリート造などの建造物や構造物、土塁などの土木構築物がある。一方、建造物などが消滅してしまった場合でもその基礎構造は地中に残り、さらに様々な遺跡は埋没している。この場合の調査には、発掘がもっとも有効な調査方法となる。検出された遺構と遺物の出土状況と遺存状況、さらに遺物そのものからも戦争遺跡の実態を解明することは可

図1　満洲第731部隊跡の発掘で明らかにされたロ号棟の基礎と日本軍による爆破の痕跡(手前)

能であろう。機能・用途が不明な遺物であっても、遺構が記録され、遺物が採集されていれば、機能・用途の明らかな資料との比較検討ができる。とりわけ過去の調査例からみると、ごみ穴(土坑)や地下壕に多くの情報が埋もれていることがわかる。それは日本軍による組織的証拠隠滅が、これらの施設によって実施されたからにほかならない。昭和時代の戦争遺跡の特殊性といえる。

例えば、満洲第七三一部隊跡では、ロ号棟と呼ばれた細菌兵器の研究が行われていた建物、捕虜となった中国人やロシア人が捕らわれていた施設の発掘調査が行われ、地下の全容が明らかにされている(**図1**)。その過程で多量の遺物が出土し、さらに証拠隠滅のために日本軍によって爆破されたその痕跡までも見つかっているのである。

このように近代の戦争遺跡は非埋没資料と埋没資料に分かれる。地中や水中に埋没した物質資料を、その調査研究の対象とするのが考古学である。しかし埋没していない地上資料であっても、モノである以上考古学的調査研究の対象となりえるのである。

戦争遺跡か軍事遺跡か

戦争遺跡は戦場だけではなくて、戦争に関連するあらゆる遺跡を含む。このために日本国内の遺跡をみる限りでは、明治時代以降の師団や連隊に関わる遺跡、沿岸要塞(砲台)などの海峡や軍港・要港の防御施設、陸・海軍の工廠、陸・海軍墓地、捕虜収容所などの遺跡がその主体となってしまう。このことから戦争遺跡に対して、「国内での平時戦時を問わない軍事活動のすべての面の遺跡を含むという点で、軍事遺跡という言葉を用いる方が適する」[鈴木 二〇一〇]、あるいは「負の遺産という前提で捉えたくないために」あえて「軍事遺跡」として対象を限定する[飯田 二〇〇四]などの意見がある。

しかし、戦争遺跡を軍事遺跡とする議論では、沖縄の戦争遺跡や全国の空襲・戦災跡のように、非軍事施設(民間施設)が戦災を受けて戦争の歴史的経緯を伝える遺跡となっているという視点、さらに敗戦時にそのほとんどが未完成で強制連行や強制労働の場となっていた地下工場跡、国民に玉砕を強いる本土決戦用陣地跡などの遺跡に対する視点、植民地を含むアジア・太平洋全域にまでおよぶ調査研究の視点は、欠落してしまう。軍事遺跡の視点からでは、日本国内外に残されている遺跡を正確に理解し把握することはできない。

2 文化財としての戦争遺跡を考える

世界遺産となった「広島原爆ドーム」

一九九五(平成七)年三月、文化庁の「特別史跡名勝天然記念物及び史跡名勝天然記念物指定基準」の

一部が改正され、第二次世界大戦終結頃までの政治・経済・文化・社会などあらゆる分野における重要な遺跡が史跡指定の対象となった。これを受けて五月、文化財保護審議会は広島市の原爆ドーム(旧広島県産業奨励館)を国の史跡に指定するように文部大臣に答申、六月二十七日、国は原爆ドームを文化財保護法の史跡に指定した。そして九月二十二日には、「世界の文化遺産及び自然遺産の保護に関する条約(世界遺産条約)」の世界文化遺産に政府推薦された。「人類史上初めて使用された核兵器の惨禍を伝え、時代を超えて核兵器の究極的廃絶と世界の恒久平和の大切さを訴え続ける人類共通の記念碑」という理由からである。原爆ドームは一九九六(平成八)年十二月にメキシコのメリダで開かれた第二〇回世界遺産委員会で「戦争関連施設は遺産リストに含めるべきではない」とするアメリカなどの反対はあったものの、最終的に世界遺産基準「すぐれて普遍的な価値をもつ出来事、思想、信仰に関するもの」を満たす遺跡として登録された。その後二〇一〇(平成二十二)年七月には、原爆ドームに続き核兵器の惨禍を伝えるものとして、ビキニ環礁が世界文化遺産として登録されている。

こうした背景には、核兵器廃絶への国民的願いと市民団体や歴史関係団体の息の長い取組があった。すでに一九六四(昭和三十九)年に広島の平和団体や被爆者団体などが、原爆ドームの保存を広島市長に要請し、市長がドームの永久保存の意志を表明したのが翌年、そして市議会が原爆ドーム保存を決議したのが六六(昭和四十一)年のことである。三〇年来の取組の成果といっても過言ではないが、その間、実に多くの被爆の事実を伝える建物などが消えていった。一九九五年当時の事例でも、もう一つの原爆被爆地である長崎の旧浦上刑務支所の被爆遺構の保存問題を挙げることができる。「被爆遺構としての価値がない」など、様々な理由をつけられて「原爆の証人」が消えていった。

戦争遺跡をめぐるこれまでの問題

文化庁は一九九〇(平成二)年度から「日本近代化遺産総合調査」を行い、九六年度からは「近代遺跡の調査」を始めた。近代遺跡は様々な分野にわたるが、文化庁の「近代遺跡調査実施要項」ではそれを一一の分野に区分している。この中の政治分野に軍事に関する遺跡が挙げられているが、これ以外にも重工業分野に軍需工場跡、交通・運輸・通信業分野に飛行場、文化分野に学校奉安殿が含められているように、軍事以外にも様々な分野で戦争遺跡が調査対象となっている。

「近代遺跡の調査」は「近代化遺産総合調査」とどのように違うのか。文化庁記念物課の説明はこうである。第一に、記念物課の近代遺跡の調査は、近代化に関する遺跡を含むわが国の近代という時代におけるあらゆる分野の遺跡を対象とする。第二に、建造物課の近代化遺産の調査は、主として建造物を対象とするが、近代遺跡の調査は建造物を含む敷地全体すなわち一定のエリアを対象とする。一例として西南戦争最大の激戦地であった田原坂も調査の対象とする、としている。第三に、近代化遺産の調査は建築史的・土木史的・技術史的観点に重点をおくのに対し、近代遺跡の調査は歴史的観点に重点をおく。一例として原爆ドームは建築史的には調査の対象にならなくても、歴史的観点から調査の対象とする[柳 一九九九]、というものであった。

この「近代遺跡の調査」は「近代化遺産総合調査」と異なり、都道府県から市区町村へ文化財保護行政を通じて調査票の提出を求めただけであったこと、また先行する近代化遺産の調査データを適宜援用して調査の重複を避けたためか、一九九八(平成十)年に公表された「近代遺跡(戦跡)の所在調査一覧」では、四三都道府県から五四四件(このうち明治軍制以降の戦争遺跡では五二〇件)の戦争遺跡が報告されたにすぎなかった。遺跡数は極端に少なく、さらに地域的偏りが大きかった。建造物関係の近代化遺産としての調査が先行しており、近代遺跡といってもそこには形としての残存割合の高い建造物をその対象と考える傾向が多くみられた。そしてその詳細調査の対象遺跡として五一件の遺跡を取り上げたが、これらついては「近代化遺産総合調査」とほぼ同様な残存状況のよい建造物、すなわち戦災・戦闘経緯が認められない有形文化財をその対象としていることが多かった。

一方、戦争遺跡を埋蔵文化財として取り扱うことにも多くの問題があった。それは文化庁が埋蔵文化財の調査対象の時代をつぎのように規制したからである。①おおむね中世までに属する遺跡は、原則として対象とすること、②近世に属する遺跡については、地域において必要なものを対象とすることができること、③近現代の遺跡については、地域においてとくに重要なものを対象とすることができること[文化庁 一九九八]、として近現代の遺跡調査に足枷がはめられることになったからである。

明治維新直後から形成された、近現代の遺構や遺物を分析対象とする研究、すなわち考古学的研究の蓄積はこれまで十分とはいえなかった。ところが近年の発掘調査では近現代の遺跡も、より古い時代の遺跡調査にともなって数多く実施されるようになり、その中で戦争に関係する遺跡も多く調査されるようになってきた。もちろん検出された遺構や遺物を詳細に調査報告したものはまだ少ない。なぜなら、文化財行政では近現代の遺跡は原則として周知の遺跡として登録されていない中で、近代の戦争遺跡がこれまでに発掘調査されてきたのは、研究者としての行政担当者の学問的関心(地域史の必要性)や良心にもとづいているという現実があったのである。

戦争遺跡をめぐる今日の状況

ところが、昨今の文化庁施策に大きな変化が認められるようになった。それは明治時代の鉄道遺跡「高輪築堤」の保存問題を契機に、近代遺跡の取り扱いをめぐる問題が改めて浮上したからである。文化庁監修の『月刊文化財』第六九四号が二〇二一(令和三)年七月に刊行されたが、その特集は「近代遺跡の保存と活用」であった。巻頭言を執筆された有馬学氏は、この中で文化庁による近代遺跡の調査事業に関連して「いわゆる戦争遺跡(調査事業におけるカテゴリーは軍事に関する遺跡である)をめぐっても、定義の問題を含め、正面から本格的に議論をすべきだろう」[有馬二〇二一]と記した。

二〇二二(令和四)年七月二十二日付で文化庁の「これからの埋蔵文化財保護の在り方について(第一次報告書)」が発表された。この報告書中の「Ⅲ・4　近世・近代の遺跡の把握に係る課題」としてつぎのことが指摘された。

「特に近代の遺跡については、そもそも、文化遺産としての重要性の認知度が未だ途上であることに加え、地上に建造物が残っている場合もあることや、近代化遺産調査や登録有形文化財(建造物)制度の浸透等もあって、建造物の観点からのみ価値判断がなされる傾向にある。その結果、遺跡や埋蔵文化財包蔵地としての価値判断がなされないまま、適切な行政的措置を経ずに失われていくものもあることから、近代の遺跡の把握・認識に関する適切な在り方が望まれる」。そして「Ⅳ・1・(2)・エ　近世・近代の遺跡の取扱いについての検討」の中で「近代遺跡と近代の埋蔵文化財の価値判断の観点が異なってきたこと等が一因となり、これまで適切な行政的措置を図ることが困難であったことも踏まえ、建造物・遺跡・埋蔵文化財のそれぞれの視点から保護の考え方を整理することを通じて、その保護に遺漏がないよう検討していく必要がある。(中略)史料等から重要性が確認される遺跡で、その保存状態等が地表から判断できないものについては、積極的に周知の埋蔵文化財包蔵地として扱い」とした。ようやく文化庁も近代遺跡の問題解決に動きだそうとしている。

陸・海軍関連遺跡の指定・登録文化財件数

二〇二四(令和六)年三月現在、戦争遺跡保存全国ネットワーク調べによる全国に残る戦争遺跡の指定・登録文化財件数は三六六件を数える。

このうち、旧陸軍関連の物件は一四〇件で全体の約三八%を占め、旧海軍関連の物件は八七件となり約二四%、陸・海軍関連以外の物件は一三九件で約三八%となる。戦争遺跡は文化財として指定や登録されている件数は少ないが、その中では陸軍関連がやや多い。

その陸軍関連では士族授産とロシアに対する備えとした屯田兵制度が一八七四(明治七)年に設けられてから一〇〇年たった頃に、屯田兵屋などの建造物が文化財指定となっている。また一八七七(明治十)年の西南戦争から一〇〇年後、熊本県内の官軍墓地が文化財指定されている。

旧日本海軍の根拠地として艦隊の後方を統轄した機関である海軍鎮守府関連の遺跡としては、横須賀鎮守府関連一四件(陸軍関連を含む)、呉鎮守府関連九件、佐世保鎮守府関連四件、舞鶴鎮守府関連一二件、さらに大湊要港部(警備府)一件となっている。鎮守府関連が旧海軍関連の四〇件、約四七%を占めている。

なお、横須賀・呉・佐世保・舞鶴の四つの旧鎮守府関連の文化財は、「日本近代化の躍動を体感できるまち」として、二〇一六(平成二十八)年度に「日本遺産」の一つに認定された。その構成文化財をみると、指定や登録がなされていない未指定の文化財多数も含まれ、広範な文化財が日本遺産として取り込まれている。

しかし、本来様々な遺構が残されていた、あるいは現状でも残っているのであろうが、そのごく一部しか保存対象とはなっていないのである。

3 最近の発掘調査事例から

明治時代の戦争遺跡(西南戦争遺跡)［高橋 二〇一七］

西南戦争は一八七七(明治十)年に勃発した不平士族の反乱である。反政府軍(薩摩軍)と政府軍(官軍)との戦いで、その戦場跡は熊本県・大分県・宮崎県・鹿児島県に分布している。これまで文献調査など多くの研究が行われてきたが、遺構や遺物などの調査は行われていなかった。墓地や顕彰碑(戦勝記念碑)は、現在ほぼ特定されているが、そのほかの遺構や遺物散布地は未発見の場所が多かった。それが二〇〇八(平成二十)年から一一(平成二十三)年にかけて調査が実施されたのである。

熊本市山頭《やまがしら》遺跡の第四次調査地では政府軍陣地跡、第五次調査地では薩摩軍陣地跡が検出された［熊本市教育委員会 二〇一六］。政府軍陣地跡からはスナイドル銃薬莢、薩摩軍陣地跡からは雷管多数が出土した。浅い谷を挟んだ相互間の距離は約五〇〜一〇〇メートル、政薩両軍が直接銃火を交えたと推定される遺跡が、考古学的な発掘調査によって明確な遺構・遺物をともなって確認されたのは国内でははじめてとなった。

また田原坂を攻撃したといわれる二俣官軍砲台跡では、砲台の北側に位置し左翼を構成する瓜生田《うりゅうだ》官軍砲台跡から四斤山砲の発砲の跡(車轍)など関連遺構を検出、大砲発射に使用された摩擦管などの遺物も出土した。激戦地として知られる横平山《よこひらやま》は薩摩軍の主要陣地、半高山《はんこうやま》・吉次《きちじ》峠戦跡は薩摩軍左翼の陣地である。横平山山頂の塹壕跡は現在も地表面において目視できる遺構で、その直上からは戦闘で使用されたスナイドル銃薬莢が出土した。さらに仮埋葬地跡ではないかと考えられる土坑四基も検出されている[玉東町教育委員会 二〇一二]。塹壕跡、砲台跡や旧道などは開発が行われていない山間部を中心に多く残存していたのであった。

熊本県西南戦争遺跡は二〇一三(平成二十五)年に国指定史跡となった。

大正時代の戦争遺跡(板東俘虜収容所跡)[鳴門市教育委員会 二〇一二]

一九一四(大正三)年、第一次世界大戦が勃発。日本は日英同盟を理由にこれに参戦、中国におけるドイツの根拠地青島と山東省の権益を接収した。この戦いで約四七〇〇人におよぶドイツ兵を捕虜として日本国内に移送、板東《ばんどう》俘虜収容所はその収容先の一つであった。一九一七(大正六)年から約三年間で一〇〇〇人余りの捕虜がここに収容された。

現在、収容所跡地にある鳴門市ドイツ村公園内には、収容施設のレンガ基礎の一部が露出しているが、多くの遺構は埋没していた。二〇〇六(平成十八)年に埋蔵文化財包蔵地として『徳島県遺跡地図』

(徳島県教育委員会)に登載され、跡地の確認調査、発掘調査が鳴門市教育委員会によって二〇〇七(平成十九)年度から一一年度にかけて実施されたのである。

収容所を構成する主要な建物について、その配置、基礎部分の構造や残存状況の確認が行われた。各施設のレンガ積みには「イギリス積み」が採用され、使用されたレンガの刻印から、香川県観音寺市の讃岐煉瓦会社の製品であることが判明した。

国内における第一次世界大戦時の俘虜収容所としてはもっとも遺構の残りが良好であった。発掘調査によって当時の情報が多く得られたことと、文献資料などが豊富に残されており、当時の国内状況をうかがうことができる数少ない遺跡である。

板東俘虜収容所跡は二〇一八(平成三十)年に国指定史跡となった。

昭和時代の戦争遺跡(陸軍照空隊陣地跡)［横浜市ふるさと歴史財団埋蔵文化財センター 二〇二二］

照空隊《しょうくうたい》とは、夜間飛来する敵機を地上から照らし出す照空灯を操作する部隊で、ライトが捕捉した機影を目標にして高射砲部隊が射撃する。横浜市にあるそうしたアジア・太平洋戦争末期の陸軍照空隊陣地跡「舞岡熊之堂《まいおかくまのどう》遺跡」が二〇一七(平成二十九)年から二〇二〇(令和二)年にかけて発掘された。

直径一〇・四メートルの円形部をもつ全長二二・九メートルの柄鏡形の遺構が発見されたが、神奈川県川崎市黒川で調査された照空隊陣地跡と照合した結果、この遺構が照空灯を設置した掩体《えんたい》跡であること、さらに聴音機掩体跡や通信室跡も見つかり照空分隊の陣地だと判明した。また機関砲座などを備えた中隊本部跡も調査された。出土した遺物には殺虫剤の瓶、バッテリー、碍子《がいし》、ケーブル、照空灯の光源に使用した炭素棒などがあった。関連史料の調査から高射第一師団の高射砲第一一七連隊第三大隊(第一・第二大隊は高射砲隊、第三大隊が照空隊)の第一四中隊に所属するものであることが判明した。

横浜市ふるさと歴史財団埋蔵文化財センターでは、発掘調査された照空隊陣地の全容を3D映像で紹介し、照空隊の仕組みやその組織をわかりやすく解説している。照空隊陣地は高射砲陣地に比べると地表面にその痕跡が残りにくいが、発掘調査によってその陣容が鮮やかによみがえったのである。

おわりに——戦争遺跡の調査研究、そして保存活用

遺跡には、かつてその場所で展開された歴史の営みが、地上に残る建造物や地下に残る遺構に、その土地に刻み込まれた様々な痕跡として残されている。さらにそこで使われた物(遺物)が廃棄され、なんらかの事情で使用が中断された状態で地下に埋没している可能性もある。地上や地下に残されているこうした遺構群から得られる様々な情報は、調査技術と昨今の問題意識の絶え間ない発展によって質・量とも限りなく豊かになっていく。

地上(非埋没)や地下(埋没)に残る遺跡を総合的に調査し、加えて史料調査やこれまでに蓄積されてきた様々な証言を再検討することによって、歴史をより立体的に復元できるであろう。調査の過程で明らかにされた事実を後世に伝えていくことがまもなく戦後八〇年になる今、求められているのであり、そのためには残されている遺構群を保存し活用していくことが重要となる。そうした取組がなされな

ければ近い将来、歴史的に貴重な多くのものが失われてしまうであろう。私たちは広島の原爆ドームが保存されていく過程や二〇一一(平成二十三)年三月十一日の東日本大震災による災害遺跡の保存問題を機に、改めてこのことを深く考えさせられることになった。

戦争遺跡は過去の文化における負の遺産、しかも忘れてはならない事実の厳粛なる遺構でありモニュメントである。さらに地域が戦争で失った貴重なもの(それは人命であり、地域の自然や文化である)、そして地域が戦災のあと復興し生きてきた歴史(地域の開拓など)を考えるうえからも、戦争遺跡の調査研究・保存活用は重要なのである。

〈参考文献〉

有馬学　二〇二一年「近代遺跡の保存・活用に関する成果と課題――これからの議論に期待すること」(『月刊文化財』六九四号)
飯田則夫　二〇〇四年『図説日本の軍事遺跡』(河出書房新社)
玉東町教育委員会　二〇一二年『玉東町西南戦争遺跡調査総合報告書』
熊本市教育委員会　二〇一六年『東中原遺跡・山頭遺跡Ⅱ』
鈴木淳　二〇一〇年「近代遺跡の多様性」(鈴木淳編『史跡で読む日本の歴史10　近代の史跡』吉川弘文館)
高橋信武　二〇一七年『西南戦争の考古学的研究』(吉川弘文館)
鳴門市教育委員会　二〇一二年『板東俘虜収容所跡調査報告書』

文化庁　一九九八年「埋蔵文化財の保護と発掘調査の円滑化等について（通知）」
柳雄太郎　一九九九年「近代遺跡の調査について」（『月刊文化財』四三二号）
横浜市ふるさと歴史財団埋蔵文化財センター　二〇二二年『舞岡熊之堂の戦争遺跡――太平洋戦争末期の照空隊陣地の発掘』

15 アイヌ民族と琉球の考古学——比較考古学の視点から

関根　達人・宮城　弘樹

1　視点と論点

ヤポネシア

日本列島は、北の千島列島や南の琉球諸島とともに太平洋とユーラシア大陸とのあいだ、緯度にして約二六度、経度にして約二三度もの範囲に細長く連なる。戦後まだ沖縄がアメリカの施政権下にあった一九六〇年代、奄美大島に住んでいた作家の島尾敏雄氏は、JAPONIA(日本)とギリシア語で島々を指すNESIAを組み合わせ「ヤポネシア」なる概念を提唱し、「もう一つの日本」に目を向けるきっかけをつくった[島尾編 一九七七]。島尾氏のヤポネシア論は概念が先行しすぎる感が否めないが、様々な学問分野に多大な影響を与え、考古学では藤本強氏の「北の文化・中の文化・南の文化」[藤本 一九八八]などに継承された。

北の文化や南の文化は、中の文化との地理的・歴史的距離にもとづき、三つのゾーンに分けられる。どちらも距離の近い方から、幕藩体制下に組み込まれた本州北部・北海道南部の和人地と奄美群島、和人地を除く北海道と沖縄諸島、樺太・千島(北蝦夷地)と先島諸島である。

民族社会の誕生

旧石器時代からすでに琉球諸島と日本列島では生態的・文化的な差が大きいが、日本列島の中で北海道がほかと異なる歩みを始めたのは、本土(本州・九州・四国)に稲作農耕が広がった弥生時代である。弥生時代に稲作が行われたのは、本州北端の津軽平野から南九州・種子島までで、北海道と琉球諸島では狩猟・漁労・採集生活が続いた。北海道・本土・琉球諸島のあいだにみられる生態的・文化的差異は、古墳時代には社会体制の違いへと拡大した。その後、ヤマトに誕生した律令国家は、しだいに支配域を南北に拡大する一方、国家に属さない東北地方北部や奄美群島の住人とのあいだで交易活動を展開した。そして本土に「中世的世界」が形成された十二世紀頃、日本列島の北と南にヤマトとは異なる独自の民族社会、アイヌモシリ(アイヌ〈=人間〉のモシリ〈=大地〉)と琉球が誕生した。

アイヌと琉球

日本国が中世、近世、近代へと大きく変化する中、アイヌモシリと琉球では長きにわたり固有の文化が保持され続けてきた。どちらも農業を中心とする中世・近世の日本と違って対外交易への依存度が高く、江戸時代には松前藩や鹿児島藩(薩摩藩)に政治的・経済的になかば包摂されながらも、幕府の支配が直接およばない「異域」であった。近代国家の成立により交易型社会が失われたあとも、北海道や沖縄では独自の社会と文化が根強く維持され、様々な局面で今なお本土との温度差がみられる。ただし沖縄ではウチナーンチュ(沖縄生まれの人)がマジョリティーだが、近世後期以降、和人(ヤマト民族)の移住が進んだ北海道では現在、アイヌは道民全体の〇・三%以下と圧倒的なマイノリティーである。

アイヌと琉球の比較研究

これまでにも人類学や社会学・民俗学(民族学)などの分野ではアイヌと琉球の比較研究が試みられてきた。十九世紀後半、帝国主義・植民地政策の中で始まった日本の人類学では、日本人の起源への関心から北は北海道と樺太、南は沖縄と奄美でさかんに人骨収集が行われ、それらは現在、遺骨や副葬品の返還が大きな社会問題となっている。歴史学では、近世史の分野で蝦夷地と琉球の比較が行われてきた[菊池・真栄平編 二〇〇六]。しかしアイヌ社会と直接比較すべきは琉球ではなく、アイヌと同じく国家を形成せず、本土や琉球と異なり社会の構成員に「サムライ」が存在しない奄美こそがふさわしいと思われるが、両者の比較研究は寡聞にして知らない。

比較考古学の視点

前近代のアイヌ社会は文字を必要とせず、アイヌ自身が文書や絵画を残すことはなかった。前近代のアイヌに関する文字史料の大部分は和人によって書かれたものだが、松前藩はアイヌとの交易を財政的基盤としていたにもかかわらず、驚くほどアイヌの生活や文化に関心を示さず、史料が増えるのはロシアの南下政策により本土で蝦夷地への関心が高まる十八世紀末以降である。

アイヌと異なり国家を形成した琉球は文字社会であったが、古琉球の史料は乏しく、近世琉球の古文書は沖縄戦で多くが失われた。

アイヌも琉球も歴史を知るうえで考古学的研究が不可欠なことは埋蔵文化財保護行政では十分認識されており、北海道や沖縄県では本土に比べて近世・近代遺跡の発掘調査がより積極的に行われている。一方でアイヌと琉球の比較考古学的研究は、北海道のチャシと沖縄のグスクをめぐる議論くらいしか思い浮かばない。世界的にグローバル化が進行した今日、文化の多様性は人類共通の財産となった。「ヤポネシア」の北と南にほぼ同時期に存在した前近代交易型社会という視点でアイヌと琉球を比較研究する必要があり、それには考古学が有効なのである。

2 アイヌ考古学と問題の所在

日本人種論争

アイヌ(蝦夷)に関する考古学的関心は江戸時代にさかのぼる。大森貝塚を発掘したモースは、貝塚を残した先住民について、土器を製作する点、勾玉が見当たらない点、食人の風習がみられる点で、アイヌとは別の日本列島の先住民と考えた。モースのプレアイヌ説は、シーボルトやディキンスなどアイヌ説(日本の石器時代人はアイヌであるとする説)を支持する研究者と論争になった。ミルンは千島の竪穴の調査などから、アイヌの伝説に登場するコロボックル（「穴に住む人」）を先住民と考えた。コロボックル＝プレアイヌ説は坪井正五郎に引き継がれた［吉岡 一九八七］。

アイヌ考古学

アイヌ考古学を先導した宇田川洋氏は、チャシ・送り場・コタン（集落）・墓などアイヌの残した遺跡や彼らが製作した「アイヌ自製品」を生態学的視点から研究し、北方民族の中にアイヌを位置づけようとした［宇田川 二〇〇一］。宇田川氏の視点と方法は、天野哲也氏、佐藤宏之氏、瀬川拓郎氏らに引き継がれた［天野 二〇〇三、佐藤 二〇〇〇、瀬川 二〇〇五］。瀬川氏はさらに交易に視点を当て異文化交流と資源利用を検討し、アイヌの地域社会の成立にせまろうとした［瀬川 二〇一六］。またアイヌの習俗・伝承・儀礼の中にヤマトからの文化的影響を読み解いた［瀬川 二〇一五］。瀬川氏の研究は、北にばかり目を向けていたアイヌ考古学を南にも目を向けさせる役割を果たした。しかし瀬川氏が比較したのはアイヌ文化の成立をさかのぼる擦文文化の考古学的データと近世後期から近代の文献史料・聞き取りデータ、習俗・伝承・儀礼であり、実際にアイヌ文化の考古資料が検討されることはほとんどなかった。

縄文とアイヌ

考古学・人類学・民族学によるアイヌ研究から導き出された「縄文との類似性」によって、前近代のアイヌは長いあいだ、狩猟・採集民と位置づけられ、ときとしてアイヌ研究が縄文文化を理解するための手段に使われた[渡辺 一九九〇]。また狩猟・採集民とされたことで、社会進化論下ではアイヌに対する「原始性」のイメージが定着し、エコロジーが推奨される現代では「自然と共生する人々」のイメージを増幅させている。

一方、歴史学では一国史観に対する見直しが進み、前近代のアイヌが交易を通して日本だけでなく北方の諸民族と関係性を築いていたことが明らかにされた。

アイヌ考古学と中近世考古学

交易によりアイヌ社会には本土からたくさんの物資がもたらされており、遺跡からは日本製品も出土する。しかしこれまでアイヌ考古学ではアイヌ自製品が優先され、鉄鍋以外の日本製品が検討される機会は少なかった。アイヌ考古学の最大の弱点は、編年研究の立ちおくれにあったが、その原因は考古学が年代の指標とする土器や陶磁器が遺跡からほとんど出土しないことにあった。アイヌの考古資料の年代決定は、おもに火山灰やキテと呼ばれる骨角製銛頭で行われてきたが、アイヌ史を語るには時間の目が粗すぎた。加えてアイヌ考古学は北海道・樺太・千島を対象とし、本土の中近世考古学とはほとんど接点がなかった。しかしアイヌの遺跡からも数多く見つかる煙管や漆器に関しては、すでに中近世考古学での知見があり、より細かな年代決定が可能である。さらにそれを援用すれば、煙管や漆器と共伴するアイヌ自製品やアイヌ刀・タマサイ(首飾り)などアイヌ特有の遺物についても編年を構築できる。筆者はそうした視点に立ち、アイヌ考古学と中近世考古学の融合によるアイヌ文化史研究に取り組んできた[関根 二〇一六・二〇二三]。

3　考古学からみたアイヌ文化史

アイヌ民族と居住域

アイヌも和人も縄文人を共通の先祖とする。本土では紀元前四〜前三世紀頃から西日本を中心に朝鮮半島や中国東北部からの移住者との混血が進んだのに対して、北海道では北樺太のニヴフやアムール川下流域のウリチ、カムチャッカのコリヤークなど北方民族の先祖であるオホーツク文化人や和人との混血がみられた。

アイヌモシリは北海道を中心に北は北緯五〇度以南の樺太南半部、千島列島から、南は北緯四〇度以北の東北北部におよんでおり、樺太中部ではニヴフやウイルタ、北海道南部や東方北部では和人と居住域が重なっていた。東北北部では出土遺物と文献史料の照合により、居住域・生業・習俗といった本州アイヌの実態がみえてきた［関根 二〇一四］。

アイヌ文化の成立

盛岡市と秋田市を結ぶ北緯四〇度以北の北日本は、弥生時代以降、ヤマトとは異なる複雑な歴史を歩んだ（**図1**）。北海道の続縄文文化は、本州北部のエミシとの接触により変容し、七世紀後半には縄文時代から頑ななまでに土器の表面に施してきた縄文を放棄して終末を迎える。ヤマトの社会が日本を国号として使いはじめた七世紀頃、本州からの文化的影響により北海道石狩低地帯で擦文文化が成立する。また三世紀頃に樺太南部から北海道北端部で成立したオホーツク文化は、最盛期の八世紀頃

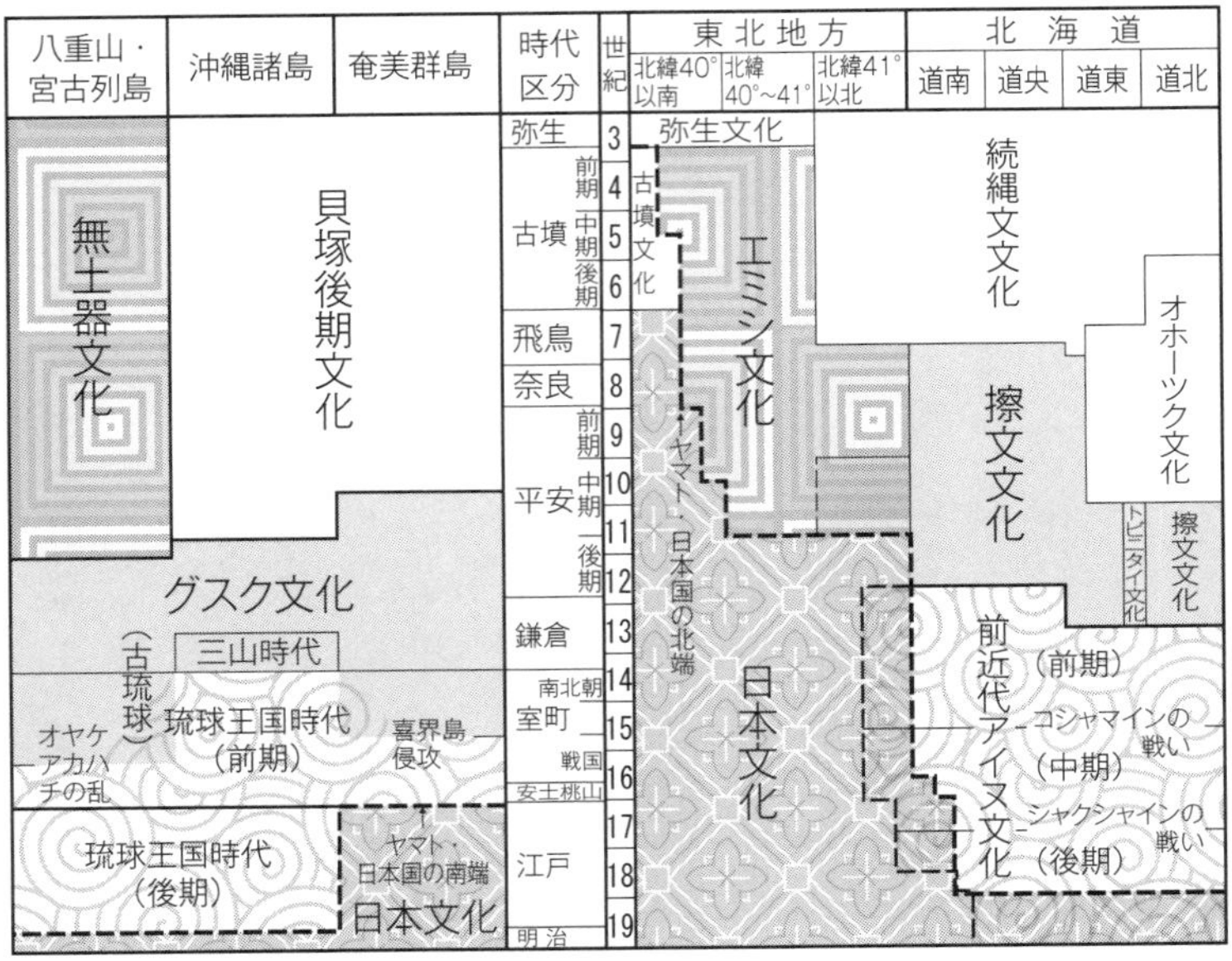

図 1　日本史の時代区分と南北日本の文化変遷概念図

には樺太全域、北海道オホーツク海沿岸、千島列島にまで拡大する。そして十・十一世紀の擦文文化の拡大にともなう南のエミシ文化、北のアムール女真文化、東のオホーツク文化との文化的接触と、十二世紀に始まる中世的物流による日本製品の大量移入により、アイヌ文化が形成された。

　擦文文化とアイヌ文化は生業面では連続性が高いが、生活様式や宗教儀礼には違いが目立つ。擦文文化からアイヌ文化にかけて生活様式は、竪穴住居と土器から平地式住居と鉄鍋の組合せへと大きく変化したが、地域ごとに変化の時期や様相は多様であった。北海道で竪穴住居や土器が姿を消したのちも樺太や千島でそれらが使われ続けたのは、竪穴住居が平地式住居に比べ寒冷地に適していたためであり、本州から遠く離れた地では鉄鍋を入手する機会が乏しかったからであろう。宗教儀礼に関しては後述する熊送り行事の有無や葬墓制に大きな違いがみられる。擦文文化中期から後期の墓は、道東部では住居内埋葬(廃屋墓)、道央部では土坑墓が主流で、死者は手足を伸ばした状態(伸展葬)で葬られ、副葬品は乏しい。伸展葬はアイヌ墓にも引き継がれるが、アイヌ墓には木製の墓標や多くの副葬品がともなう。

アイヌ文化の特徴

アイヌの精神文化は、万物に霊性がやどっていると考えるアミニズムを特徴とするが、それは狩猟・採集民特有の思考といえよう。アイヌは自給自足の生活をしていたわけではない。しかし、交易のためとはいえ、狩猟や採集に生業の基盤をおく限り、自然に対する畏敬の念を失うことはなかった。アイヌの宗教儀礼でもっとも有名なイオマンテと呼ばれる熊送り行事は、雑穀栽培と河川漁労を主たる生業とした擦文文化にはみられず、陸獣・海獣猟や沿岸漁労に特化したオホーツク文化に由来すると考えられている。

アイヌの物質文化には、海獣類の骨や牙を使った道具や装身具・ビーズなど北太平洋の先住民に共通するモノと、太刀・玉・鏡・漆器といった古代日本の価値観を反映したモノとが共存している。中世の日本人を魅了した茶と仏教は、日本が中国を中心とする東アジア的世界の一員であることを物語るが、それらが前近代アイヌ社会で受容されることはなかった。アイヌは本州から多量の漆器を輸入する一方、中世から日本社会で多用されはじめた陶磁器は、十九世紀に漁場で和人と飲食をともにするようになるまで生活用具にはならなかった。彼らは古代日本の価値観を大切にし、中世的価値観には染まらなかったのである。

4　アイヌ文化の変遷と時代区分

初期アイヌ文化期

十二世紀、日本周辺は中国を中心とする東アジアの巨大な物流機構に組み込まれ、汎列島的な商品経済圏が形成された。アイヌはニヴフなどの北方諸民族とも交易を行ったが、最大の交易相手は和人であり、対和人交易の規模は時とともに拡大した。

十五世紀前半までの初期アイヌ文化には、方形配石荼毘《だび》墓・ワイヤー製装身具・小型のトンボ玉やメノウ玉・金属板象嵌《ぞうがん》技法など大陸的様相がみられる。日本海側では余市、太平洋側では鵡川《むかわ》・厚真《あつま》周辺と道南の箱館周辺が交易の拠点であった。津軽安藤氏が支配する十三湊《とさみなと》に直結する余市には、交易に携わる和人が居留していた可能性が高い。

十五世紀中葉には南部氏と津軽安藤氏との抗争の影響で、東北北部から多くの和人が津軽海峡を渡り、道南の渡島半島各地に館を築いた。津軽安藤氏による安定的な北方交易体制が失われたことで、交易を経済的基盤としていたアイヌ社会にも多大な影響がおよんだ。一四五七(長禄元)年、渡島半島東部の首長コシャマインのもと、余市と鵡川を結ぶラインより西側に住むアイヌが和人館主層に対し武装蜂起したが、鎮圧され失敗に終わった。

中期アイヌ文化期

十五世紀後半、十三湊の終焉とともに北方交易の拠点は余市から渡島半島日本海側の瀬田内《せたない》に移り、コシャマインの戦いを境にアイヌ文化から大陸的様相が急速に失われた。津軽安藤氏に代わって道南の和人館主層が交易を主導するようになり、蠣崎氏の覇権が確立する十六世紀中頃まで、交易の主導権や利権をめぐり、渡島半島では和人対アイヌ、和人対和人、アイヌ対アイヌの複雑な争いが展開、戦国的様相を呈した。

江戸幕府・松前藩の成立により一般和人とアイヌとの直接交易が禁止され、交易におけるアイヌの主体性は急速に失われていった。加えて本州から金掘《かねほ》りや鷹待《たかまち》がアイヌの生活圏に多数流入し、彼らの生活を脅かした。そこに一六六七(寛文七)年、支笏《しこつ》湖の南側に位置する樽前《たるまえ》山が噴火、サケやシカ皮の交易で暮らしていた日高・胆振《いぶり》地方のアイヌの生活は困窮した。日高・胆振地方におけるアイヌ間の抗争は、一六六九(寛文九)年、シャクシャイン率いる東西蝦夷地のアイヌと松前藩との大規模な武力衝突に発展したが、交易と武力を飴とムチとして使い分けた松前藩の戦術によりアイヌは分断され、敗北した。

後期アイヌ文化期

シャクシャインの戦い後は、交易の主導権は完全に松前藩の掌握するところとなった。また、一六六七年の樽前山の火山灰を挟んで刀の副葬率が急激に低下することから、シャクシャインの戦い後に松前藩によるアイヌの武装解除が行われたと考えられる。十八世紀には商場《あきないば》知行制が浸透することで商人によるアイヌからの収奪が激化し、アイヌが入手する日本製品の質は著しく低下した。また、和人は酒とタバコをアイヌ支配の道具として巧みに利用した[関根編 二〇一五]。そして一七八九(寛政元)年のクナシリ・メナシの戦いを最後にアイヌ民族の武装蜂起は収束し、文化露寇事件を契機として幕府が目指した蝦夷地の内国化とアイヌに対する国民化政策は、明治政府に引き継がれ完成した。

5 アイヌはなぜ国家を形成しなかったのか

恵まれた資源

同じ前近代交易型社会でありながら、南では琉球国が形成されたのに対して、北に住むアイヌが国家を形成することはなかった。資源に乏しい琉球が日本と中国・東南アジアとの中継交易で成功をおさめたのに対し、アイヌは恵まれた天然資源そのものを交易品とした。アイヌも古くは農耕や金属加工を行っていたが、交易品を得るため狩猟・漁労に専従するようになった。中期アイヌ文化期にはすでに交易品の生産に必要な鉄製品などの生活必需品や宝物の大部分を日本製品に依拠するようになったことで、アイヌモシリは日本経済圏に組み込まれた。後期アイヌ文化期には日本からは鉄製品・漆器・布・米・酒・タバコ・煙管など、アイヌからはおもにエゾシカ・クマなどの陸獣やアザラシ・ラッコなど海獣の毛皮、サケ・ニシン・アワビ・コンブなどの海産物が取引されている。対和人交易の規模拡大にともない、アイヌ民族は和人による経済的支配を受けるようになったのである。

アイヌ社会と和人の進出

交易品の生産に関わり大きな川筋などを単位とする地域集団は形成されたが、広大なアイヌモシリに点在する地域集団を統合するような社会組織は生まれず、本土や琉球にみられるサムライも存在しなかった。アイヌ民族による最大の武装蜂起であるシャクシャインの戦いの際にも、交易を中止するとの松前藩側の脅しによって地域集団は分断され、共同行動がとれなかった。経済的基盤とした交易が民族統合の足枷となったのである。

琉球と異なり、恵まれた資源を求めて北海道には古くから和人が進出し十六世紀には道南の渡島半島に初期和人地が成立、アイヌモシリの一角が切り取られた。十八世紀には場所請負制により蝦夷地の沿岸各地で和人が商業活動を展開、十八世紀末以降は東北北部から多くの民衆が津軽海峡を渡り、漁民として暮らしはじめた。そしてロシアの南下を警戒した幕府が蝦夷地を直轄地化したことで、明治新政府による廃藩置県・琉球処分に先んじてアイヌモシリは日本国に組み込まれたのである。

（1～5：関根）

6　琉球考古学と問題の所在

人種論争と琉球諸島

沖縄ではじめて発掘調査を行ったのは鳥居龍蔵氏である。一九〇四（明治三十七）年、鳥居氏は沖縄と八重山で調査を行い、沖縄の石器時代の先住民は本州からの系統であると論じている［鳥居　一九〇五］。

東京大学の松村瞭氏もまた、一九一九(大正八)年に行った発掘調査の成果から、本州を起源地として沖縄に至り、独自の個性をもつようになったと解した[松村 一九二〇]。

現在までの本地域の考古学研究では、縄文文化の南限は沖縄諸島までとし、その南は南方文化が北上したと説明されている[高宮 一九八八]。このような文化起源に関する視点と方法は、戦前の研究から引き継がれたものである。

先史文化の起源が南にあるとして、南からの視点を検討し琉球文化の成立にせまろうとした金関丈夫氏の研究は、北との関係を重視する研究を南に向けさせる役割を果たした[金関 一九五四]。しかし、本土復帰前の沖縄においてはこのような南との結びつきに関する指摘は歓迎されず、沖縄出身の研究者とのあいだに沖縄の民族と文化の起源をめぐる論争がかわされている[北條 二〇一〇]。

沖縄考古学の射程は、つねに県域を越えて奄美群島を含む琉球諸島にも注がれている。このため、南島考古学とも呼称され、琉球諸島を対象とし沖縄にとどまらない一つの地域として把握されてきた。ただし、北海道と異なり鹿児島県と沖縄県で行政区が異なることから、とくに琉球諸島の北半分の奄美群島までは縄文時代・弥生時代の時代呼称が用いられる。奄美群島では、九州とも、また沖縄とも似て非なるものとして先史奄美の時代認識の思索が続いている[高梨 二〇〇五]。

縄文時代と貝塚時代

前近代の琉球は国家であったが琉球処分によって武力的に日本に併合された。近代には琉球人として差別されることはあったが、民俗学や言語学など琉球研究を突き動かした動機の一つに、原始日本の姿を映す鏡として、日本文化理解の手段に使われた。

考古学が扱う先史時代については、現在もなお「縄文」の内とするか外とするかで議論が続いている。近年では人工遺物の分析からだけではなく、自然遺物の分析も加えられ、サンゴ礁海域に寄りそった生業を重視する貝塚時代の呼称が積極的に使われるようになってきた［高宮・新里編 二〇一四］。九州と沖縄の交流という点では、先史時代にはとくに縄文文化の南下をキーワードに九州以北の縄文土器や石器・石製品が出土しており、そのうち黒曜石が九州腰岳などからもたらされ、ヒスイが新潟県糸魚川を産地とすることがわかっている。弥生時代から古代には、琉球諸島に生息する貝殻を用いた貝交易が行われたことも明らかにされている［木下 一九九六］。

グスク時代と中世考古学

グスク（城）の発掘は戦前より行われている。早くは鎌倉芳太郎氏らによって発掘調査が実施され、とくに東南アジア島嶼地域との比較も積極的に行われてきた［伊藤・鎌倉 一九四二］。明との朝貢貿易をはじめとする交易により、膨大かつ良質な陶磁器がもたらされている。中世には日本、中国、高麗・朝鮮、東南アジアとのあいだで交易が行われたことが知られる。

琉球王国の誕生

琉球国の誕生の推移については、中世段階に農耕や交易によって島々に勃興した「シマ」を領有・代表する按司《あじ》どうしが、武力的な衝突をともないながら地域統合へと進む。これらのシマを束ねたクニの一つ中山の察度《さっと》が明の求めに応じ使者を送ったのは一三七二(応安五・洪武五)年で、以後中国明との朝貢貿易を契機に「国家」へとかたちを整えたと理解されている。沖縄島におこった有力按司のクニはやがて三つの勢力にまとまるが、これを中山が統一(一四二九年)し、続いて離島遠征を行うなど琉球諸島の統一を目指す。その統一の過程では島であらがう勢力も存在し、喜界島(一四六六年)や、八重山の首領オヤケアカハチの乱(一五〇〇年)などの抗争が起こった。沖縄島の統一は十五世紀前半だが、島々の統治が完成するのは十六世紀初頭と理解されている。

近世琉球

一六〇九(慶長十四)年の島津氏の琉球侵攻から明治政府による琉球処分(廃琉置県)がなされた一八七九(明治十二)年までが琉球の近世として時代区分されている。中世には琉球の版図であった与論島以北の奄美群島が島津氏の侵攻によって割譲され、以後、薩摩藩直轄地となる。この事件によって、琉球は中国との冊封体制を維持しながらも、徳川幕藩体制下におかれた。北海道では松前藩が蝦夷地の内国化を志向し権益を広げたのに対して、薩摩藩は奄美を内国化しながらも、琉球には外交の場面では清に対して異国を装わせた。琉球は国として存続し、とくに清に対しての物産のバイパスとして交易口となる。琉球は、二大国の中間にあって、しなやかなウトゥイムチ(おもてなし)外交によって自国の文化を発展させた。

7 考古学からみた琉球諸島の文化史

琉球諸島の文化圏に関する考古学的理解

南北に長い琉球諸島の島々は、吐噶喇《とから》海裂と慶良間海裂という深い海底谷によって、三つの地域に分けることができる。両海裂は、そのまま生物分布境界線になることが知られており、この境界をほぼ踏襲し、北・中・南琉球圏として先史文化圏が設定されている[国分 一九五九]。北琉球圏の大隅諸島は縄文文化の影響を直接的に受けた。他方、奄美群島・沖縄諸島は縄文・弥生の時代区分と併行させながらも、貝塚時代の時代呼称が用いられる。一方、宮古・八重山列島を中心とする地域は、おおむね台湾やフィリピンなど広く南方地域から北上してくる文化要素を受容したと理解されている。沖縄島と宮古島のあいだには約三五〇キロの宮古凹地と呼ばれる海峡が存在し、長くこの海峡は両地域の文化的な分断を生んだ。琉球文化圏といった場合、中琉球圏と南琉球圏を一つとした地域を指す。南は与那国島や波照間《はてるま》島とする点は一致するが、北はどこに境界があるのかについては、研究者間で議論がかわされており、吐噶喇列島にその北限を求め、関心が寄せられている[伊藤 二〇一二]。また、日本の古代・中世初期の境界も鹿児島南端から奄美群島までを含めて複雑な歴史的展開をみせるため、境界線は単純ではない。

琉球文化の成立

現在に引き継がれる芸能や工芸などの琉球文化の多くは、近世琉球に始原をもつものが多い。近世には薩摩藩直轄領となる奄美群島と琉球で共通する文化として、言語や洗骨風葬を行う葬制、御嶽祭祀などがあり、これらは古琉球(グスク時代)にさかのぼると考えられている。しかし、このような琉球の固有の宗教も、仏教や儒教など外来の文化と融合しつつ展開した。

北と南に起源をもつ個性的な先史文化を育んだ琉球諸島が一つの大きな文化圏になったのは、政治的な統一以前の農耕文化の到来による。その伝播は喜界島など奄美群島で若干早く、漸次的に南へと展開したものと考えられている。農耕の伝播は沖縄島ではおおよそ十一世紀後半頃とされており、ここに先史時代に分断されていた八重山列島を含み、はじめて一つの琉球文化圏が成立する。貝塚時代や無土器時代のサンゴ礁海域に寄りそった漁労採集社会が、農耕社会へと移行した。この時代を考古学ではグスク時代と呼称する。

グスクは琉球国前史に各地域に勃興した按司の居城としてとらえられているが、一方でたんなる城にとどまらない複雑な時間的推移があり、現在も続く信仰対象の土地であることなどから、その意味や起源をめぐりグスク論争がかわされてきた[当真 一九八七]。グスク文化の特徴は、グスクの築城以外にも、鉄器文化、牛馬の飼育、中国産を主とする陶磁器の消費などがあり、生活様式は一変した。

琉球文化の特徴と展開

近世になると、琉球の身分制が整備され、王族の下に士族(士《サムレー》)と百姓という身分ができた。士族は家柄が重視され、家譜をもつ「系持ち」は、役人層(支配者層)として多くの文字記録を残した。一方、百姓は「無系」と呼ばれ、被支配者層として地方集落に暮らした。士族文化は相対的に外来の文化を旺盛に取り込み、融合・混交し現在までの伝統と地続きとなっているものが多い。百姓文化はその土地に根づいたものだが、近代化以後、士族文化にならってこれが展開した。

例えば、沖縄に特徴的な亀甲墓は、近世になって士族層の中で取り入れられた中国式の外観を模した墓形式であるが、同時に墓室は洗骨風葬という在来の墓制が引き継がれ独自の発展を遂げる。近世は多くは士族にのみ許された墓であったが、近代になって地方の人々にも受容された。

ただし、現代もなお、島の暮らしにおいては天然の生簀であるイノーと呼ばれるサンゴ礁の浅海(礁池)を利用する生業もまた暮らしに根づいている。農耕に従事したであろうグスクの麓に展開する集落を発掘すると、眼前のサンゴ礁海域に生息する魚の骨や貝殻が出土する。その種の構成は先史時代と大きな変化はない。潮が引くと、島人(シマンチュ)は貝やタコを採りに、浅瀬のリーフを歩く。これは貝塚文化に始原があり、地元では「海アッチャー」と呼ぶ。重層する琉球文化の、その基層には貝塚文化が今も息づいている。加えて、島々が点在する隔絶性は、それぞれの島に比類なき個性を発展させ、琉球諸島の文化に多様性を創り出している。

琉球民族・ウチナーンチュ・島人

沖縄島など旧石器時代から人類が島に存在したことが知られているが、旧石器時代の人骨のうち港川人のDNA分析では南方系との指摘がなされ、貝塚時代人は縄文人の遺伝子を強く受け継ぐとされている。系譜関係については諸説があって、系統については今後の研究の進展を待たなければならない。グスク時代には、農耕の伝播や島を往来する人々があったことは想像に難くない。出土人骨を研究する人類学的見地からみても、琉球諸島へのヒトの波は一度や二度ではなく北からも南からも繰り返しやってきたことが想定されている［土肥 二〇一八］。

文献史学からは、貿易港となった那覇には、十五世紀には中国人・日本人居留区が形成されていたと考えられており、とくに中国人移住者である久米村の人々は琉球社会に大きな影響を与えた。

琉球民族という場合には、かつて政治的に統一された王国の版図に暮らす人々を指しているが、歴史的には奄美を含む最大版図はわずか一〇〇年余の期間であり、島々の複雑な歴史的経緯もあって単純ではない。

沖縄県民が自称するウチナーンチュは、とくに近代に海外移民した人々にとっては故郷を一つとする絆として、アイデンティティーとなっている。

他方、琉球諸島の島々には、それぞれ土着の島民（あるいは集落を指すシマ）が何世代にもわたり暮らしており、それぞれ多様な方言や文化をもつことからその島の人＝「シマンチュ」と自称することも多い。

8　琉球はいかにして国家を形成したか

琉球諸島の国家統一

琉球が国家として登場する直接的な契機の一つに、中国明との冊封関係が挙げられる。しかし、中琉のモノの往来を示す貿易陶磁の出現はこれをさかのぼり、農耕開始以後、耕地の拡大、貿易に参画する地域の利害調整、外部からの侵略者に備えるためなどから、地域を束ねる按司が登場していたと考えられている。また、グスクと集落との関係や出土品の優劣や多寡などから、地域ごとに多様な社会があったことが指摘されている。社会を束ねる領袖がいたからこそ、明の招諭を受けられたのであろう。しばしば指摘されるとおり、束ねるリーダーの中には外来者の存在もあったと想像されている。コミュニティーそのものは島に住み着いた住人で構成され、シマンチュによる国家がつくられたと理解されているが、その主体がどの程度であったのかについて議論がかわされており、アイヌ民族が和人に対するほどの他者という認識は相対的に乏しく、島のコミュニティーを自己のルーツととらえるのが一般的である。

さらに、沖縄島を統一した中山勢力は十五世紀前半段階では、琉球圏域全体を統べていたわけではなかった。言語も習俗も異なる多様な島々にあるコミュニティーを束ねるには、おおよそ一世紀半余の時間が必要であり、これには武力的制圧をともないながら様々な軋轢があったであろうことが想定される［国立歴史民俗博物館編 二〇二二］。

交易と外交による国家運営

一四五八（長禄二・天順二）年に鋳造され琉球国王の居城首里城にかけられた「万国津梁《ばんこくしんりょう》の鐘」にはつぎのような銘文が刻まれる。

琉球国は南海の勝地にして、三韓の秀をあつめ、大明を以て輔車《ほしゃ》となし、日域をもって唇歯《しんし》となす。この二つの中間に在りて湧出する蓬莱《ほうらい》島なり。舟楫《しゅうしゅう》をもって万国の津梁となす。

銘文には、交易国家としての矜持が記されている。しかし、中世は交易国家として隆盛をみせた貿易も、近世には薩摩藩を介し日本と清のバイパスとしての役割を担い、前代に比してややそのダイナミックさはかげりをみせる。その中で、琉球国内の改革が進み、日中両国と渡り合う官僚システムを整備し、農政改革や特産品の管理生産によって体制の安定化をはかった。中世には中国産の陶磁器のみで満たされた同時代の遺跡の出土品も、琉球陶器と肥前などの江戸時代の焼物が消費されるようになる。

琉球王国末まで、基本的には薩摩の出先機関が港町那覇に進出する程度であったが、明治政府は琉球を日本領とする方針をとり、一八七二(明治五)年に琉球藩をおいた。琉球は、一八七九(明治十二)年に琉球藩を廃して沖縄県を設置した琉球処分ののちに近代化の波とともに急速に日本に組み込まれた。しかし、その内実は旧慣温存政策や脱清人にみられるように、琉球処分後も抵抗があり、明治政府による漸次的措置も認められ、アイヌ民族への対応との相違もある。

(6〜8：宮城)

〈**参考文献**〉

天野哲也　二〇〇三年『クマ祭りの起源』(雄山閣)
伊藤慎二　二〇一一年『琉球文化圏の北限に関する考古学的基礎研究』(国学院大学研究開発推進機構)
伊東忠太・鎌倉芳太郎　一九四一年『南海古陶瓷』(宝雲舎)
宇田川洋　二〇〇一年『アイヌ考古学研究・序論――「アイヌ考古学」の歴史考古学的方法論による学問体系の確立を目指して』(北海道出版企画センター)

金関丈夫　一九五四年「波照間（琉球通信4）」（四月十四日『朝日新聞〈西部版〉』）
菊池勇夫・真栄平房昭編　二〇〇六年『列島史の南と北』（吉川弘文館）
木下尚子　一九九六年『南島貝文化の研究――貝の道の考古学』（法政大学出版局）
国分直一　一九五九年「史前時代の沖縄」（岩村忍・関敬吾編『日本の民族・文化――日本の人類学的研究』講談社）
国立歴史民俗博物館編　二〇二一年『海の帝国琉球――八重山 宮古 奄美からみた中世』
佐藤宏之　二〇〇〇年『北方狩猟民の民族考古学』（北海道出版企画センター）
島尾敏雄編　一九七七年『ヤポネシア序説』（創樹選書）
瀬川拓郎　二〇〇五年『アイヌ・エコシステムの考古学――異文化交流と自然利用からみたアイヌ社会成立史』（北海道出版企画センター）
瀬川拓郎　二〇一五年『アイヌ学入門』（講談社現代新書）
瀬川拓郎　二〇一六年『アイヌと縄文――もうひとつの日本の歴史』（ちくま新書）
関根達人　二〇一四年『中近世の蝦夷地と北方交易――アイヌ文化と内国化』（吉川弘文館）
関根達人　二〇一六年『モノから見たアイヌ文化史』（吉川弘文館）
関根達人　二〇二三年『つながるアイヌ考古学』（新泉社）
関根達人編　二〇一五年「特集アイヌの考古学」（『季刊考古学』一三三号）
高梨修　二〇〇五年『ヤコウガイの考古学』（同成社）
高宮廣衞　一九八八年「滄海に列なる南島」（『図説検証原像日本3』旺文社）
高宮広土・新里貴之編　二〇一四年『琉球列島先史・原史時代における環境と文化の変遷に関する実証的

研究 研究論文集』（六一書房）

土肥直美　二〇一八年『沖縄骨語り——人類学が迫る沖縄人のルーツ』（琉球新報社）

当真嗣一　一九八七年「グスク論争」（『論争・学説日本の考古学1』雄山閣）

鳥居龍藏　一九〇五年「沖縄諸島に住居せし先住人民に就て」（『東京人類学会雑誌』二〇巻二二七号）

藤本強　一九八八年『もう二つの日本文化——北海道と南島の文化』（東京大学出版会）

北條芳隆　二〇一〇年「起源論争とはなにか」（『沖縄県史　各論編第三巻　古琉球』沖縄県教育委員会）

松村瞭　一九二〇年「琉球荻堂貝塚」（『東京帝国大学理学部人類学教室研究報告　第三編』東京帝国大学）

吉岡郁夫　一九八七年『日本人種論争の幕あけ——モースと大森貝塚』（共立出版）

渡辺仁　一九九〇年『縄文式階層化社会』（六興出版）

16
考古学からみたＬＧＢＴＱ

光本　順

はじめに

本書のような書籍の中にＬＧＢＴＱ関連のテーマが加わることは、一九九〇年代後半頃に大学で学生生活を送っていた当時の自分には、想像すらできなかったことである。学問の潮流はまさに時代とともにある。ＬＧＢＴＱとは、レズビアン、ゲイ、バイセクシュアル、トランスジェンダー、クエスチョニング／クィアの略号による総称である。もっとも、現在のＬＧＢＴＱの概念がそのまま、とりわけ近代より前の歴史に当てはまるわけではない。一方ＬＧＢＴＱに関わる現象は、生物・人間・文化に広く認められるものでもある[Roughgarden 2004]。本稿では、過去のＬＧＢＴＱ関連の現象について、つぎのように議論を展開する。まず、ＬＧＢＴＱに関わる考古学の動向を概観する。そのうえで、日本古代の同性愛と異性愛、異性装に関する研究を取り上げる。

1　ＬＧＢＴＱと考古学

ＬＧＢＴＱをめぐる考古学の潮流──欧米と日本

ＬＧＢＴＱに関わる諸現象は、考古学の中でどのように取り上げられてきたのだろうか。欧米と日本の考古学を比較しながらみていこう。まず欧米考古学では、一九八〇年代中頃からフェミニスト視点によるジェンダー（文化的・社会的性）に関する考古学が隆盛する中、二〇〇〇年代を前後する頃にセクシュアリティ（性現象）に関する考古学やクィア考古学と呼ばれる試みが登場した。後者のクィア（queer）とはもともと男性同性愛者への蔑称の意味をもつ英語であるが、その否定性を逆手にとった多様な性的マイノリティが連帯する場として、クィア・スタディーズという学問領域が一九九〇年代にアメリカ合衆国で生まれた。クィア・スタディーズの流れをくむのが、クィア考古学である。

対して日本考古学では、一九九〇年代半ばからフェミニスト・ジェンダー考古学が、二〇〇〇年代からクィア考古学が起こり、現在に至っている。特定の遺構や遺物、あるいは例えば古墳の成立といった歴史的展開に焦点を当てる、日本史としての実証的な日本考古学が活況を呈するのに対し、概念が先行するフェミニスト・ジェンダー考古学、クィア考古学は、日本ではまだまだ今後の進展が期待される分野といえる。実際にこれらのテーマは、国内で開かれた世界考古学会議の場で数あるセッションのうちの一つとなったが（大阪：二〇〇六年、京都：二〇一六年）、日本の学会においてはじめてまとまったシンポジウムが開催されたのは、二〇一九（令和元）年の日本考古学協会岡山大会であった。日本考古学においてジェンダーやＬＧＢＴＱといったテーマが低調なもう一つの理由は、それらが日本史としての考古学から生み出されるのではなく、欧米の、そして社会的正義をめぐる研究に端を発することによる。例えばアメリカ合衆国では、考古学は広義の人類学に含まれ、自国史という縛りのない多様な理論的背景をもつ考古学が林立する。そうした中で、社会的正義のもと、先住民考古学やフェミニスト・ジェンダー考古学、クィア考古学などが連なる構造となる。

一方、時代の趨勢であろうか、あるいは先の日本考古学協会岡山大会の影響からか二〇二〇(令和二)年頃から、日本のいくつかの専門・概説書などにおいて、クィア考古学の存在が取り上げられるようになった。すなわち、ＬＧＢＴＱ関連の研究が日本考古学の中に包摂されつつある現在であり、本稿もまた同様である。

ＬＧＢＴＱの視座からみえてくるもの

日本史の一部としての研究が主流である日本考古学において、ＬＧＢＴＱ関連の研究を行うことにどのような意義があるのだろうか。方向性の一つを示せば、それはＬＧＢＴＱ関連のことを想定せずに行われてきた従来の歴史復元を再考し、新たな物語を描き出す可能性である。世界的にみてもクィア考古学が貢献してきた点として、研究者のもつ異性愛規範(heteronormativity)に対する批判的視座がある。異性愛規範とは、男女の異性愛によって社会と文化が成り立つとする暗黙の前提、あるいはそうあるべき(規範)とする枠組みである。この暗黙の異性愛規範のもとで考古資料を解釈すると、男女の異性愛的関係以外は導きえない。レズビアン、ゲイ、バイセクシュアルに関連する同性愛的関係はもとから排除される。さらに、異性愛規範は、男女という性別二元論を前提ともする規範でもある。この性別二元論においては、とかく考古資料に表れた性別を、男女に二区分することが前提となる。結果、トランスジェンダーの存在が考慮されなくなる。

このような、異性愛規範および性別二元論という自明視されてきた前提に抗して改めて考古資料に向きあえば、異なる世界がみえてくる。そして、特定の時代・地域におけるＬＧＢＴＱ関連の現象の社会的・文化的位置づけが明らかとなれば、これまで語られなかった日本史をより豊かにするに違いない。社会的正義に端を発するクィア考古学が、日本史としての考古学に貢献することは可能である。以下では、ＬＧＢＴＱのすべてのカテゴリーに言及できないが、異性愛規範と性別二元論に関する批判的視座から歴史についてみていこう。

2　同性愛と異性愛

性的指向について、物言わぬ考古資料から追究するのは容易ではない。一方で、人をかたどった考古資料などの中に何らかの対(ペア)の関係を見出すことができれば、間接的ではあるが両者の親密な関係性を推しはかることができる。

異性ペア

モノに表現された異性のペアをみていこう。現代社会では男女が対となる表現が、いまだにあたかも自明のごとくモノや映像などを通じてあふれているが、この状況は過去には必ずしも当てはまらない。興味深いのは、対のかたちで異性がセットで表現されること自体が歴史の中で成り立ってきた点である。縄文時代は、モノを通した外性器の差異へのこだわりが特徴的である。一つは、異性ペアを意識したモノの関係が、材質を異にして認められる場合である。男性器を象徴する石棒と女性器の象徴と解釈される土器や石皿等が住居内で対をなして出土する状況が知られている［中村 二〇一三］。あるいは、石冠と呼ばれる遺物においては、男女の外性器が一つのモノの中にいわば表裏のように認められる。

弥生時代には、同じ材質で男女をつくり分けたようにみえる資料が出現する。設楽博己氏の研究によると、弥生時代前期に男女一対の造形品が出現した［設楽 二〇〇七］。土偶形容器と呼ばれる容器状の土製立像や、木偶・岩偶が該当する。土偶形容器は蔵骨器であり、弥生時代前期から中期にかけて東日本に分布する。木偶は弥生時代中期の滋賀県を中心に近畿地方に分布する祭祀具である。岩偶は、弥生時代中期の鹿児島県錦江町山ノ口《やまのくち》遺跡の事例となる。設楽氏は、これらの男女立像が農耕文化の広がりの中で成立したと考える。

このようにみると、異性という表現は縄文時代から弥生時代にかけて、外性器の差異から全身像における形態差へと移行するものと考えられる。一方、弥生時代における同一の素材・種類のモノとして表現された異性には、必ずしも外性器が表現されているわけではない。身体の大きさという点でも、弥生時代前期においては女性像の方が男性像よりも大きくつくられるという興味深い現象が指摘されており、縄文時代以来の女性像を中心とした土偶の流れをくむだけでなく、農耕文化における女性労働の社会的価値づけの高さにもとづくものと考えられる［設楽 二〇〇七］。すなわち、外性器や体格の

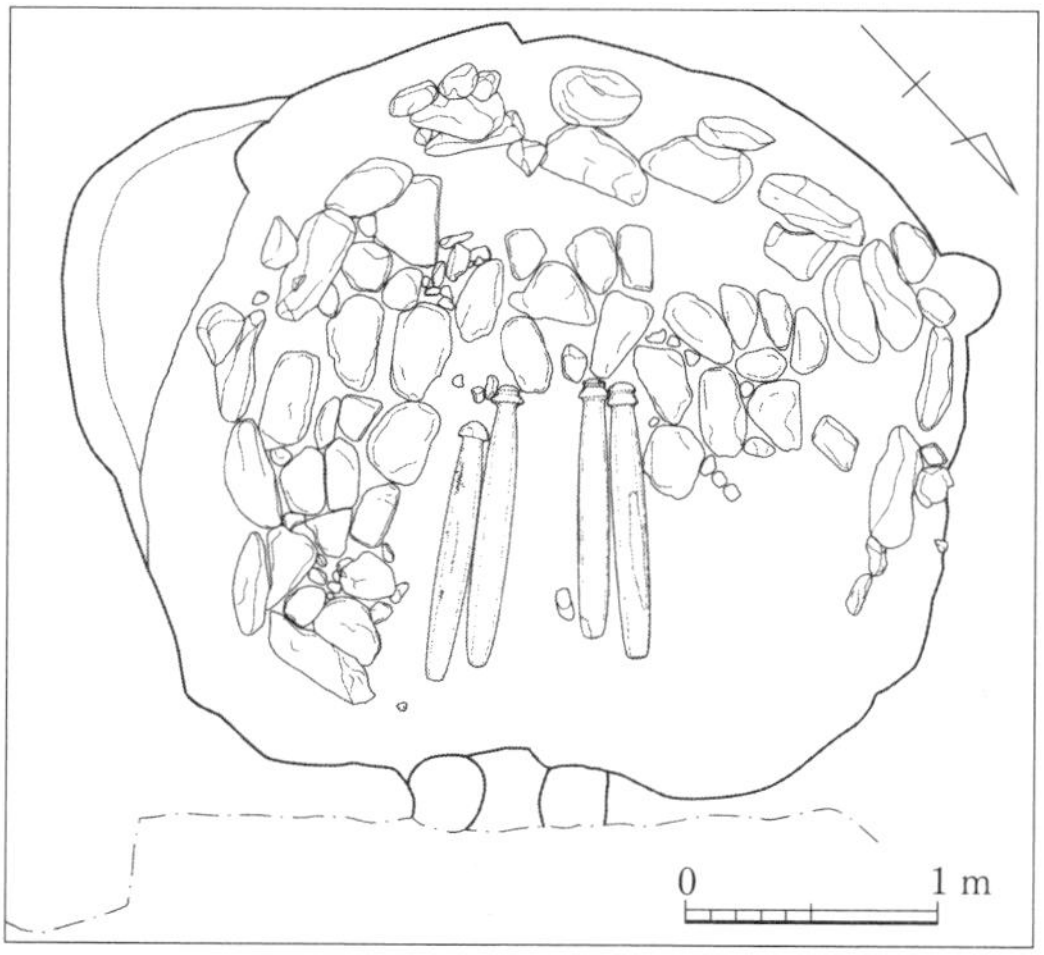

図1　緑川東遺跡における石棒の出土状況([ダイサン編 2014]より)

違いよりも、むしろ社会的・文化的性としてのジェンダーが異性ペアを形づくるともいえる。

こうした現象は一方で、そもそも過去の性別区分が何にもとづいていたのかという、基本的かつ論証が難しい問いを投げかける点で重要である。縄文時代を例にすると、異なる外性器のペアという状況証拠から、おそらく外性器の違いが当時の性別区分において機能しており、かつそれは異性ペアを物語るであろうという論理展開となる。

同性ペア

ここで、縄文時代において異なる外性器のペアから異性愛的関係を読み解くならば、同一の外性器の組合せの場合はむしろ同性愛、あるいは同性間の親密な関係性を読み解くべきであり、それは至極当然のことであると、クィア考古学は主張してきた[Reeder 2000]。例えば、東京都国立市緑川東《みどりかわひがし》遺跡[ダイサン編 二〇一四]の遺構から出土した大小二個で対となるようにみえる大型石棒である(**図1**)[光本 二〇二〇]。これが男女の外性器であれば誰もが異性愛ペアと考えるだろう。このように、同性間のペアに意味を見出せるか否かには、社会あるいは研究者個人のジェンダー観に左右される部分がある。奈良県斑鳩町藤ノ木《ふじのき》古墳の石棺から出土した二体の人骨を、ともに生物学的性としては男性の可能性が高いものと判定した片山一道氏も、二者のペアを異性であると無批判に考えることに警鐘を鳴らしている〔片山 二〇一三〕。

ところで、日本の古代社会で同性愛を忌避する思想はあったのだろうか。日本古代の男性間の同性愛的関係性については、『日本書紀』の中にそのタブーをめぐる記述があるとの説がかねてから知られていた。神功皇后摂政元年二月条における「阿豆那比《あずない》の罪」である。この説話はおよそつぎのような内容である。病死した小竹祝《しののはふり》の亡骸に寄りそって友人である天野祝《あまののはふり》が自殺したため、二人を合葬した。その後、昼が夜のように暗くなり、人々が両者を別々に埋葬し直したところ、天変地異がおさまったという話である。これは、男性間の同性愛的関係に関する最初の文献上の記載とも考えられてきたが、はたしてそもそも男性同性愛を記したものなのであろうか。難波美緒氏の研究によると、男色とそのタブーの説話とする説は、江戸時代の『日本書紀』研究の中ではじめてとなえられ、現代まで文献史学者によって支持されてきた〔難波 二〇一四〕。難波が論じるように、男色忌避説には、江戸時代における男色に対する反発の反映という歴史性がうかがえる。一方、考古学側では、男色ではなくむしろ合葬をめぐる忌避と解釈する説がみられた。難波は考古学的議論も含めて検討し、「阿豆那比の罪」を「他共同体で血縁関係にない人物同士の同棺合葬」に関する説話と結論づけた。この解釈であれば、説話が示唆するのは男性同性愛的関係ともいえず、さらには同性愛タブーが日本古来の伝統として記された、ともいえないこととなる。研究が時代性の中で成り立つ事例でもある。

3　人物埴輪からみた古墳時代のジェンダーと異性装

過去の性自認のあり方を考古資料のみから読み解くことは、性的指向に関する研究同様に難しいかもしれない。一方、身体の性別とは異なる外見やふるまいが、異性装という身体表現として資料の中に認められる場合はある。異性装に着目すれば、性自認に直接は言及できないものの、トランスジェンダー的な営みや文化を知るきっかけとなる。

文献史学における衣服研究

文献史学の武田佐知子氏の衣服研究は、日本史を異性装から読み解いた画期的成果であった。武田氏は、弥生時代の伝統的衣服である貫頭衣に男女の別がないことを、計帳に記録された身体部位に関する記述からつきとめた［武田　一九八四］。日本は古来、ユニセックスな美意識を有するという［武田　一九九八］。

一方、武田氏も認めるとおり、古墳時代の人物埴輪の衣服には男女の別がみられる。それは、男性ジェンダーであり階層的に上位の人物に好まれたズボンである。人物埴輪とは、古墳時代中期中頃に出現した、文字通り人をかたどった埴輪であり、古墳の墳丘に群をなして並べられた。もともと人物埴輪は、腰より下の脚の部分は、台部を兼ねる円筒埴輪の形となり、脚が表現されること自体が一般的ではない。誇張されて表現されるものと考えられるズボンは（**図2-1**）、当該の男性人物の権威を象徴するものと考えられている［水野　一九七七］。

人物埴輪の世界

このように人物埴輪に着目すると、古墳時代の造形されたジェンダー観を垣間見ることができる。人物埴輪の男女の見分け方は、一般的には髪型と、乳房表現(立体的な突出または平面的な円弧)の有無と考えられている。すなわち、髪型は大別して頭の両サイドに髪を結う美豆良(**図2-1**)と、頭頂部に髪をまとめる髷(**図2-2**)の二者がある。そして後者に乳房表現がともなうことから、美豆良は男性、髷または乳房があれば女性と判断されるのが通例である。

他方、一見截然《せつぜん》と男女が区分されるかにみえる人物埴輪の世界において、異性装が認められる可能性もまた指摘されてきた。千葉県香取市城山一号墳では髪型が美豆良であるにもかかわらず、平面的な線刻による円弧で表現された乳房を有する事例が認められる(**図3**)。杉山晋作氏はそれが男装の人物埴輪であるものと解釈した[杉山 二〇〇三]。このように人物埴輪は、一見すると男女に区分できるかにみえて、異性装的な身体表現を有する個体もまた認められる。

ここで着目すべきは、人物埴輪に関する従来の性別分類にこそ性別二元論の落とし穴があるという点である。髪型の種類と乳房の有無という、特定の属性のみを取り上げて分類するのは、それらがもともと男女に二区分しやすい属性であるからにほかならない。言いかえれば、それは性別二元論的世界観にもとづいた、女と男を見出す目的にかなった分類方法である。逆に、彩色や頸飾りの種類、持ち物など、それ以外の属性を組み合わせて総合的に把握しようとすれば、男女に二区分できなくなる場合が生じる。こうした状況に関し、性別二元論的見方においてそれらの属性がジェンダーを示さないと解釈すれば、おのずと異性装的な表現は見出せなくなる。したがって、異性装にアプローチ可能

図2　千葉県市原市山倉1号墳出土人物埴輪　1：盛装男子、2：女子（［市原市文化財センター編 2004］より）

図3　城山1号墳出土人物埴輪　髪型については美豆良が剝がれた痕跡がある。（香取市文化財保存館所蔵）

か否かについても、研究者のジェンダー観とそれにもとづく解釈の枠組みに強く依存する。

個々の古墳から出土した複数個体からなる人物埴輪群を対象に、各個体の属性を総合的に分析してみると、男性ジェンダーや女性ジェンダーとして区分可能でありつつも、両者の境界がグラデーションをなす状況が認められる［Mitsumoto 2022］。とりわけ、高位の人物あるいは特殊な人物の埴輪に異性装的な表現がみられる。具体例をみてみよう。群馬県太田市塚廻り四号墳［群馬県教育委員会編　一九八〇］では、装飾付大刀を携える女性ジェンダーの埴輪と、高位の男性ジェンダーの埴輪には、被り物の有無や顔面彩色、首飾りの内容に共通項がみられる（**図4-1・2**）［光本　二〇〇六］。なお、女性ジェンダーの埴輪の多くは、巫女では

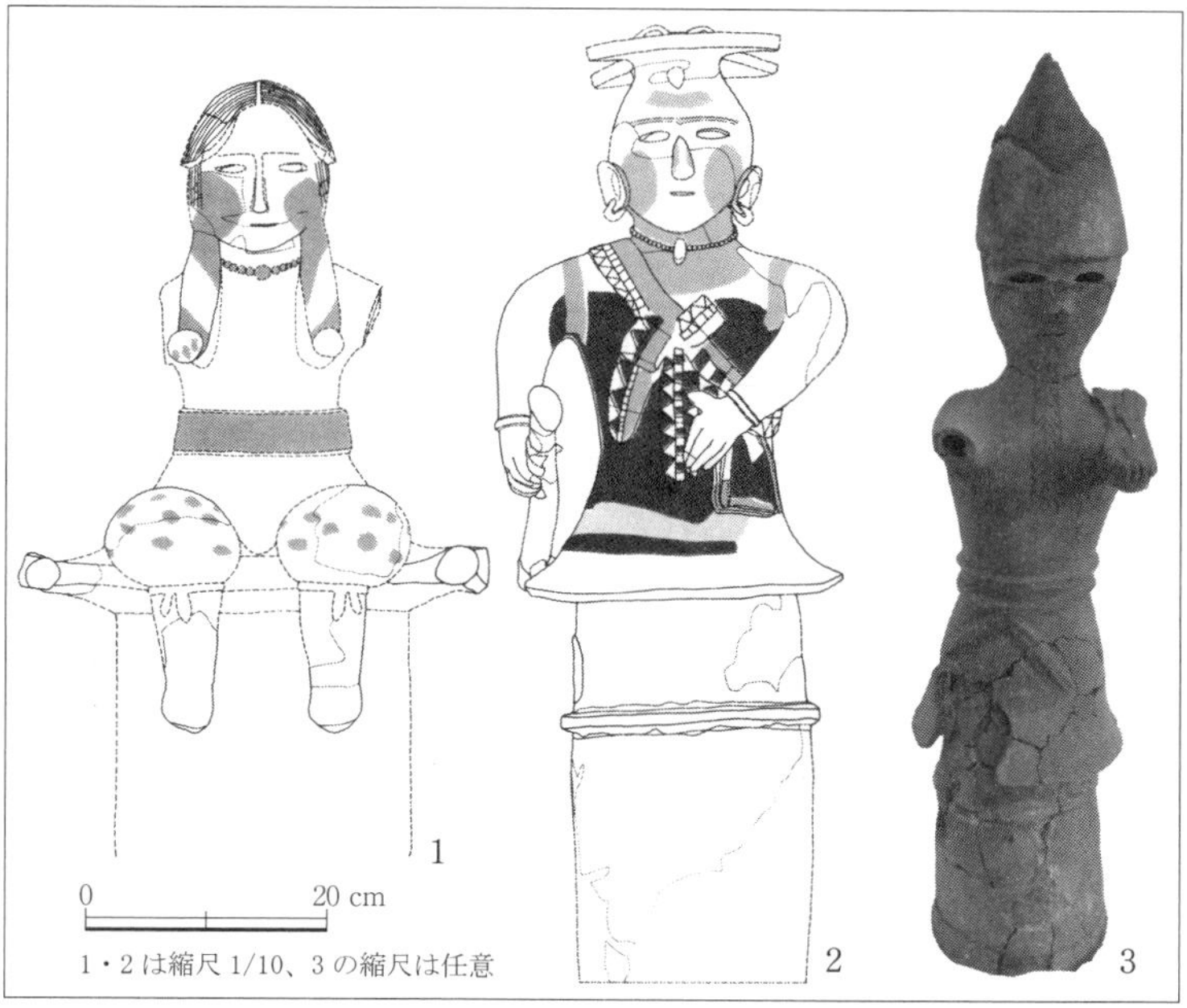

図４ 異性装的表現の人物埴輪　１・２：塚廻り４号墳（[群馬県教育委員会編 1980]より)、３：荒蒔古墳（天理市教育委員会所蔵）

なく食膳を供する采女と考えられている[塚田 一九九八]。あるいは、機織りの人物埴輪が出土したことで著名な栃木県下野市甲塚《かぶとづか》古墳[下野市教育委員会編 二〇一四]からは、被葬者を象徴する可能性も指摘されている高位の女性ジェンダーの埴輪が出土した[日高 二〇一四]。この埴輪には、男性ジェンダーの埴輪と同様の黒色と白色の組合せによる上衣の彩色が施されている[Mitsumoto 2022]。

さらに、最上位ではないものの特色ある所作をなす人物埴輪として、琴弾きの埴輪がある。琴弾き埴輪は、通常は男性だと考えられてきた。しかし奈良県天理市荒蒔《あらまき》古墳[天理市教育委員会編 一九九二]では、胸部に二重の円弧表現が認められる（**図４**-

3)。この琴弾きの埴輪は、帽子状の被り物を有する一方で美豆良が認められないという特徴がある。加えて被り物には珍しいことに勾玉一つがつけられている点も意味深長である。これもまた異性装的表現とみなしうる可能性が高い[光本 二〇一三]。

古墳時代のジェンダー区分

このように、人物埴輪は階層性や特定の職能に関連して、そのジェンダーがときにグラデーションをなす。こうした解釈に対し、それは階層性あるいは職能の影響であって、ジェンダーとは無関係ではないかという批判はありうるだろう。しかし、先の男性ジェンダーの人物のズボンが誇張して表現される際、「ズボンは高位の男性の表象」とみなすように、ジェンダーと階層あるいは職能は、そもそも二者択一にとらえるべきではない。性別二元論で説明できない事柄に対してのみ、ジェンダーと階層・職能を区別すべきと主張するのはアンフェアである。先の同性間の関係性に対して、否定的あるいは肯定できない態度と通じる不条理と言わざるをえない。

古墳被葬者の人骨から判断される生物学的性と副葬品との対応関係から、副葬される品々に男女の別があることは主張されてきた[清家 一九九六]。一方、これをもって男女の別がはっきりとした時代であると古墳時代を結論づける必要はない。もともと一般庶民の服装は武田氏が述べるとおり貫頭衣である。高位・特定の職能の人物埴輪における、男女に分かれるようでその差が曖昧となる現象は、男女の別がつくり出されたものであるがゆえに、つねに可変的に生じえたものとも考えられる。

人物埴輪と同様の研究は、古人骨研究の場でも近年主張されている。古人骨研究では通常、出産に関わる骨盤の形態とそのほか少数の属性から生物学的性（セックス）を推定したうえで、各人骨にみられる労働の痕跡などから復元される社会的・文化的性（ジェンダー）を論じる。前者を基盤とし、後者がその上につくられるようなイメージである。対して、アメリカ合衆国カリフォルニア大学バークレー校の生物考古学者であるサブリナ・アガルワル氏は、そうした古典的なセックス／ジェンダーの枠組みにもとづく研究を批判する［Agarwal 2012］。代わりに、イギリス中世人骨の骨粗しょう症を対象に、セックスを前提条件とするのではなく、栄養状態や労働内容、ライフサイクルなどの分析から議論した。これは、理論的にはフェミニズムおよびクィア理論研究者のジュディス・バトラー氏による主張［バトラー 一九九九］、すなわち、ジェンダーを通じてセックスが後付け的に見出されるという理解からの影響も想定される。こうした主張について、日本考古学に関わる古人骨研究では管見の限り拝聞したことはない。しかし、セックスとジェンダーをめぐる現代的課題に向きあいながら社会的正義のもと、生物学的性にもとづくことが至上命題かのように思われた古人骨研究を刷新しようとする動きは、クィア考古学にとっても心強い。

おわりに

本稿では、ＬＧＢＴＱ関連の考古学が何を考え、何に取り組もうとしているのかについて概説してきた。いまだわからないことも多く、隔靴掻痒《かっかそうよう》な感は否めないが、それは繰り返し述べたとおり、ジェンダー／セクシュアリティに関わるテーマが社会と研究者のジェンダー観に依拠してきたためにほかならない。そのため、論点となる考え方を含めて紹介してきた。一方この状況は、社会の発展にともない、これから大きく変わっていくかもしれない。

本稿執筆には、筆者がカリフォルニア大学バークレー校人類学部に、訪問研究員として二〇二二(令和四)年十月から翌年三月まで滞在した経験が大きく影響している。同校では、フェミニスト考古学の草分けであるマーガレット・コンキー氏と、帰国前三月に対話の機会を得た。筆者がクィア考古学をはじめて世に問うたのは二〇〇六(平成十八)年頃であり、社会に対する怒りと焦燥感が当時の動機であった。しかし昨今、現代社会の方が学問の先を行っているような印象すらあった。コンキー氏にもにお尋ねしたのは、こうした状況下で今後何を動機とし、何をなすべきかということであった。その答えとは、突き詰めれば考古学をよりよく魅力的なものにしていくことの重要性であるものと受け止めた。カリフォルニアのどこか明るい陽ざしのもと、従来の動機に比べれば前向きな気持ちで記したのが本稿である。「楽しいＬＧＢＴＱの考古学」も、今後は増えてくるのかもしれない。

〈**参考文献**〉

市原市文化財センター編　二〇〇四年『市原市山倉古墳群』

片山一道　二〇一三年『骨考古学と身体史観――古人骨から探る日本列島の人びとの歴史』(敬文社)

群馬県教育委員会編　一九八〇年『塚廻り古墳群』

設楽博己　二〇〇七年「弥生時代の男女像――日本先史時代における男女の社会的関係とその変化」(のち再録『弥生時代人物造形品の研究』同成社、二〇一七年)

下野市教育委員会編　二〇一四年『甲塚古墳発掘調査報告書――下野国分寺跡史跡整備に伴う関連調査』
杉山晋作　二〇〇三年『埴輪こぼれ話』(歴史民俗博物館振興会)
清家章　一九九六年「副葬品と被葬者の性別」(のち再録『古墳時代の埋葬原理と親族構造』大阪大学出版会、二〇一〇年)
ダイサン編　二〇一四年『緑川東遺跡――第二七地点』国立市教育委員会
武田佐知子　一九八四年『古代国家の形成と衣服制――袴と貫頭衣』(吉川弘文館)
武田佐知子　一九九八年『衣服で読み直す日本史――男装と王権』(朝日選書)
塚田良道　一九九八年「女子埴輪と采女――人物埴輪の史的意義」(のち再録『人物埴輪の文化史的研究』雄山閣、二〇〇七年)
天理市教育委員会編　一九九二年『天理市埋蔵文化財調査概報』(昭和六十三・平成元年度)
中村耕作　二〇一三年『縄文土器の儀礼利用と象徴操作』(アム・プロモーション)
難波美緒　二〇一四年「「阿豆那比の罪」に関する一考察」(『早稲田大学大学院文学研究科紀要第四分冊』五十九輯)
バトラー(ジュディス・バトラー)、竹村和子訳　一九九九年『ジェンダー・トラブル――フェミニズムとアイデンティティの攪乱』(青土社)
日高慎　二〇一四年「甲塚古墳の埴輪配列について」(のち「甲塚古墳の埴輪群像における被葬者像」として再録『東国古墳時代の文化と交流』雄山閣、二〇一五年)
水野正好　一九七七年「埴輪の世界」(『日本原始美術大系3　土偶 埴輪』講談社)
光本順　二〇〇六年『身体表現の考古学』(青木書店)

光本順　二〇一三年「人物埴輪から探る古墳時代の思想と社会」(『季刊考古学』一二二号)
光本順　二〇二〇年「身体表現と考古学」(『季刊考古学』一五〇号)
Agarwal, Sabrina C. 2012　The past of sex, gender, and health: Bioarchaeology of the aging skeleton. *American Anthropologist*, 114(2): 322–335.
Mitsumoto, Jun. 2022　Bodily representation and cross-dressing in the Yayoi and Kofun periods. *Japanese Journal of Archaeology*, 9(2): 189–210.
Reeder, Greg. 2000　Same-sex desire, conjugal constructs, and the tomb of Niankhkhnum and Khnumhotep. *World Archaeology*, 32(2): 193–208.
Roughgarden, Joan. 2004　*Evolution's Rainbow: Diversity, Gender, and Sexuality in Nature and People*. University of California Press.

17 動物考古学の現在——日本列島における牛馬利用の歴史

植月 学

はじめに——動物考古学とは

動物考古学は遺跡から出土する貝殻や骨などの動物遺体から人と動物の関わり合いの歴史を追究する分野である。考古学一般と同様に人が暮らした時代すべてが対象となる。つまり、旧石器時代遺跡出土のナウマンゾウから、明治時代のゴミ穴出土の魚骨まで、幅広い時代、テーマを扱うことになる。しかし、教科書の中では動物はマイナーな存在で、時代がくだるほど記述が減る点は考古学一般と同様である。実際には動物との関わりはどの時代にも生活の中で重要な位置を占めていた。そこで、本稿では動物との関わり合いという、歴史の授業ではほとんど正面からは取り上げられないテーマについて紹介する。とくに歴史時代の生活や社会において重要な位置を占めていた牛馬に焦点を当て、文献史料には表れにくい屠畜や肉食などの側面について紹介したい。

1　日本の牛馬文化

牛馬と日本史

東アジア文化圏の一角を占める日本列島において、ユニークな発展を遂げたのは家畜をめぐる文化である。日本列島の家畜類には列島内での発明はなく、いずれも家畜そのものや飼育法が大陸からもたらされた。しかし、導入後の歴史は大陸とは異なる道をたどった。この点は教科書を読んでいてもまったくわからない。例えば、佐原真氏は食肉家畜をもたない列島独自の農耕文化を評して「非畜産農業」と位置づけた［佐原 一九七九、丸山 二〇二二］。用途がほぼ食用に限定されるブタが弥生時代に導入されたものの、古代以降に飼育が廃れてしまう点はそうした特徴をよく反映している。他方、松井章氏による文献史料を援用した動物考古学的研究によって、古墳時代の馬の供犠や古代の牛馬肉食の存在など、古い時期には大陸との共通性を示す要素が存在したことも明らかにされている［松井 一九八七］。

日本列島において歴史上長く、広範囲に重要な家畜であったといえるものは牛馬に限られる。これは中国でウシ・ウマ・ヒツジ・ブタ・イヌ・トリの六畜が重要視されていたのと比べて少ない。重要家畜が限定されている点が日本列島の家畜文化の特徴である。牛馬は食用だけでなく、むしろ運輸・通信・農耕・軍事などの面での役割が大きかったことから、歴史を通じて選択されてきたといえる。

牛馬の地域性

牛馬と一括りにされることが多い二種には実は地域性がある。一般に「西の牛、東の馬」と認識される地域性は、明治期の統計でも明白である。中部地方以東と南九州は馬の世界、そのほかは牛の世界という傾向が確認できる。しかし、歴史をさかのぼるとまったく異なる世界がみえてくる。東国の古代遺跡出土の牛馬の比率をみると、牛が三割以上を占める遺跡が多く、古代には東国でも多くの牛が飼われていたことがわかる。ところが、中世遺跡では一転して牛が一定割合を占める遺跡は消滅する。古代の東国で牛が多く飼われていたことは佐伯有清氏が文献史料にもとづいて早くに論じていたが［佐伯 一九六七］、動物考古学的にも裏づけられたことになる［植月 二〇一四］。飼育の理由としては佐伯氏が指摘したように蘇（乳製品）や牛皮の生産と貢納が挙げられる。逆に中世における牛の減少と馬の優占は律令的な貢納制度の崩壊と馬を重視する東国武士団の勃興との関わりが考えられる［河野 二〇〇九］。

2 馬の実像

生産と飼育の諸相

現在の動物考古学では肉眼で骨を同定し、観察し、はかるというオーソドックスな方法だけでなく、化学分析により動物遺体がもつ目に見えない情報を引き出すことが普通になっている。同位体分析やDNA分析、コラーゲンタンパクによる種の同定などである。とくに馬については、同位体分析によって食性や移動に関して新たな情報がもたらされている。

　はじめに注目されたのは馬の食性の変化で、歯エナメル質を構成する炭素の同位体比が用いられた。形成時期が異なる複数の臼歯の分析結果をつなぎあわせて、〇〜五歳頃の食性の変化を追跡する方法である。おもにC3植物(コメ・ムギなど)とC4植物(ヒエ・アワ・キビなど)の割合をみるが、とくに後者は雑穀がおもな供給源となることから、人為的雑穀給餌の証拠として注目された。この方法は初めに菊地大樹氏らによって中国の西周時代の遺跡で試みられ、個体によって、あるいは同一個体でも雑穀給餌の割合が変化することが明らかにされた[菊地ほか 二〇一四]。その後、日本でも同種の分析が多く実践され、古墳時代の豪族居館の発見で有名な群馬県高崎市三ツ寺《みつでら》Ⅰ・Ⅱ遺跡[覚張 二〇一五]や、奈良県御所市南郷大東《なんごうおおひがし》遺跡でも三歳前後からC4植物の比率が高まる、すなわち雑穀給餌を増加させた可能性が高い個体が確認された[覚張 二〇一七]。良馬への雑穀給餌は文献史料にも記されており、養老厩牧令《くもくりょう》には細馬《さいめ》(最上級の馬)にのみアワを与えるという規定がみえる。同位体分析の成果はこうした給餌方法が古墳時代にはすでに実践されていたことを教えてくれる。

　同位体分析は馬の産地推定と移動の解明にも有効である。やはり飲み水や餌(草)を通じて歯に取り込まれるストロンチウムや酸素の同位体比が用いられる。飛鳥時代の藤原宮跡出土馬では興味深い成果が得られた[山崎ほか 二〇一六]。まずストロンチウム同位体比の分析によって、これらの馬が奈良盆地内ではなく、外部からもたらされたと推定された。ストロンチウム同位体は解像度が高いために域内・域外の判別が可能な一方、類似の値が各地に存在するため、産地の特定は難しい。そこでつぎに酸素同位体比が用いられた。酸素同位体比はより広域的にまとまるため、長距離移動の把握に適しているからである。酸素同位体比分析の結果、分析した馬の過半数が東日本内陸部に由来すると推定された。同位体比からみた候補地としては北海道や北東北も含まれたが、北海道にはまだ馬が導入されていないこと、北東北からの移入もエミシと朝廷の関係から考えられないことから、中部・関東地方の内陸部の可能性が高いと判断された。

この地域はのちに御牧がおかれた伝統的馬産地であり、飛鳥時代にさかのぼって中央への貢馬が存在したことが明らかになった。なお、ストロンチウム同位体分析のみの結果ではあるが、古墳時代の奈良県御所市南郷大東遺跡や天理市布留《ふる》遺跡でも東日本に類似する値をもつ個体が確認されており、東日本からの貢馬の伝統が古墳時代にさかのぼる可能性も論じられている［青柳ほか 二〇一六］。

生きた馬の姿

歴史上の日本の馬たちが現在の区分ではポニーと呼ばれる体高（肩の高さ）一四七センチ以下の中・小型馬であったことは近年、歴史系の読み物などで紹介されることも多い。早くに林田重幸氏が鎌倉市材木座《ざいもくざ》遺跡出土馬について示したように、武家の都鎌倉であっても多くは体高一三〇センチ前後、最大でも一四〇センチ程度であった［林田 一九五七］。後者は中世の軍記物語に登場する名馬たちの寸法ともおおむね一致する。したがって、明治時代の馬政計画により外国産馬との交配が進む前の日本列島の馬はほとんどがポニーに分類されるのは事実である。こうした江戸時代以前の列島の馬の姿を今に伝えるのが列島各地で保存されている八種の日本在来馬である。

しかし、動物考古学の成果からは、日本在来馬は過去に存在した多様な馬の一部の特徴を伝えているにすぎない可能性が指摘されている。鵜澤和宏氏と本郷一美氏は鎌倉市由比ヶ浜南《ゆいがはまみなみ》遺跡出土の馬全身骨格の四肢骨プロポーションを在来馬と比較し、末端の骨が相対的に長いことを明らかにした[鵜澤・本郷 二〇〇六]。このような特徴は走行型動物にみられることから、鎌倉の馬は在来馬よりも平地での走行に適していたと推測した。逆に末端の骨が短い在来馬は島嶼や山間部の急峻な地形への適応を遂げた個体群と考えた。

千葉県市川市須和田《すわだ》遺跡の奈良時代の馬は体高一二五センチ程度の小型馬であったが、やはり末端の骨が相対的に長く、走行型のアラブ馬に近い特異なプロポーションであった。これに対して、中世の山梨県甲府市武田氏館跡や青森県平川市大光寺新城跡の馬は中間部の骨が長かった。在来馬とも異なるが、末端が短い点では走行型とは言いがたいタイプであった[Uetsuki et al. 2022]。末端が短い点はむしろ傾斜地での歩行、とくに下りに適しており、山越えの遠征が必須であった山国甲斐の中世馬として違和感はない。少なくとも由比ヶ浜南遺跡とは明らかに異なり、同じ中世であっても地域、あるいは用途によって異なるプロポーションの馬が飼育されていた可能性がある。今後各地域、時代の事例が蓄積されていくことで、かつて列島に存在した多様な馬の特徴が明らかになるだろう。もちろん、部分的にせよかつて列島で飼育されていた馬の姿を今に伝える日本在来馬が「生きた文化財」として重要であることは言うまでもない。

3 死後の利用

肉食忌避

日本人の動物観として漠然と認識されているのが、仏教の殺生禁断思想の導入により、日本人は肉を食べなくなった、あるいは牛馬を家族同様に大切に扱っていたという習慣ではないだろうか。動物考古学の立場からこのような見方に修正をせまったのが松井章氏による一連の研究であった［松井 一九八七・二〇〇四など］。松井氏は遺跡から牛馬が出土すると安易に雨乞い祭祀などの儀礼に結びつけていた従来の見方に対し、文献史料も駆使しながら、それらが実際には斃牛馬を資源として徹底利用した結果である場合が多いことを論じた。また、肉食忌避というイメージに反して、実際にはどの時代においても獣肉食が普通に行われていたことを論じた。斃牛馬処理に関わった人々が古代都城内での操業からやがて都市外縁部に追いやられ、河原者となっていったプロセスを考古学的に明らかにした点は、とくに重要な業績である。

近年は牛馬死亡年齢の分析からも、斃牛馬処理の実体が明らかになってきた。馬の場合にはとくに古代における若齢での屠畜が顕著である。東国の古代遺跡では四歳前後の若い馬がもっとも多く出土する例が複数確認されている。自然死にしては若すぎる点や、『延喜式』にみえる牧馬の選抜時期との近似から、選抜後に皮などの資源回収目的で屠畜された個体が一定数存在したとみられている。

酸素・炭素同位体比の変動の分析でも、選抜時期との関係がうかがえる結果が得られている。下総国府周辺域に位置する千葉県市川市北下《きたした》遺跡の馬は値や変動の方向性は様々であったが、三歳前後に大きな変動の画期がある点が一致していた。産地・来歴の異なる馬が三歳前後の選抜にともなう飼育環境の変動を経て、国府周辺に集められたことを物語っている。多くはやはり四歳前後で死亡しており、国府への集積後まもなく処分されたことがうかがえる。藤原宮における研究でも、おもに東日本内陸部からもたらされた馬の多くは三〜五歳で死亡しており、藤原宮造営への資材運搬後に屠畜して資源を回収したと推定されている［馬場 二〇一七、山﨑 二〇二一］

中世になると、このように早い時期での屠畜をうかがわせる例はなくなり、一〇歳前後に死亡年齢のピークをもつ例が多い。しかし、これとて自然死かどうかは疑問が残る年齢であり、盛期を過ぎた個体を処分していた結果とみなせるかもしれない。一つの事例ではあるが、近世農村の馬捨場とみられる群馬県藤岡市上栗須《かみくりす》遺跡の塚に埋葬されていた馬の多くは二〇歳前後の老齢であった。おそらく天寿をまっとうするまで飼育されていた馬たちであり、ここにきてようやく家族同様にいつくしんで育てられた家畜像に合致する例が現れる。逆にいえば、古代の馬の扱いは現代日本人の感覚からすれば「ドライ」で、大陸から導入した家畜文化の影響がまだ色濃かったといえる［植月 二〇二一］。

古代の牛馬肉食

さて、古代において祭祀の痕跡と解釈されることが多かった牛馬出土例が、実は解体後の廃棄物であり、脳漿や皮といった資源をとったのちに廃棄されたと論じ、視点の転換をせまったのは松井章氏であった［松井 一九八七］。近年の分析事例でも、その視点を裏づけるような具体的な証拠が見つかっている。

一つは東京都多摩市上っ原《うわっぱら》遺跡の牛の死後の利用に関わる例である[植月 二〇一四]。平安時代の住居跡から出土した最小四個体分の牛骨はいずれも火を受けていた。被熱は骨の中間部に偏っており、骨髄抽出を目的として打ち割ったためと解釈された。出土部位は背骨や足の付け根など肉が付随する部位が欠落し、頭部や管状の四肢骨など、脳漿《のうしょう》・骨髄が豊富な部位に偏っていた。以上は解体・除肉後の骨が脳漿や骨髄利用のためにもち込まれたことを示し、間接的に牛肉食の証拠となる。脳漿や骨髄は皮鞣《かわなめ》しに用いられたと推測される[松井 一九八七]。この遺跡では北東北に特徴的な土器が多く出土しており、移配されたエミシの集落と目されている[平野 二〇一七]。移配エミシが従事した役務の一つが斃牛の処理であった可能性を示す点でも興味深い事例である。

より直接的に解体痕から肉食が裏づけられたのは須和田遺跡の事例である[植月ほか 二〇二二]。奈良時代の土坑内から出土した一体分の牛骨は四肢骨上部のみであった。上っ原遺跡とは異なり、肉の付随しない末端の部位はなく、末端の骨との関節部には切り落とした際の切痕が残っていた。解体し、肉の多い部位のみを利用したうえで廃棄したことが明らかである。大腿骨の側面には除肉の際の細かい切痕も多数残されており、肉食の存在を明確に示した。

興味深いことに、出土した牛骨部位の左右には偏りがあり、右前肢のみを欠いていた。同じ土坑から出土した馬一体の骨格は、前・後肢ともに右側のみを欠いていた。この偏りは偶然ではあり得ない。山﨑健氏は長岡京において馬の頭と右後肢のみが出土した例に対して、釈奠《せきてん》(孔子とその弟子たちをまつる儀式)との関わりを論じている[山﨑 二〇一二]。須和田遺跡とは逆の事例である。山﨑氏が参照した久保和士氏による大阪市長原《ながはら》遺跡の飛鳥時代の例では、牛の四肢骨が土坑内に右→左の順序で明確な意図をもって埋納されており、『延喜式』大学寮における釈奠の規定で鹿や豕の右側の骨付き肉を用いる点との類似性が指摘された［久保 一九九九］。

貝や犬とともに投棄されている須和田遺跡の土坑には祭祀的特徴は認めがたい。牛馬の左側四肢がおもに出土している点からも、むしろ牛右前肢、馬右前・後肢を祭祀に供したあとの残滓とみなせる。少なくとも牛は食用とした後に埋められたことが解体痕から明らかである。以上は、古代の下総国府周辺域という政治の中枢で牛馬肉食をともなう祭祀が行われた事実を示し、後述する中世との違いが注目される。

須和田遺跡の牛は三歳前後の雄で、使役し終わっての屠畜とするには若い。実は東国の古代遺跡では同様に三歳前後の若齢で死亡している牛の例が多くみられ、その理由として食肉目的での屠畜を考えたことがある［植月 二〇一四］。その際に参考としたのは平林章仁氏による文献史料、とくに説話集の背後にある奈良時代の人々の牛肉食に対する忌避感覚の乏しさである［平林 二〇〇七］。前述の動物考古学的事例はまさに平林氏の見方に合致している。

中世の牛馬肉食

中世になると古代とは異なる牛馬肉食に対する立場が現れる。文献史学の成果からは平林氏が肉食忌避の成立を平安時代以降とみている。平雅行氏は京都の貴族や神社の獣肉忌避が鎌倉時代に武士のあいだにも広がっていった過程を明らかにした［平 二〇〇〇］。しかし、より重い禁忌である牛馬肉食に関しては文献に現れることは少ない。そこに動物考古学の出番がある。以下では東日本の二遺跡を取り上げ、解体痕パターンの対照的なあり方から、中世における牛馬肉食の実態を考察する。

一つ目の遺跡は鎌倉市由比ガ浜中世集団墓地遺跡で、中世都市鎌倉のはずれにある浜辺に残された人・牛・馬・犬などの廃棄場である。二〇一五(平成二十七)年の調査地点では骨を廃棄した十三世紀後半〜十四世紀の土坑約五〇基が見つかった。解体痕は非常に定型的であり、馬では頭頂部の打割・穿孔が高頻度で確認された。松井章氏が古代遺跡において指摘した脳漿利用が継続していたとみられる。刃物による切痕では牛馬ともに頭部切断(環椎)、除肉(肋骨)、腱の採取(肉の乏しい前・後肢の下半と末端で対になる)の痕跡が多く確認された。

対照的なあり方を示す遺跡が大光寺新城跡である。北曲輪の外堀から十五世紀中葉〜十六世紀中葉に属する馬・牛・犬を主体とする多量の動物遺体が出土した。馬と牛は切痕の位置から食用とされたことが明らかである。切痕の位置は由比ガ浜とは異なり、頭部、椎骨、四肢骨上半(付け根に近い骨)が主体で、末端は少ない。さらに切痕の位置が一定せず、非効率的で、その技術的稚拙さは解剖学的知識に乏しい人物による解体をうかがわせた。

以上の差異は解体技術が定型的で、肉のみならず脳漿や腱、さらには脳漿が皮鞣し用とすれば皮の採取と加工も日常的に行っていた由比ガ浜集団に対して、解体技術が場当たり的かつ稚拙で、日常的行為ではなかった大光寺新城集団の違いと整理できる。都市縁辺部で専業的に解体と処理に従事した由比ガ浜集団は松井章氏が考古学的に跡づけた河原者に相当するような集団と推測される[松井 一九八七]。これに対して大光寺新城内ではそうした行為は日常的には行われておらず、籠城時のような非日常的場面でやむをえず食したとみると稚拙な技術がよく理解できる。二歳未満の幼齢から老齢まで幅広い年齢を含む点も手当たりしだいに食したとみれば以上の解釈に整合的である。

先学の研究もふまえると、由比ガ浜と大光寺の違いは東日本中世の牛馬肉食に関する二つの事実を反映していると考えられる。第一に武士を含む上層階級や彼らが居住する城郭では牛馬の解体や肉食は一般的ではなかった。第二に都市や城郭とは別に牛馬処理の空間があり、そこでは皮・腱などの資源が採取され、肉食も行われていた。中世の文献に死牛馬利用や牛馬肉食の証拠を見出すことは困難であり、動物考古学はその解明の鍵を握っている。

骨以外から牛馬利用にせまる

解体痕や部位組成の分析は骨の遺存が良好でなければ不可能だが、実際には遺存条件に恵まれた遺跡は多くない。遺存不良を乗り越える新たなアプローチとして、土器や石器の残存脂質分析が注目される。脂質は長く土中に埋没していた土器や石器にも残存していることが多く、どのような動植物に由来するかの研究が盛んになってきている。牛馬関連では古代の土器と石器で進展があった。平安時代の牛馬骨が多数出土した山梨県南アルプス市百々《どうどう》遺跡では分析した一五点の土器すべてから非反芻動物ないし反芻動物由来の脂質が検出された［庄田ほか 二〇二〇］。動物遺体組成からは前者は馬、後者は牛の可能性が高い。この遺跡の骨は遺存不良で解体や加工の観察は不可能だが、土器を用いた牛馬の調理や加工が行われていた可能性がみえてきた。石器についてはやはり平安時代の東京都多摩市落川・一の宮遺跡の礫石器（磨痕石）より非反芻動物由来の脂質が確認された［庄田ほか 二〇二二］。磨痕石は牛馬の皮革加工具との説が提唱されており［福田 二〇一七］、残存脂質分析からは馬の皮革加工に利用された可能性が示唆された。同種の分析例が蓄積されれば、動物遺体の遺存度の制約を受けずに地域間比較が可能になると期待される。

おわりに

日本の家畜文化の特性として、古代以降、役畜である牛馬に収斂していき、食肉用家畜の重要性が低い点が挙げられる。食肉用の豚は弥生時代には導入されていたが、古代以降、しだいに証拠が乏しくなり、その後は一部地域を除いて重要な存在ではなかった。食用目的の家畜の生産が定着しなかったとはいえ、牛馬が死ねば皮や腱などの資源をとり、肉を食べることも行われていた。しかし、その事実は文献には記されず、動物考古学はそれを確かめる有力な手がかりとなる。少なくとも近世の東日本においては、こうした処理システムが存在しない農村の例もあり、馬が天寿をまっとうし、死ぬと埋葬されて肉食も行われない場合があった。日本古来のものとみなされている、家族同様に大事に扱い、食べることを忌避するという家畜との関係に対するイメージはこの頃の習慣にもとづいているのではないだろうか。このような家畜の扱いは長い歴史を経て形づくられてきたのであり、過去においては若齢での処分や肉食の盛行など異なる姿があった。家畜とのつき合いにも歴史的変化があったのである。

〈**参考文献**〉

青柳泰介・覚張隆史・丸山真史　二〇一六年「南郷大東遺跡から出土した馬歯の化学分析――安定同位体分析による食性および生育環境の復元の試み」(『青陵』一四六号)
植月学　二〇一四年「古代東国における牛肉食の動物考古学的検討」(『山梨考古学論集Ⅶ』山梨県考古学協会)
植月学　二〇二一年「動物考古学からみた馬匹生産と馬の利用」(佐々木虔一・川尻秋生・黒済和彦編『馬と古代社会』八木書店)
植月学・金子浩昌・山路直充　二〇二二年「古代の牛馬肉食と祭祀利用――須和田遺跡大型土坑出土牛馬遺体の形成過程による検討」(『市史研究いちかわ』第一三号)
鵜澤和宏・本郷一美　二〇〇六年「由比ヶ浜南遺跡出土ウマ(Equus caballus)の形態」(『考古学と自然科学』五三号)
覚張隆史　二〇一五年「歯エナメル質の炭素安定同位体比に基づく三ツ寺Ⅰ・Ⅱ遺跡出土馬の食性復元」(『動物考古学』三二号)
覚張隆史　二〇一七年「同位体化学分析に基づく遺跡出土馬の生態復元」(青柳泰介編『国家形成期の畿内における馬の飼育と利用に関する基礎的研究』奈良県立橿原考古学研究所)
菊地大樹・覚張隆史・劉呆運　二〇一四年「西周王朝の牧経営」(『中国考古学』一四号)
久保和士　一九九九年「動物遺体の調査結果と検討(長原遺跡東部地区Ⅱ)」(『動物と人間の考古学』真陽社)
河野通明　二〇〇九年「農耕と牛馬」(中澤克昭編『人と動物の日本史2』吉川弘文館)

佐伯有清　一九六七年『牛と古代人の生活――近代につながる牛殺しの習俗』(至文堂)
佐原真　一九七九年「弥生時代論」(大塚初重・戸沢充則・佐原真編『日本考古学を学ぶ3』有斐閣選書)
庄田慎矢、植月学、タルボット・ヘレン、クレイグ・オリヴァー　二〇二〇年「土器残存脂質からみた平安時代の牧における動物利用」(『日本文化財科学会第三七回大会研究発表要旨集』)
庄田慎矢、村上夏希、柚原雅樹、福田健司、タルボット・ヘレン、クレイグ・オリヴァー、植月学　二〇二二年「石器残存脂質分析による「磨痕石」皮革加工具説の検証」(『日本文化財科学会第三九回大会研究発表要旨集』)
平雅行　二〇〇〇年「日本の肉食慣行と肉食禁忌」(脇田晴子、アンヌ・ブッシィ編『アイデンティティ・周縁・媒介』吉川弘文館)
馬場基　二〇一七年「都城の造営と交通路」(鈴木靖民・荒木敏夫・川尻秋生編『日本古代の道路と景観――駅家・官衙・寺』八木書店)
林田重幸　一九五七年「中世日本の馬について」(『日本畜産学会報』二八巻五号)
平野修　二〇一七年「武蔵と甲斐における俘囚・夷俘痕跡」(『「俘囚・夷俘」とよばれたエミシの移配と東国社会――強制移住させられたエミシたちはどこに居たのか？そして何をしていたのか？』帝京大学文化財研究所・山梨県考古学協会)
平林章仁　二〇〇七年『神々と肉食の古代史』(吉川弘文館)
福田健司　二〇一七年『土器編年と集落構造――落川・一の宮遺跡の出自と生業を探る』(ニューサイエンス社)
松井章　一九八七年「養老厩牧令の考古学的考察――斃れ馬牛の処理をめぐって」(『信濃』三九巻四号)

松井章　二〇〇四年「近世初頭における斃牛馬処理・流通システムの変容」（考古学研究会編『文化の多様性と比較考古学』考古学研究会）
丸山真史　二〇二二年「人と動物の関係史——動物考古学からみた家畜」（『季刊考古学』一五八号）
山﨑健　二〇二一年「都城と馬」（佐々木虔一・川尻秋生・黒済和彦編『馬と古代社会』八木書店）
山﨑健・覚張隆史・降幡順子・石橋茂登　二〇一六年「藤原宮跡から出土した馬の飼育形態と産地推定」（『藤原宮跡出土馬の研究』奈良文化財研究所研究報告第一七冊）
Uetsuki, M., Nishinakagawa, H., Yamaji, N. 2022　The use of horses in classical period Japan inferred from pathology and limb bone proportion. *Asian Journal of Paleopathology*, 4.

18

植物考古学の現在

佐々木　由香

はじめに

旧版(日本史B)の『詳説日本史』(山川出版社 二〇二二、以下旧版)と新版(日本史探究)の『詳説日本史』(山川出版社 二〇二三、以下新版)の教科書を比較すると、縄文時代と弥生時代の植物考古学の記述に大きな変更が認められる。旧版では縄文時代にはコメやムギ、アワなどの大陸系イネ科穀物の栽培が始まっていた可能性があったと記述されていた。しかし、新版ではコメやアワ・キビといった雑穀が縄文時代末から弥生時代の移行期に日本列島に導入され、ダイズなどのマメ類やエゴマ、ヒエ類は縄文時代に栽培されていた可能性があると変更されている。変更の背景には、今世紀以降に進展したレプリカ法による土器圧痕研究があり、その研究成果によって栽培植物が出現する時期が高精度にとらえられるようになったことが挙げられる。

このように、植物と人類の相互関係を解明する学問が植物考古学である。先史時代の日本列島に関する植物考古学の研究対象は、生の植物遺体が豊富に残存する低湿地遺跡の堆積物や遺構と遺物、植物遺体が炭化して残存する台地上の遺跡の炭化材や炭化種実《しゅじつ》、そして土器の製作時に入った有機物がくぼみとして残る土器圧痕などである。ここでは、新たな分析方法に着目して、縄文時代と弥生時代の植物考古学の到達点と課題を展望したい。

1 新旧教科書の記述変更点からみた縄文時代の植物利用

旧版の教科書には、「気候の温暖化にともなって植物性食料の需要が高まり、前期以降にはクリ・クルミ・トチ・ドングリなどの木の実やヤマイモなどを採取するばかりでなく、クリ林の管理・増殖、ヤマイモなどの保護・増殖、さらにマメ類・エゴマ・ヒョウタンなどの栽培もおこなわれたらしい」と記述されている。新版では、より厳密な用語で記述され、出土植物遺体で実証された事実と推定される事象が明確に区別されている。例えば、ドングリという植物は存在しないためドングリ類に変更され、通称であるトチもトチノキと植物分類学上の呼称に変更された。植物考古学的に利用が実証されていないヤマノイモは「根茎類も食料にされたであろう」と、推測段階にとどめられた。

ただし、双方の教科書ともに植物性食料に依存する生活は縄文時代前期以降に高まったと記述されている。それは後述されるように、早期から前期になると気候の温暖化によって食料資源が多様化し、その獲得方法や加工技術が進展することにより人々の生活は安定して定住的な生活が始まったと説明されている点と連動した記述であろう。前期以降の「高まり」をどのような考古学的な証拠で判断するかは難しいが、最近の発掘調査の成果や植物考古学の研究成果をふまえると、植物性食料に依存する生活はすでに約一万年前の縄文時代早期前葉にさかのぼることが判明している。例えば、東京湾沿岸部に立地する千葉県船橋市取掛西《とりかけにし》貝塚では、縄文時代早期前半の集落が台地上から確認されており、前期以降にさかんに利用されたと推定されるクルミ類などの木の実(以下、堅果《けんか》類)とともに、ダイズ属やアズキ亜属などのマメ類、ミズキやキハダなどの液果《えきか》類の炭化種実が竪穴住居跡から多く出土した。レプリカ法による土器の圧痕調査では、マメ類や液果類の種実圧痕に加えて、乾燥した食物に加害する貯穀害虫であるコクゾウムシの圧痕も確認され、縄文時代早期前半段階で堅果類などの貯蔵が行われていたことが間接的に示された。また、標高約一〇〇〇メートルの山間部の岩陰にある長野県北相木村栃原《とちばら》岩陰遺跡や群馬県長野原町居家以《いやい》岩陰遺跡では、クルミ類やドングリ類の堅果類に加えて、マメ類や液果類の炭化種実や、マメ類や液果類の種実圧痕が見つかっている[佐々木 二〇二〇]。これらの種実は、縄文時代前期以降にも活発に利用される種類である。とくにマメ類のうちダイズの種子は縄文時代中期頃に大型化して、現在の栽培種のダイズとほぼ同じ大きさになることが土器圧痕から判明している。縄文時代早期段階では、その祖先野生種が集落や居住空間にともなって確認されている点が重要であり、すでに有用植物の利用体系が整っていた可能性がある。

2　縄文人が好んだドングリ類の地域性

縄文時代に利用されたドングリ類の大まかな地域的な傾向も明らかになってきている(**表1**)。新旧の教科書ともに、およそ一万年前に亜寒帯の針葉樹林に代わって東日本にはブナやナラなどの落葉広葉樹林が、西日本にはシイなどの照葉樹林が広がったとされている。実際には、縄文時代の始まりの時期に日本列島で広がったのは落葉広葉樹林であり、照葉樹林(以下、常緑広葉樹林)は九州地方から縄文時代前期の初め頃に列島内に拡大した。植生の変化は人間が利用したドングリ類にも大きく反映されている。九州で縄文時代に利用された堅果類の主体はドングリ類であるが、早期以前はクヌギを中心とする落葉性のコナラ亜属が七〇%以上占めているのに対し、前期以降では常緑性のイチイガシが貯蔵穴出土例の九割を占めるようになる[小畑 二〇一一]。早期後葉の佐賀市東名《ひがしみょう》遺跡では、ドングリ類を主体とした堅果類を保存する貯蔵穴が多数検出されたが、八〇〇〇年前から七〇〇〇年前頃にかけて、落葉性のドングリ類であるクヌギやナラガシワ果実と常緑性のイチイガシ果実の貯蔵が確認され、多種類のドングリ類が利用されたことがわかっている(**図1**)[佐賀市教育委員会編 二〇一七]。これは東名遺跡が営まれる八〇〇〇年前から七〇〇〇年前頃の縄文時代早期後葉に九州で常緑広葉樹林が拡大して落葉広葉樹林から常緑広葉樹林へとおきかわる過程を反映していると考えられる。

イチイガシ果実の利用は、常緑広葉樹林が拡大した縄文時代早期以降に近畿地方から東海地方までは確認できるが、それ以東での縄文時代での確実な利用例はまだない。筆者はイチイガシのドングリが分布する地域ではまずイチイガシ果実が選択的に利用されていると推定した[佐々木 二〇一四]。イ

表1 日本列島のブナ科の分類と縄文時代に利用された果実　◎利用が顕著、○複数の遺跡で遺構内から出土。([佐々木 2023a]より、一部改変)

科	属	亜属	節	種	西日本	東日本
ブナ科	クリ属			クリ	○	◎
	シイ属			ツブラジイ	○	
				スダジイ	○	
	ブナ属			ブナ		
				イヌブナ		
	オニガシ属			マテバシイ		
				シリブカガシ		
	コナラ属	コナラ亜属	コナラ節	ナラガシワ	○	○
				ミズナラ		
				コナラ		○
			カシワ節	カシワ		
			クヌギ節	クヌギ	○	○
				アベマキ	○	○
			ウバメガシ節	ウバメガシ		
		アカガシ亜属		アカガシ	○	
				イチイガシ	◎	
				アラカシ	○	
				ハナガガシ		
				オキナワウラジロガシ	○	
				シラカシ	○	
				ウラジロガシ		
				ツクバネガシ		○

図1 縄文時代に使用された主要なドングリ類([佐賀市教育委員会 2017]より)

チイガシは灰汁《あく》が少なく、生食《なましょく》も可能なドングリ類である。利用のしやすさは縄文人が選択的に利用した大きな理由であった可能性が高い。イチイガシについで、縄文時代に利用の痕跡が目立つドングリ類は、落葉性のクヌギとナラガシワである。

このうちナラガシワはコナラ属コナラ亜属コナラ節《せつ》に分類されるが、現在は非常に限定的にしか分布せず、民俗誌に加工法や利用法が取り上げられた例がない。民俗誌から縄文時代のドングリ類を分類して、種類別の灰汁抜き方法や利用を説明した渡辺誠氏の報告にも、ナラガシワは含まれていない[渡辺 一九七五]。ナラガシワは早期後葉の東名遺跡でも貯蔵穴から集中して果実が発見されているほか、早期後葉の約七〇〇〇年前の千葉県市川市雷下《かみなりした》遺跡でも貯蔵穴からまとまって出土しており、選択的に利用されていた[佐々木 二〇二三a]。現在のナラガシワは、沖積低地の河畔林や山地下部の沢沿いの斜面を中心にわずかに生育しているのみであるが、東日本各地の縄文時代の低湿地遺跡からの出土例が多く、縄文時代の低地周辺で利用が推定されるドングリ類である。では、なぜ現代にはナラガシワが希少となったのであろうか。ナラガシワはコナラ節のドングリであり、ナラ類の材は材質的に重硬で、割り裂きやすい材質をもつ。このため、弥生時代や古墳時代では、建築材や土木用材、木製品に多用されている。一つの推定として、ナラガシワはほかのナラ類と比較して標高が低い地域に分布するため、低地部での土地開発や木材利用の結果、生育域が縮小した可能性がある。

3 クリとウルシと縄文人

イチイガシが分布していない地域で利用が顕著な堅果類はクリである。縄文時代早期初頭の滋賀県大津市粟津湖底《あわづこてい》遺跡や前期中葉の青森市岩渡小谷《いわたりこたに》(4)遺跡では、クリの果皮が剝かれて堆積したクリ塚が検出されている。縄文時代に遺跡からクリ材が多く出土している地域と時期を挙げると、縄文時代を通じて落葉広葉樹林の分布域とほぼ重なる(**図2**)[能城ほか 二〇二二]。縄文時代のクリは食料だけでなく、木材資源としても選択的に利用された。その理由として、クリの木材は耐朽性が高く、水湿に強いほか、当時の伐採道具である石斧を用いた実験から、ほかの樹種よりも伐りやすく[工藤 二〇〇四]、石斧の損傷も少なく[三山 二〇〇四]、割りやすい[村上 二〇〇二]と判明している。縄文時代の竪穴住居跡から出土した建築材の樹種を調べると、クリがもっとも多く使用されており、水辺の構築物や杭にも多用されている[伊東・山田 二〇一二、能城・佐々木 二〇〇七]。

このように資源として有用なクリは自然界に生育している木だけでは不十分で、人為的に集落周辺に増やされていたと推定されている。例えば青森市三内丸山《さんないまるやま》遺跡では、集落の存続期間のみにクリの花粉量が増大し、集落の消滅とともに減少する(**図3**)[能城・佐々木 二〇一四]。クリの花粉は虫が散布する虫媒《ちゅうばい》のため遠方には飛ばず、自然の森林内では五%前後しか検出されない。しかし、三内丸山遺跡での花粉分析ではクリの花粉が約七〇~八〇%を占めており、集落の近傍にクリ林が存在していたと推定されている。このように集落周辺の植生でクリの花粉が多産する例は、北海道南部から本州中部まで確認されている。

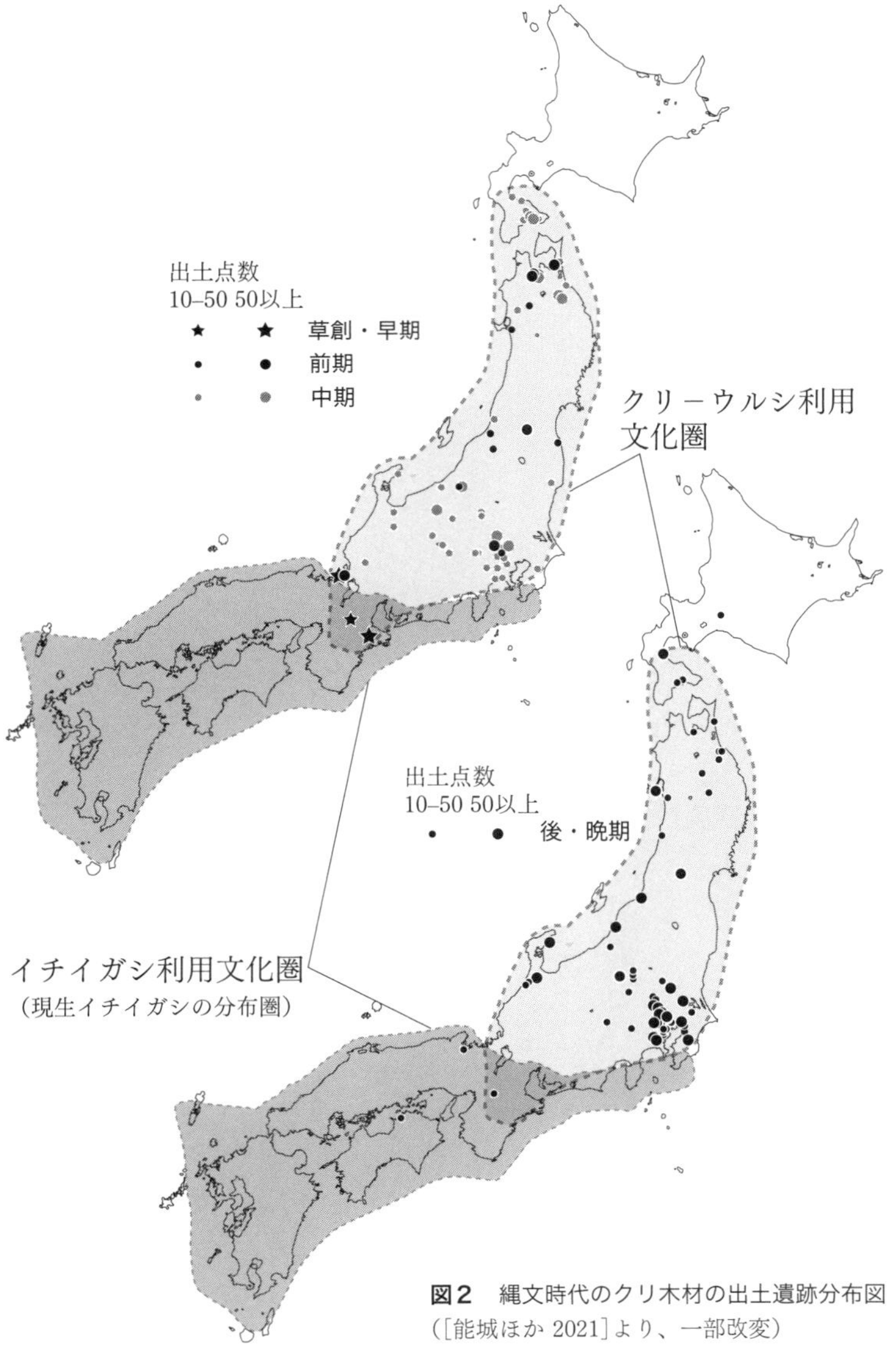

図2　縄文時代のクリ木材の出土遺跡分布図
（[能城ほか 2021] より、一部改変）

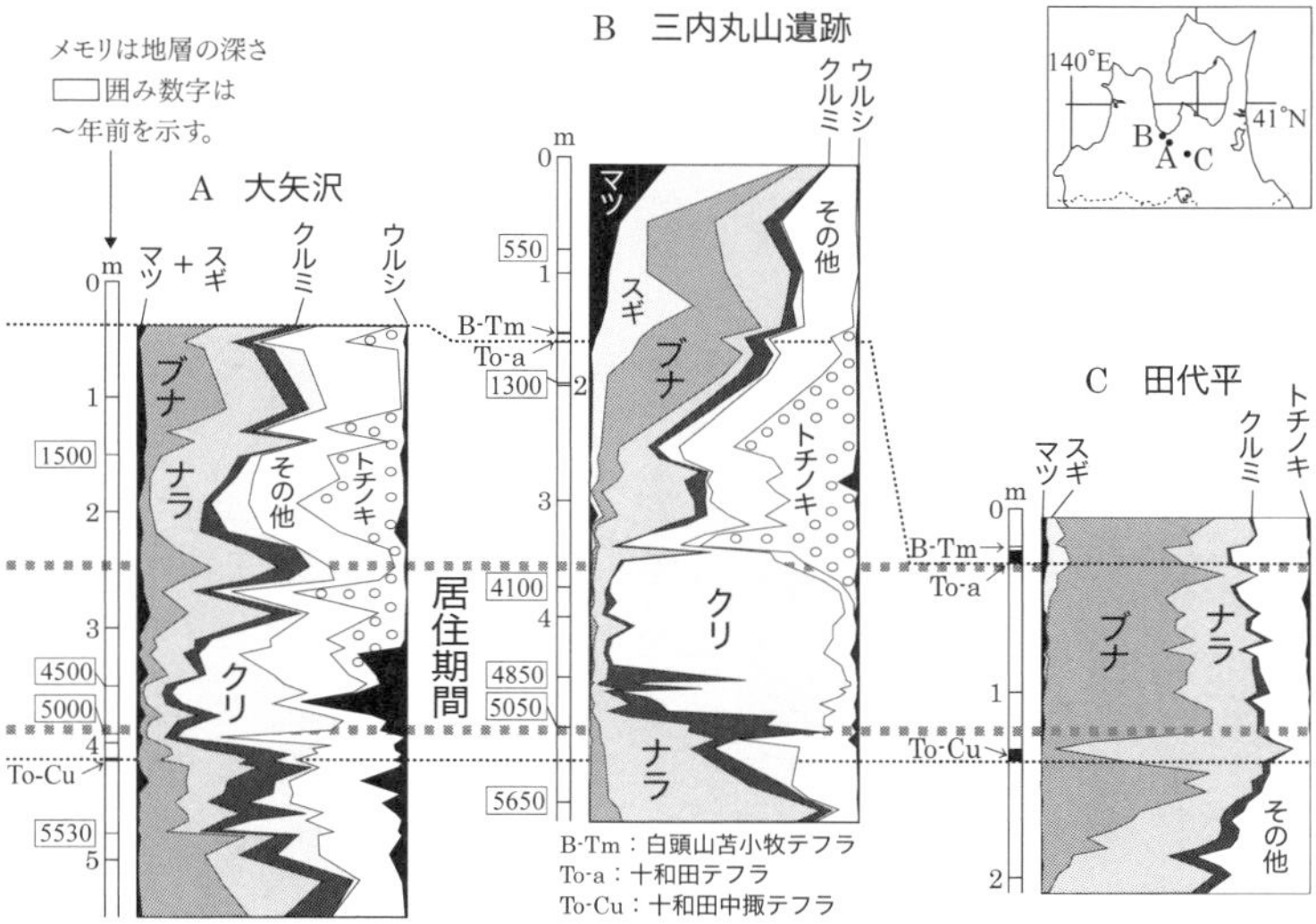

図3　三内丸山遺跡と周辺の花粉組成と居住期間（[能城・佐々木 2014]より、一部改変）

クリとともに縄文時代に出現する重要な植物はウルシである。縄文時代における樹液としての漆の利用は土器や木器に塗られた漆器として戦前から知られていたが、植物としてのウルシの存在が明らかになったのは、今世紀初頭である。それまでは同じくウルシ属に含まれるヤマウルシなどとの区別ができなかったが、木材と花粉で識別可能になった。植物学ではウルシは中国原産の渡来植物であり、日本列島の気候では、人間が栽培しないと林としての維持が難しい。報告されている最古の漆液利用は、縄文時代早期の約九〇〇〇年前の北海道函館市垣ノ島《かきのしま》B遺跡であるが、年代が確実なもっとも古い漆製品は早期末(約七三〇〇〜七二〇〇年前)の石川県七尾市三引《みびき》遺跡の漆塗櫛である[工藤・四柳 二〇一五]。

その後、縄文時代早期末から前期にかけて漆製品の出土が東日本を中心にみられる。ウルシ

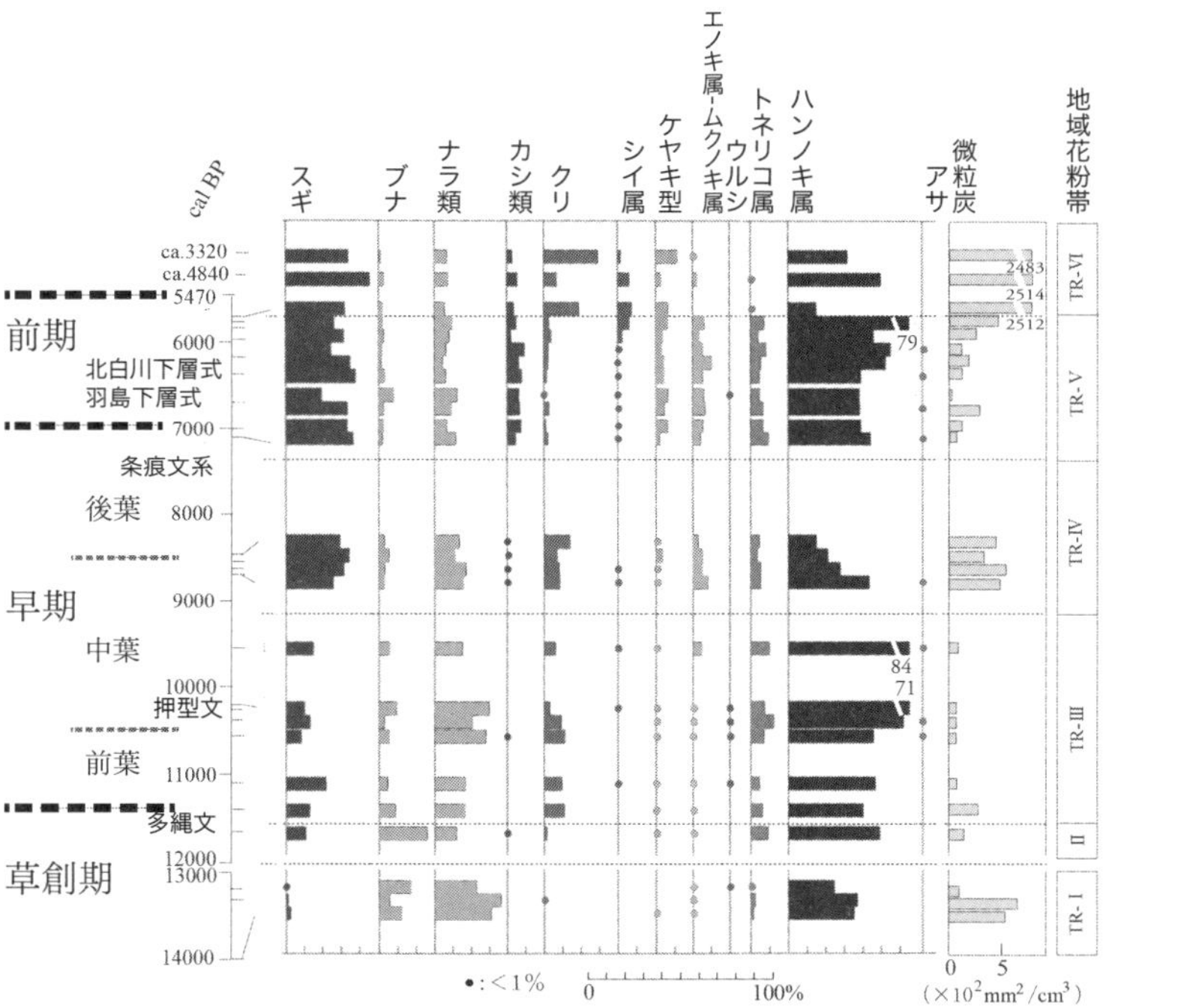

図4　鳥浜貝塚の主要な花粉組成と時期([能城 2017]より、一部改変)

の花粉も縄文時代早期からみられ、クリが資源として利用されている地域と重なる。また、ウルシの木材もクリと同様に水湿に強く、耐朽性が高いため、水辺の構築物や杭としてクリについで用いられている。福井県若狭町鳥浜《とりはま》貝塚では縄文時代草創期からウルシの自然木が確認され、草創期以降断続的にウルシの花粉が確認された(**図4**)[能城 二〇一七]。鳥浜貝塚では中央アジア原産のアサの花粉も縄文時代早期から確認され、クリやウルシとともに遺跡周辺に生育していたと推定される。

　筆者は、こうした植物資源利用を考慮して、東日本を中心とする地域をクリ–ウルシ利用文化圏と呼称し、イチイガシの果実利用が多い九州地方や本州西部を中心とする地域をイチイガシ利用文化圏と呼称した(**図2**)［佐々木 二〇一四］。クリ林やウルシ林を維持するにはある程度の期間その周辺に居住して森林資源を管理する必要がある。ただし、木材資源として前期以降のようにクリを集中的に使用する状況は、低湿地遺跡の検出例が少ないこともあって、早期以前の遺跡では今のところ確認できていない。

このように、気候の温暖化にともなって一万年前頃の縄文時代早期前葉には有用植物の選択や利用は確立し、有用植物の食料や木材などの資源利用が始まっていた。しかし、特定の植物資源を継続的に安定的に確保する管理システムは、縄文時代前期になって、ある程度の期間にわたり集落を維持するような段階になってから確立したと考えられる。

4 水場の植物利用

新版の教科書では、「灰汁の強いトチノキの実やドングリ類を食用とするには、水にさらしたり、土器で煮たりして灰汁抜きをする必要があるが、縄文時代後期・晩期の水さらしのための木組みの施設が、東日本を中心に多数検出されている」と記述されている。こうした水利用のために構築された遺構は水場遺構と呼ばれている［佐々木 二〇〇七・二〇二二a］。今のところ、縄文時代草創期から早期にかけて明確に堅果類の加工を示唆する水場遺構は検出されていない。灰汁抜きが推定できる水場遺構の初源は、縄文時代前期中葉にみられる。岩渡小谷⑷遺跡では集落の中央の谷に木組遺構が構築され、

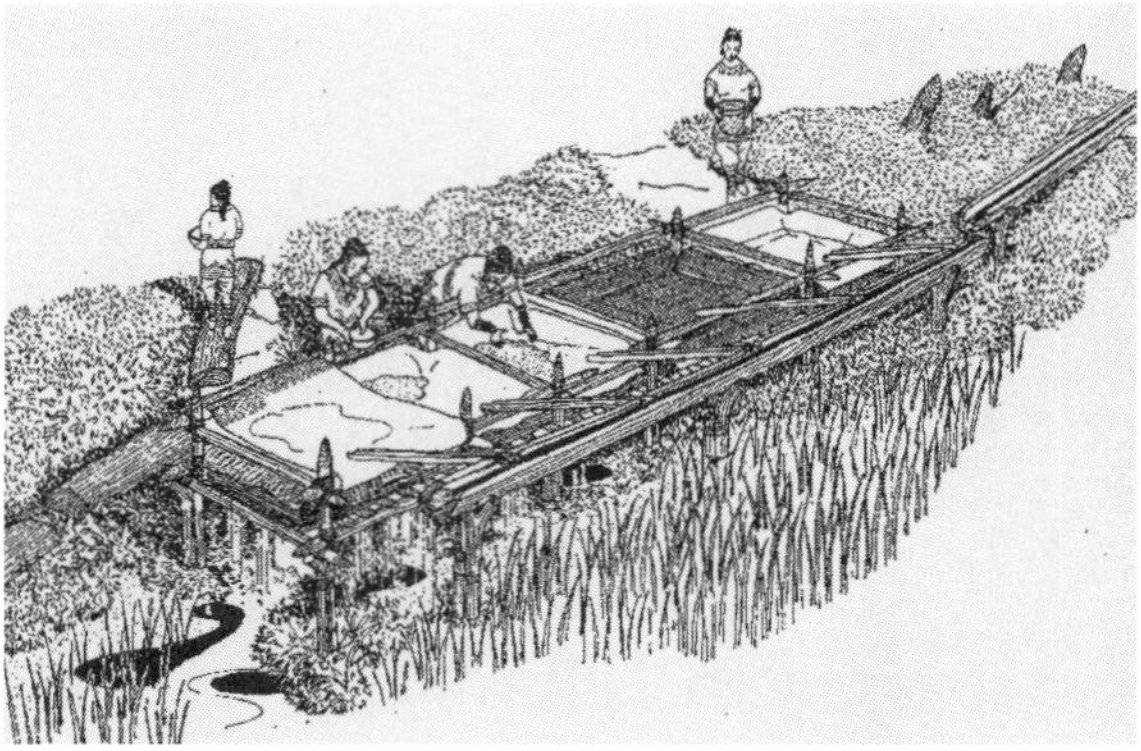

図5　赤山陣屋跡遺跡のトチの実加工場跡の復元図([金箱 1996]より)

堅果類の貯蔵と加工をはじめとする多様な水利用が推定された。しかし、縄文時代草創期や早期にも灰汁抜きが必要なクヌギやナラガシワが貯蔵穴などにまとまって出土するため、ドングリ類の灰汁抜きや繊維類の水さらしなどは前期以前から行われ、技術としては存在していたと推定される。

西田正規氏は、定住化の重要な技術的要素として、デンプン質の種子の利用、魚類資源の利用、木材加工、植物繊維の利用を挙げた[西田　一九八五]。とくにデンプン質の木の実の利用は灰汁抜きによる植物資源の利用を暗示していると指摘し、木の実にかかわらず、野菜や根茎類、繊維といった植物利用の様々な場面で用いられる灰汁抜きや水さらしの技術は温帯森林が拡大し、そこに適応しはじめた初期にすでに一般的な技術であったとしている。こうした面から考えると、集落周辺につくられた水場遺構は、定住生活にともなう様々な水利用が推定できる附随施設に位置づけられる。

考古学では、木組遺構などが水さらしの場として注目され、その代表的な木組遺構として、トチノキの種皮が廃棄されて集積したトチ塚をともなう埼玉県川口市赤山陣屋跡《あかやまじんやあと》遺跡のトチの実加工場跡の木組遺構がしばしば取り上げられてきた(**図5**)。しかし、赤山陣屋跡遺跡の木組遺構は、集落にはともなっておらず、集落から一定の距離をおいた立地に独立して構築されている。こうした独立型の灰汁抜き作業が推定される水場遺構は縄文時代後期・晩期になると本州東半部に出現するが、遺跡の立地もあいまって検出例は少なく、特殊な水場遺構といえる。

また、トチ塚は青森県蓬田村山田《やまだ》(4)遺跡などのように縄文時代中期前半以降に確認されるようになる［佐々木 二〇二二a］。ただし、トチノキの利用自体は縄文時代草創期に始まるとの考えもあり、多量に加工されるようになるのが中期前半頃以降の可能性もある。すなわち、定住集落の成立とともに小規模なトチノキの灰汁抜きをともなう加工は集落に附随する水場遺構で行われた可能性がある。食用にあたり多くの工程が必要なトチノキは、中期前半以降に種子を集中的に加工した集積であるトチ塚が出現し、後期前半頃にトチノキの加工などが推定される木組遺構が増加する。なかでも灰汁抜きに特化した独立型の木組遺構は水場遺構が大型化する後期中葉から晩期中葉に出現する［佐々木 二〇〇七・二〇二三a］。したがって、本格的な灰汁抜き作業が始まった時期と灰汁抜きに特化した作業が推定される木組遺構の出現時期が異なっている。さらに水場遺構をともなう堅果類の集中的な利用はいずれも落葉広葉樹林の地域でみられる現象であり、イチイガシが選択的に利用された貯蔵穴がみられる常緑広葉樹林の地域では、灰汁抜きのための明瞭な遺構は確認されていない。

5　忘れられた植物利用

新旧の教科書ともに縄文時代の道具では土器や石器、骨角器が写真付きで紹介されているが、新版では木製の漆塗櫛が加わった。しかし、縄文時代の道具立てでは編みかごなどの編組《へんそ》製品も重要である。編組製品は、編んだり、組んだりして製作され、おもに植物素材でつくられている製品である[佐々木 二〇一七]。台地上の遺跡では残りにくいため、縄文土器の縄目の痕跡や、土器製作時に底に敷いた敷物の痕跡から編組製品の存在が推定されてきた。新版の教科書で加わった、栽培植物の証拠を明らかにした土器圧痕は、「土器をつくる際に素地にまざった植物の種が、土器を焼く際に抜け落ちてくぼみとなって残る。そのくぼみにシリコンを注入して型どりし、それを電子顕微鏡で観察して種を同定する分析が進み、縄文土器から各種の栽培された可能性のある植物の痕跡がみつかっている」と紹介されているが、レプリカ法による圧痕分析は植物の種だけでなく、こうした編組製品などの圧痕から構造や技法を解明するのにも有効な方法である。例えば、岩手県一戸町御所野《ごしょの》遺跡および周辺遺跡の縄文時代中期後半の土器の底に敷かれた編組製品は、ほとんどがござ目で、その素材は特徴的な節から、スズタケというササ類と判明した(**図6**)[佐々木 二〇一七]。さらにそのスズタケは、割って内面側を削《そ》ぎ、現在のスズタケ細工と同様に厚さ約〇・三ミリほどに薄く調整されていた。薄く削ぐには、素性のよい個体を選んで、さらに採取する季節や採取する生育年数も考慮しないと難しい。

また、編組製品の資料そのものの出土も増加してきた。縄文時代早期後葉の低湿地貝塚である東名遺跡では、約八〇〇〇年前の編みかご類が個体数を数えられるだけでも七五〇個体以上出土し、貝塚から出土した土器の個体数よりも多かった。またほとんどはイチイガシなどのドングリ類を貯蔵穴に収納しておくためのかごであって、高さ一メートルほどの大型のかごも多かった。編みかごの編組技法は、約八〇〇〇年前にすでに現在の技法のほとんどが揃っていたことを示しており、途中で異なる素材を入れて上部をすぼめて技法を変えるなど、編組製品の技法と技術が確立していたことも明らかになった(**図7**)[佐賀市教育委員会編 二〇一七、佐々木 二〇一七]。

東名遺跡の編組製品の素材は、樹木を割り裂いたへぎ材やツルである。かごの復元実験によって、かごの素材となる樹木やツルは、通直《つうちょく》で素性がよい部分が必要で、樹木では地上から一メートル程度の粘りのある若木の幹に、ツルではよじ登る前の地上をはっている茎に限られていた。こうした素材を

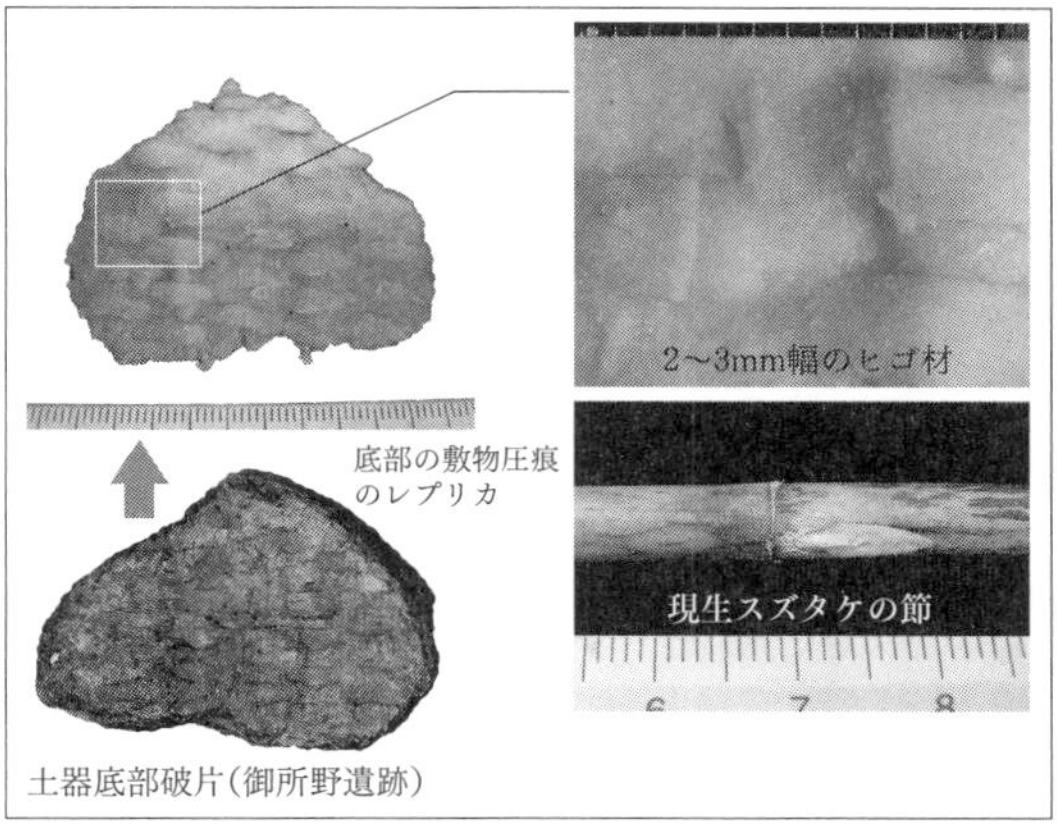

図6 御所野遺跡出土土器底部圧痕とそのレプリカ、現生のスズタケとの節の比較([佐々木 2017]より)

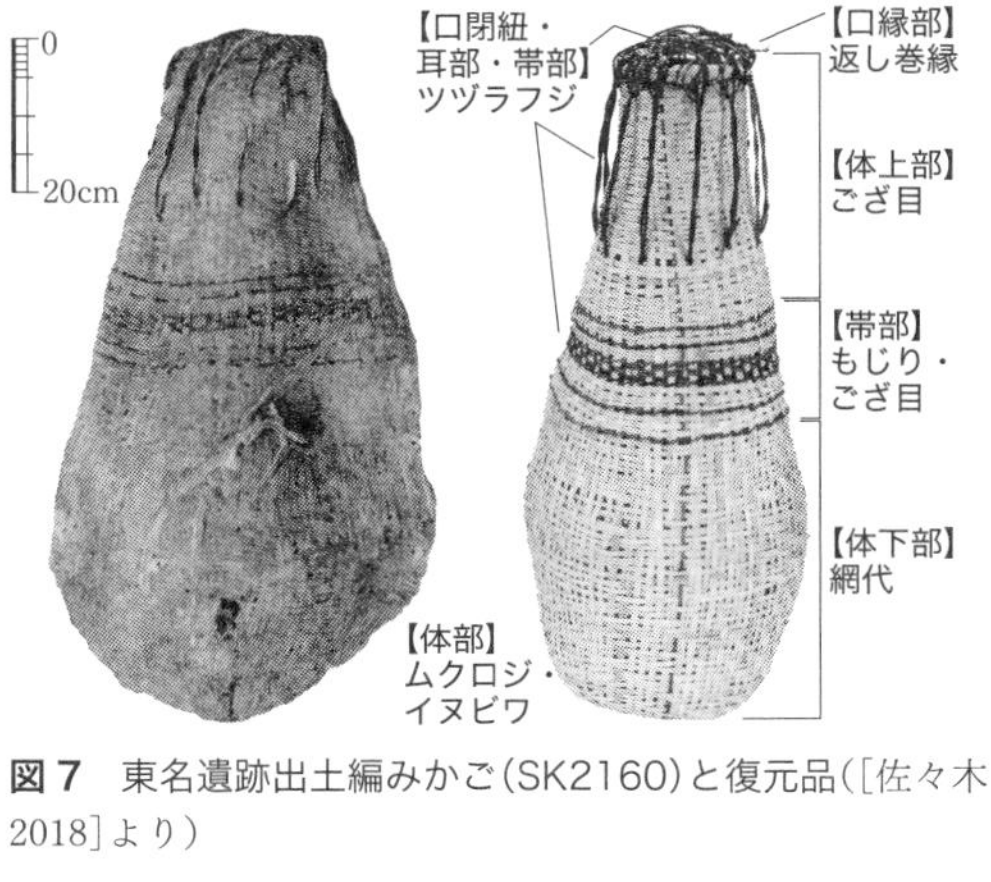

図7 東名遺跡出土編みかご(SK2160)と復元品([佐々木 2018]より)

多数の編組製品を製作するほど集めるには、人がある程度管理した森でないと、十分な資源が得られないことが明らかになっている［佐々木 二〇一八］。

現在でも編組製品は身近な資源を利用するが、そのためには、人間による資源化が必要である。水稲耕作に必要な自然を改変して導水施設や栽培植物を植える場所を新たに構築するような植物との関わりではなく、潜在的な資源を管理して利用する関わり方は、より自然と人間とのゆるやかな関係を示しており、縄文時代早期から植物の資源化が行われていたことを編組製品から読み解くことができる。つまり、縄文人と植物の関係は、たんに植物を資源として利用するのではなく、その生育や管理にも強い関わりがある植物資源利用といえる。

6 弥生時代移行期の植物資源利用

教科書では、弥生時代になると水稲耕作、地域によってはアワやキビといった雑穀が栽培されたと記述されているが、それ以外の植物に関する記述は木製品に関する事項のみで、その後の時代も政治史へと主軸が移っていく。大陸系穀類の栽培は、生業形態を区分するうえで重要なメルクマールとされてきた。しかし、植物遺体や土器圧痕の研究を総合すると、水稲耕作がもたらされた移行期には、落葉広葉樹林が広がっていた地域では依然として縄文的な植物資源利用が継続して確認されており、その一部に新たな穀類栽培が導入された実態が明らかになっている［佐々木 二〇〇九・二〇二三b］。とくに水稲耕作は前十世紀に九州地方で始まり、前五〜前四世紀には関東地方まで到達したが、東北地方では北部で弥生時代前期の水田が確認されたのみで導入に時期差や地域差がある。

資源利用や当時の気候の面からとらえ直してみると、関東地方では弥生時代前期後半、東北地方では弥生時代前期後半~中期初頭頃までは縄文時代から利用された堅果類などの有用植物が継続して確認されており、縄文的な植物資源管理が集落周辺で行われていた可能性がある。東北地方の弥生時代前期から中期初頭頃まではイネが複数の遺跡で確認されるもののアワやキビの雑穀類はほとんど確認されていない。東北地方の低地では水稲耕作が取り入れられたものの、台地上では縄文時代から続く森林資源利用システムが継続的に行われていて、アワ・キビの畠作と競合したために、積極的には取り入れられなかった可能性がある。

時代を位置づける文化要素はたんに栽培植物や耕作に関わる遺構の有無だけでなく、当時の環境の状況とあわせて植物資源利用の視点からとらえ直す必要がある。

〈参考文献〉

伊東隆夫・山田昌久編　二〇一二年『木の考古学——出土木製品用材データベース』(海青社)

金箱文夫　一九九六年「埼玉県赤山陣屋跡遺跡——トチの実加工場の語る生業形態」(『季刊考古学』五五号)

小畑弘己　二〇一一年『東北アジア古民族植物学と縄文農耕』(同成社)

工藤雄一郎　二〇〇四年「縄文時代の木材利用に関する実験考古学的研究——東北大学川渡農場伐採実験」(『植生史研究』一二巻一号)

工藤雄一郎・四柳嘉章　二〇一五年「石川県三引遺跡および福井県鳥浜貝塚出土の縄文時代漆塗櫛の年

代」（『植生史研究』二三巻二号）
佐賀市教育委員会編　二〇一七年『縄文の奇跡！東名遺跡――歴史をぬりかえた縄文のタイムカプセル』（雄山閣）
佐々木由香　二〇〇七年「水場遺構」（小杉康ほか編『縄文時代の考古学5　なりわい――食糧生産の技術』同成社）
佐々木由香　二〇〇九年「縄文から弥生変動期の自然環境の変化と植物利用」（『季刊東北学』一九号）
佐々木由香　二〇一四年「植生と植物資源利用の地域性」（阿部芳郎編『縄文の資源利用と社会』季刊考古学別冊二一号）
佐々木由香　二〇一七年「編組製品の技法と素材植物」（工藤雄一郎・国立歴史民俗博物館編『さらにわかった！縄文人の植物利用』新泉社）
佐々木由香　二〇一八年「縄文・弥生時代の編組製品の素材植物」（『季刊考古学』一四五号）
佐々木由香　二〇二〇年「栃原岩陰遺跡における縄文時代早期の植物資源利用」（『北相木村考古博物館研究紀要』一号）
佐々木由香　二〇二二年a「植物資源利用から見た縄文時代の生活基盤の整備」（『考古学研究』六八巻四号）
佐々木由香　二〇二二年b「編組製品」（栗島義明編『縄文時代の環境への適応と資源利用』（雄山閣）
佐々木由香　二〇二三年a「「サケ・マス論」からみた縄文時代の堅果類の採集・加工・保存」（『考古学ジャーナル』七八〇号）
佐々木由香　二〇二三年b「植物資源利用――縄文時代晩期終末の特質」（根岸洋・設楽博己編『縄文時代

の終焉』季刊考古学別冊四〇号）
西田正規　一九八五年「縄文時代の環境」（『岩波講座日本考古学2』岩波書店）
能城修一　二〇一七年「鳥浜貝塚から見えてきた縄文時代の前半期の植物利用」（工藤雄一郎・国立歴史民俗博物館編『さらにわかった！縄文人の植物利用』新泉社）
能城修一・佐々木由香　二〇〇七年「東京都東村山市下宅部遺跡の出土木材からみた関東地方の縄文時代後・晩期の木材資源利用」（『植生史研究』一五巻一号）
能城修一・佐々木由香　二〇一四年「遺跡出土植物遺体からみた縄文時代の森林資源利用」（『国立歴史民俗博物館研究報告』一八七集）
能城修一・吉川昌伸・佐々木由香　二〇二一年「縄文時代の日本列島におけるウルシとクリの植栽と利用」（『国立歴史民俗博物館研究報告』二五二集）
三山らさ　二〇〇四年「使用実験による縄文時代磨製石斧の使用痕——クリと広葉樹雑木を対象として」（『植生史研究』一二巻一号）
村上由美子　二〇〇二年「木製楔の基礎的論考」（『史林』八五巻四号）
渡辺誠　一九七五年『縄文時代の植物食』（雄山閣）

19

縄文時代と弥生時代の食生活——同位体分析からみた食料生産の意義

米田　穣

はじめに——なぜ食生活が重要か

日本列島では、土器の登場で縄文時代の始まりを定義しており、一万六〇〇〇年前から現在に至るまで土器のつくり方や文様などの伝統が継続している点は、世界でもユニークである。他方、弥生時代の開始は「食糧生産を基礎とする生活が開始された時代」と定義されている〔佐原　一九七五〕。もともと、弥生時代も弥生土器の登場と型式で区分されていたが、弥生土器が現れる以前の「縄文時代晩期」の地層から水田が発見されたことで、その定義が見直された。この新しい定義では、野生の動植物を狩猟・採集・漁労する「食料獲得」の生活から、「食料生産」に転換した点が重視された。この変更の背景には、生産手段が社会の変革をもたらすとする「唯物史観」(マルクス史観)や、その先史時代への応用である「新石器革命」という、農耕の開始を大きな画期とする歴史観が反映されている。

しかし、縄文時代に植物栽培があった可能性が新たな研究から示され、縄文文化と弥生文化の関係は見直しが必要になっている。縄文土器に残された圧痕から、栽培品種のダイズやアズキと同じくらい大きなマメ類の存在が明らかになったのである。この発見をもとに、縄文人を狩猟・採集民ではなく、「狩猟・栽培民と再定義」するべきだという意見も提案されている[小畑 二〇一六]。マメ類の大型化の議論でも、食料生産の開始を大きな画期と位置づける歴史観が色濃い。しかし、海外の議論では、二〇〇〇(平成十二)年以降に大きなパラダイム転換があり、農耕牧畜の開始を大きな画期と位置づけない考え方も提案されており、縄文時代のマメ類についても、食生活の中での重要性を再考する必要がある。

本稿では、縄文時代と弥生時代の食生活を復元する古人骨の同位体分析の結果をもとに、先史時代の食生活と社会の関係を考える。古人骨から残存するタンパク質を抽出できれば、タンパク質の材料となった食料の由来を、炭素と窒素の同位体という指標で評価できる。従来は、食物残渣である動物骨や炭化植物から先史時代の食生活を研究してきたが、動物骨や炭化植物が残存する確率は堆積環境によって大きく異なる。貝塚や灰まじりの洞窟の堆積物は、アルカリ性になるので骨がよく残存するが、通常の土壌は酸性なので骨はとけてしまう。植物組織も酸素が少ない低湿地遺跡では、バクテリアに分解されづらく残存するが、多くの遺跡では偶然炭化した組織しか見つからない。動物骨と植物遺体の両方が保存される遺跡は非常に少なく、動植物の遺存体から食生活の全体像を評価することはとても難しい。

それに対し、骨中のタンパク質(コラーゲン)の炭素・窒素同位体は、動物や植物の相対的な割合についてある程度の定量的評価を可能とする点が優れている。とくに、特殊な光合成をする雑穀類（C４植物）や海産物について、同位体の特徴で摂取量の大小を推定できる。雑穀を多く摂取すると、炭素原子に一％程度含まれる炭素13（^{13}C）が増加する特徴を利用して、北米におけるトウモロコシ利用の時代変遷を示した一九七八（昭和五十三）年の研究が、同位体による食生活復元の始まりである。この同位体の特徴でみると、縄文時代から弥生時代の食生活の変化はどのようにみえるだろうか。

1　縄文時代の食生活

縄文時代の始まり

残念ながら縄文時代が始まった草創期（一万六〇〇〇～一万一〇〇〇年前）の人骨は、ほとんど見つかっておらず、詳しい食生活はわかっていない。沖縄県の石垣島（石垣市）で見つかった白保竿根田原《しらほさおねたばる》遺跡の人骨では、二万年前から一万年前の人骨で同位体分析が行われ、島にすむ狩猟・採集民であるにもかかわらず、海産物の利用は少なかった可能性が示されている［米田ほか 二〇一七］。しかし、土器や石器がほとんど見つかっておらず、この特徴が本州周辺の縄文時代草創期でも同様だったとは考えづらい。反対に土器に残された脂質分では、水産物を加熱した時にできる特殊な化合物が見つかり、草創期の土器で魚介類が加熱されたことがわかっている［Craig et al. 2013］。東京都あきる野市前田耕地《まえだこうち》遺跡ではサケ骨が多く見つかっているので草創期に魚介類の利用があったことは確実だが、土器のおもな機能が調理でなかった可能性も考えられるので、水産物中心の食生活と単純には考えられない。人骨や動植物の遺存体が少ない草創期の食生活については、まだほとんどわかっていないのが実情である。

縄文時代早期(一万一〇〇〇~七〇〇〇年前)になると、海浜部では貝塚が、内陸部では洞窟遺跡が増えるので、人骨が比較的多く見つかっている。内陸の洞窟遺跡では、長野県北相木村の栃原《とちばら》岩陰遺跡や[Yoneda et al. 2002]、群馬県長野原町居家以《いやい》岩陰遺跡[米田ほか 二〇二三a]、愛媛県久万高原町上黒岩岩陰遺跡[米田ほか 二〇二〇]などで人骨の同位体分析が報告されており、いずれの遺跡でも陸上生態系に基盤をおく食生活だったと推定される。土器の脂質分析の結果とあわせて考えると、内陸では水産物の量的な寄与は限定的だったが、頻繁に利用されていたと考えられる。これは、狩猟あるいは植物採集に生業を特化するのではなく、様々な資源を利用する多角的な生業を縄文時代早期の人々が有していたことを示している。

一方で、食生活の地域性に着目すると、海浜部の遺跡から出土した早期人骨はまれであるが、早期後葉~末葉の千葉県市川市雷下《かみなりした》遺跡では海産物を中心とした食生活が示されている[米田 二〇一九a]。竪穴住居や貯蔵穴などから、縄文時代早期には定住生活の傾向が強まったと考えられ、この時点ですでに沿岸と内陸の集団間では食生活の違いが明らかである(**図1**)。このことから、地域的な環境にあわせた食生活による適応が、早期にはすでに確立していたと理解できるだろう。ただし、内陸での水産物利用と同様に、雷下遺跡からシカを中心とした動物骨が多数出土しており、漁労に特化した生業ではなく、海浜部でも狩猟や採集もあわせて行う多角的な生業活動を有していたと考えられる。

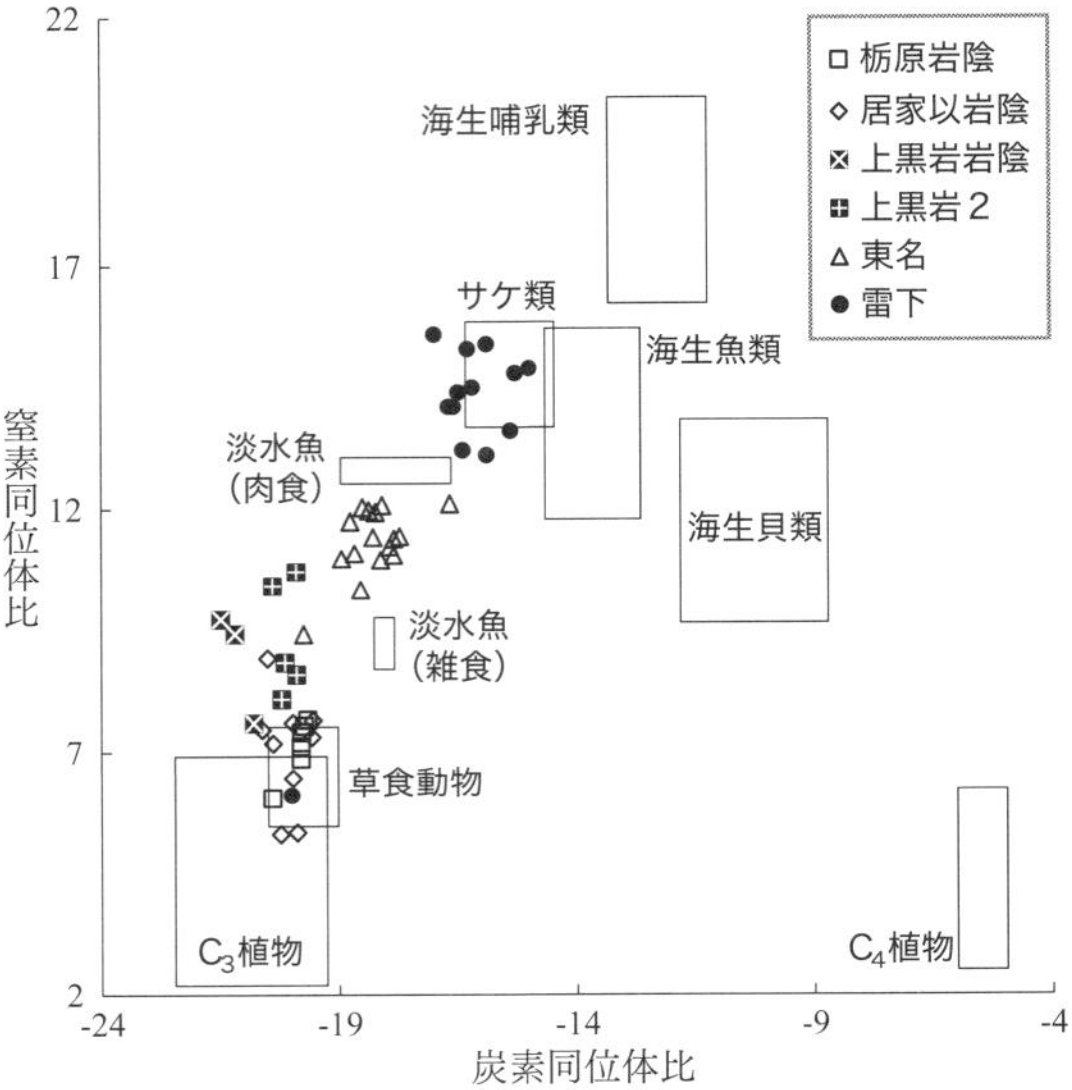

図1　縄文時代早期人骨の炭素・窒素同位体比

気候変動の影響

完新世は更新世に比べて温暖かつ安定した気候条件が長期間にわたって継続した。この安定性が、旧石器時代や縄文時代草創期には不可能だった長期間の試行錯誤による高度な資源管理を達成し、縄文時代早期以降の定住的な生活を可能にしたと考えられる。しかし、完新世の中でも全地球的な寒冷化イベント(小氷期)がしばしばみられ、なかでも完新世の前期と中期の境界に当たる八二〇〇年前や、中期と後期の境界に当たる四二〇〇年前の気候イベントが、縄文文化に影響したという見解もある。例えば、縄文時代中期(五四〇〇〜四五〇〇年前)から後期(四五〇〇〜三二〇〇年前)への移行期に当たる四二〇〇年前の寒冷化イベントは、遺跡が密集していた東京湾西岸や中部高地で遺跡数が減少する「人口減少」と関連する可能性が指摘されている[今村 一九九七]。東京湾の堆積物で円石藻《えんせきそう》がつくるアルケノンの不飽和比から水温を推定した研究では、完新世中期から後期の境界に当たる四二〇〇年前の気候イベントでは、表面海水温が現在よりも約二度低い一九・五度に低下した可能性が示されている。しかし、具体的に寒冷化によってもたらされた、どのような要因によって「人口減少」が生じたのか、因果関係を説明するモデルは示されていない。

筆者らは、この寒冷化イベントによる「人口減少」が、食資源への影響によるのか否かを、東京湾沿岸に位置する千葉県の遺跡で検証した［米田 二〇一九b］。東京湾西岸だけでなく、東岸に当たる千葉県でも縄文時代中期末から後期初頭に遺跡数や住居数の急激な減少が確認されている［設楽 二〇〇四］。一方で、縄文時代中期と後期の古人骨では炭素・窒素の同位体比に大きな違いはなく、遺跡数が少ない中期末から後期初頭の人骨で顕著な食生活の変化はみられない。寒冷化によって何らかの資源に害がおよんでいたならば、それをおぎなうような食生活の変化が想定されるが、縄文時代の食料獲得は気候変動にも可能なレジリエンス（柔軟な復元力）を有していたようだ。

東京湾沿岸では、縄文時代後期に海産物をより多く利用する個体数が増加する傾向がみられ、遺跡内での食生活の個人差が拡大した。一方で、陸上資源中心の食生活の個体も、中期から後期にかけて継続的に存在し続けており、陸上資源に大きな減少があったという仮説は支持されない。そもそも「人口減少」があったのか、あったとすればどの程度の規模だったのか、さらに寒冷化が陸上や海洋のどの食資源にどの程度の影響をおよぼしたのか、総合的な再評価が必要だろう。

食生活の地域差

縄文時代の食生活の地域差については、縄文時代後期の人骨が比較的広範囲で分析されており、列島全体では北海道と沖縄で海産物中心の食生活が確認されている［米田ほか 二〇一一］。ただし、北海

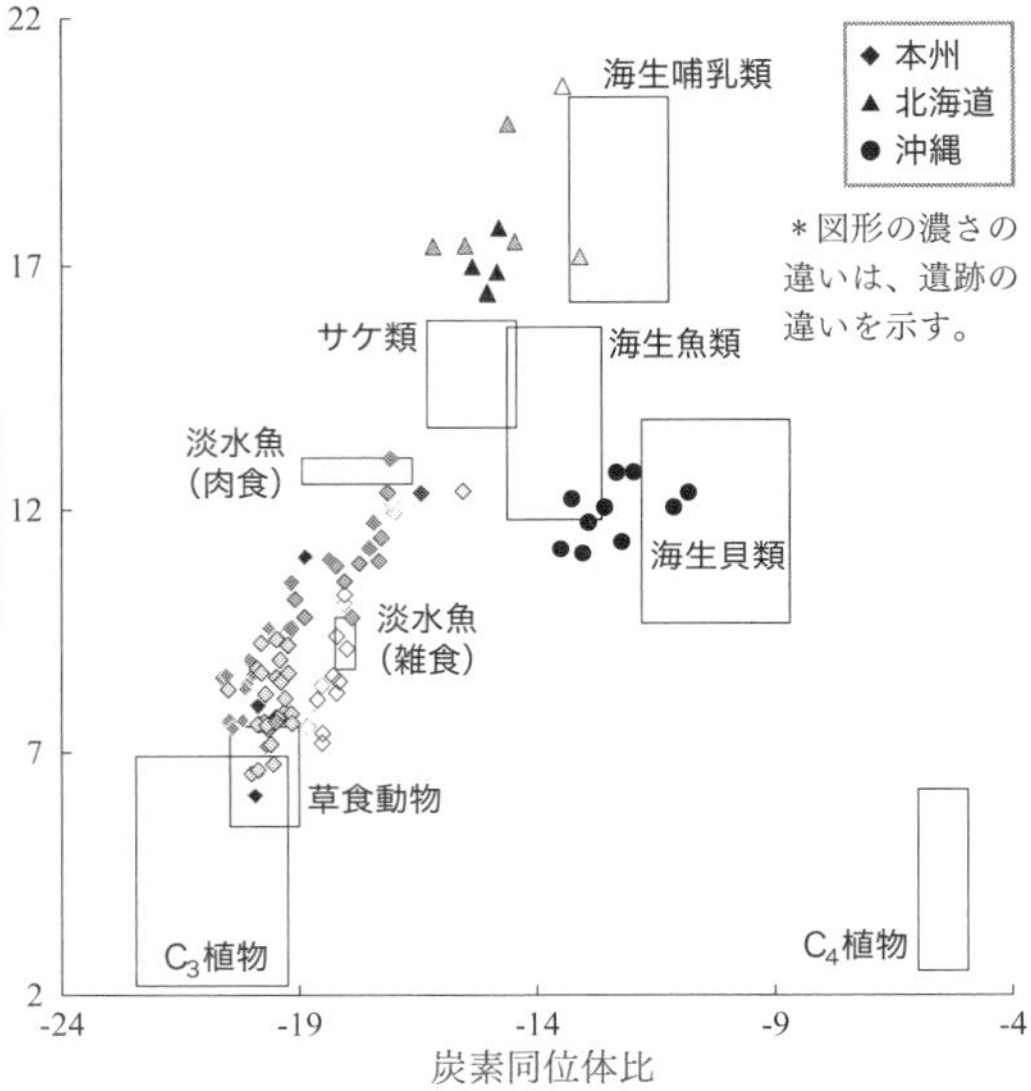

図2　縄文時代後期人骨の炭素・窒素同位体比

道と沖縄の人骨コラーゲンの窒素同位体比は大きく異なる（**図2**）。これは、北海道と沖縄の海洋生態系の違いで説明できる。北海道では、食物連鎖が複雑な北方の海洋生態系の頂点に位置する海獣類の窒素同位体比は非常に高くなるのに対し、沖縄のサンゴ礁生態系では、大型の魚類であってもサンゴに共生する藻類を利用することが多く、窒素同位体比が比較的低い値になる。どちらの地域も海産物中心の食生活であったとしても、海洋生態系の違いが人骨の窒素同位体の大きな違いをもたらしたと説明できるのである。このことからも、縄文人は基本的に地域生態系の一員として理解することができるだろう。

本州の中での地域差については、東日本と西日本の遺跡密度や「文化の程度」の差が、遡上性サケ・マスの資源量の違いによって生じたとする山内清男氏の「サケ・マス論」がよく知られている［山内 一九六四］。内陸の遺跡でも、例えば長野県坂城町保地《ぼじ》遺跡では、縄文時代後期の人骨で陸上生態系よりも高い炭素・窒素同位体比が示され、千曲川を遡上したサケの利用があったかもしれない［Yoneda et al.

2004]。ところが、同じ時期の千曲川沿いの遺跡でも小諸市の石神《いしがみ》遺跡では海産物利用はほとんどみられない[米田・中沢 二〇二三a]。少なくとも、縄文文化の繁栄地の一つである中部高地で、山内氏が想定した北米のサケ漁労民のように「第二の主食」としてサケ・マスが重要だった可能性は低く、東日本と西日本の人口差を説明する要因とは考えにくい。サケ・マスなどは、産卵地など大量に捕獲できる遺跡では積極的に活用されるが、そうでない場所ではあまり利用されないという遺跡単位で特徴的な食資源と位置づけられるようである。

2　弥生時代の食生活

渡来系文化のインパクト

弥生時代に大陸からもたらされた農耕文化複合は水田稲作に代表される新たな生業をもたらし、それには雑穀(アワとキビ)の畠作や、ニワトリやブタなどの家畜飼養も含まれていたと考えられる[Eda et al. 2023、米田ほか 二〇二三c]。朝鮮半島から九州北部に集団が渡来した至近的要因については議論があるが、大局的にみると食料生産を主たる生業とする「農民」が世界的に拡散した現象の一部である。黄河流域で一万年前頃に栽培化された雑穀(アワとキビ)を中心とする農耕は、九〇〇〇年前頃の遼河の雑穀を起点として人口を拡大し、その影響はユーラシア西部にまでおよんだ。長江中・下流域で一万年前頃に開始された水田稲作は、北上して五〇〇〇年前頃に山東半島や淮河流域で雑穀の農耕と複合した。この複合的な農耕文化をもつ農民の人口拡大が東に向かった先に日本列島が位置づけられ

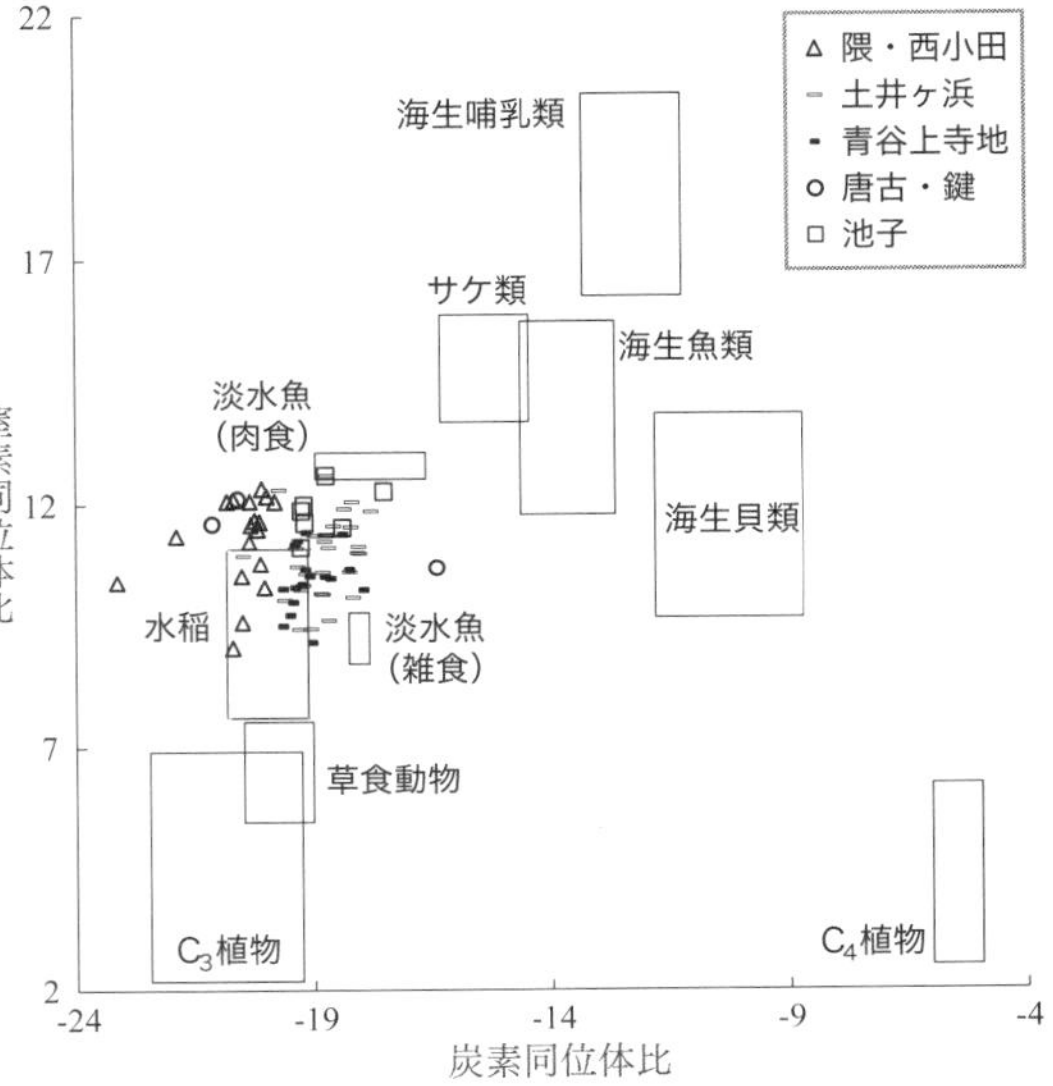

図３　弥生時代渡来系集団人骨の炭素・窒素同位体比

る。この農民拡散の一端だとすれば、日本列島に渡来した集団は農民と位置づけられ、水稲を中心とした食生活が想定できるだろう。

ここで農耕と農業の違いを中心に食料生産に関する新しい歴史パラダイムを紹介しよう。家畜化・栽培化した動植物を利用する「農耕」は、その食料生産を中心とした社会制度が整うことで「農業」を成立させ、結果として人口増大と移住の拡大をもたらしたと考えられている。西アジアの麦類や東アジアの稲などの栽培植物は、初期段階では狩猟・採集による多角的な資源の利用の一部を占めるにすぎなかった。数千年かけて農作物は徐々に重要になって、農耕と牧畜を生業の中心とするように社会が変換するのである。すなわち、農耕の始まりは「革命」的な変化ではなく、ゆっくりとした変化の一過程と位置づけられる。最近では、世界的にはこの変換を遂げた状態を農業と呼び、農耕は栽培植物や家畜を利用している段階のことを指しているが、日本考古学では両者の区別が曖昧なので注意が必要である［米田ほか 二〇二三b］。完新世になると世界中で農耕が始まるが、農業に変化して文明を成立させた地域は限られる。その違いは何だったのか、これが世界考古学の新たな論点になっている。

この農業拡散の大きな流れが、朝鮮半島から日本列島への文化伝播にもあてはめられるならば、弥生時代に渡来した農耕文化複合は、イネや雑穀などの農作物と家畜を中心とした農業だったと想定できる。弥生時代早期の人骨はほとんど発見されていないので、九州北部でみられる弥生時代の甕棺墓から見つかった人骨から渡来系文化複合にもとづく食生活を推定してみる(**図3**)。弥生時代人は、炭素同位体比はC3植物(コメ・ムギ・果実・野菜など)と同じくらい低いが、窒素同位体比は陸上動物よりも明らかに高いという特徴を有しており、いずれも縄文時代とはかなり異なる食生活だとわかる。この特徴は酸素が少ない水田の土壌で栽培されたイネの特徴と一致する[米田ほか 二〇一九]。一般的な植物が利用する窒素は硝酸態であるのに対し、水生植物のイネはアンモニア態窒素を利用するので、窒素同位体比が高くなるのである。この土壌での窒素循環の効果は、福岡県筑紫野市隈《くま》・西小田《にしおだ》地区遺跡や佐賀県吉野ヶ里《よしのがり》遺跡などで確認できる[米田 二〇二一]。

渡来系文化と在地系文化の相互作用

一方、山口県下関市土井ヶ浜《どいがはま》遺跡、鳥取市青谷上寺地《あおやかみじち》遺跡[米田・井上 二〇二〇]や神奈川県逗子市池子《いけご》遺跡[米田 二〇一八]の弥生時代後期の人骨では、窒素同位体比だけではなく炭素同位体比もやや高い値を示しており、これは海産物の影響と考えられる。青谷上寺地遺跡の人骨は形態学的な特徴から渡来系集団と考えられていたが、古代ゲノム研究から縄文系混血の可能性が指摘されている[神澤ほか

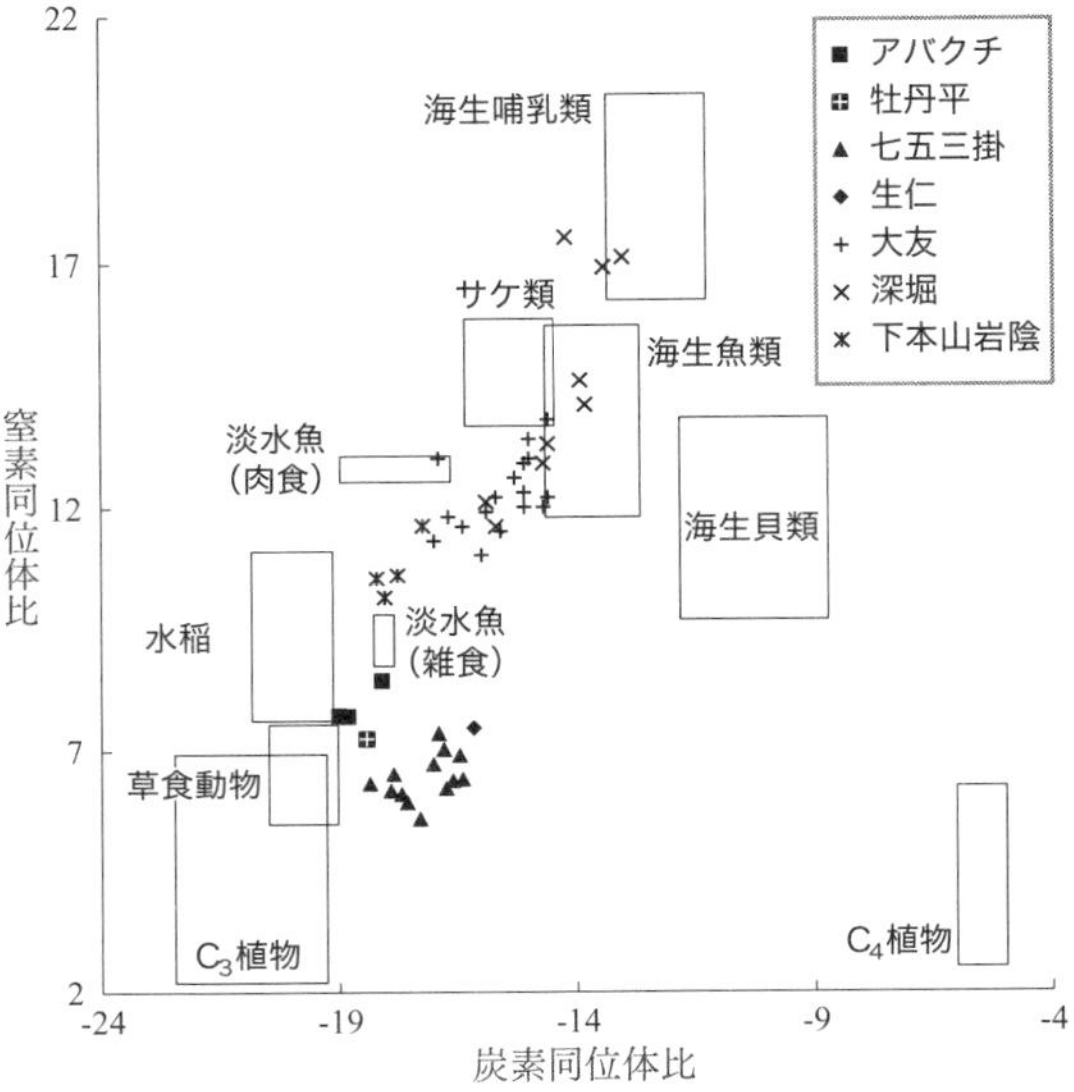

図4　弥生時代縄文系集団人骨の炭素・窒素同位体比

二〇二二」。北部九州では水産資源の利用は必ずしも顕著ではなかったが、そこから日本列島に拡散する過程で、渡来系集団と在地の縄文系集団が接触することで海産物を含む在地の資源を活用する生業が農耕文化複合に取り入れられていった可能性が考えられる。

また、在地の縄文人の子孫が渡来系文化複合から農耕を受容した事例も見つかっている。長野県の千曲川沿いに位置する千曲市生仁《なまに》遺跡や小諸市七五三掛《しめかけ》遺跡では、縄文時代晩期末に位置づけられる人骨で、雑穀を使用した証拠が示されたのである（**図４**）［設楽ほか 二〇二〇、米田ほか 二〇二二］。特殊な光合成を行う雑穀を利用すると、炭素同位体比のみが高くなる特徴が現れるが、その量的な寄与は黄河流域の雑穀農民と比較すると、明らかに少量である。この結果から、縄文時代人の子孫は、大陸から渡来してきた農耕文化複合のうち、自分たちの多角的な生業に取り入れやすい畠作を選択的に受容したと考えられる。一方、岩手県花巻市のアバクチ洞穴や福島県須賀川市牡丹平《ぼたんだいら》遺跡などの弥生時代人骨では、水稲も雑穀も影響は確認できず、天然の動植物を中心とした食生活が維持されていたと推定される[米田・中沢二〇二三b]。

これらの縄文系集団は、渡来系集団と隔絶して生活していたのではない。例えば、牡丹平遺跡の人骨は弥生時代前期の壺形土器に再葬されているにもかかわらず、食生活は縄文時代の内陸集団と大きく変わらない。九州西北部に暮らした縄文人的な形質をもつ集団(西北九州タイプ弥生人)に属する佐賀県唐津市大友《おおとも》遺跡でも、支石墓や石棺墓といった渡来系文化の葬制の墓に埋葬された人骨で、非常に強く海産物に依存した結果が報告されている[Mihara et al. 2004]。ほかの西北九州タイプ(長崎市深堀《ふかほり》遺跡と佐世保市下本山《しもともとやま》岩陰遺跡)でも、海産物の摂取量が多い。渡来系文化の影響も地域や集団によって多様だったと考えられる。

おわりに——人類史における縄文文化と弥生文化

日本列島で狩猟・採集・漁労を中心とした縄文時代から、農耕文化複合が渡来した弥生時代における食生活の変化を古人骨の同位体比の変遷から概観した。縄文時代から弥生時代への移行は、食料獲得から食料生産への移行期間に相当する。かつては食料生産の証拠として、家畜や栽培植物の形態変化が着目された。家畜や栽培植物を育てる「農耕」が、新石器革命と呼ばれる大きな画期の目印とされていたからだ。しかし、農耕開始以降も、伝統的な狩猟・採集・漁労といった食料獲得が重要な役割を果たす社会が、世界各地の様々な時代に存在することがわかってきた。このような経済状態を、アメリカの考古学者ブルース・スミスは「低水準食料生産」と呼び、縄文時代もこれに該当する文化として紹介されている[Smith 2001]。

縄文時代から弥生時代の食生活の研究では、弥生時代の定義として提示された「食糧生産を基礎とする社会」を考古学的に明らかにする方法を、改めて検討する必要がある。水稲や雑穀など穀類が食生活で果たした役割を人骨や動植物遺存体、そして物質文化を含めて総合的に議論することが必要だ。縄文時代晩期末に雑穀を利用した縄文系集団では、雑穀は重要な食料ではなく、低水準食料生産と呼べる食生活だった[米田ほか 二〇二一]。また、縄文時代中期の遺跡の大型化や遺跡数増加と関連すると指摘されているマメ類についても、長野県の縄文時代中期の人骨(安曇野市北村《きたむら》遺跡)では、マメ類を中心とした食生活に変化した様子は示されておらず、もしも農耕が存在したとしても農業社会ではなかっただろう[米田ほか 二〇二三b]。

縄文時代の「農耕」を証明するためには、完新世の安定した気候の中で成立した定住生活の影響で、野生の動植物がヒトの定住地という新しい環境で進化した可能性を考える必要がある。つねに更新される森林の遷移生態系ではありえない、長期間にわたって維持された集落の開けた環境や、ヒトによって散布される窒素やカルシウム(貝殻や骨)は、植物の生育条件に大きな影響を与えたに違いない。植物や動物が栽培化・家畜化(あわせてドメスティケーションと呼ぶ)する過程をヒトと野生生物の共進化と考えれば、世界で同時多発的に発生した現象が日本列島でも起こったと理解できる。縄文時代のマメ類やクリでみられた種実の大型化が、ヒトの意図的な栽培や管理によるものか、あるいは植物による新しいニッチへの進出の結果だったのか、さらに研究が必要である。

それでは、弥生時代には農作物の生産が食生活で不可欠な社会、すなわち「農業」が成立していたのだろうか。弥生時代人骨にみられる窒素同位体比の変化から、水稲摂取量を定量的に評価するにはさらに検討が必要である。同時に、水稲がたんなる食料だけではなく、政治・経済的な意味を有するようになり、弥生時代の社会にとって不可欠な社会資本となった過程を明らかにする必要がある。貯蔵用の壺が土器の中で占める割合が増加し、農作業に関する祭りが増加したことなどを総合的に考えると、弥生時代には農業的な社会が存在していたと考えられるが、日本列島の中での広がりと多様性についてはさらに研究が必要だろう。

〈参考文献〉

今村啓爾　一九九七年「縄文時代の住居址数と人口の変動」(藤本強編『住の考古学』同成社)
小畑弘己　二〇一六年『タネをまく縄文人──最新科学が覆す農耕の起源』(吉川弘文館)
神澤秀明・角田恒雄・安達登・篠田謙一　二〇二一年「鳥取県鳥取市青谷上寺地遺跡出土弥生後期人骨の核DNA分析」(『国立歴史民俗博物館研究報告』二二八集)
佐原真　一九七五年「農業の開始と階級社会の形成」(『岩波講座日本歴史1』岩波書店)
設楽博己　二〇〇四年「再葬の背景──縄文・弥生時代における環境変動との対応関係」(『国立歴史民俗博物館研究報告』一一二集)
設楽博己・近藤修・米田穣・平林大樹　二〇二〇年「長野県生仁遺跡出土抜歯人骨の年代をめぐって」(『物質文化』一〇〇号)
山内清男　一九六四年「縄文式文化」(山内清男ほか編『日本の原始美術1　縄文式土器』講談社)

米田穣　二〇一八年「池子遺跡のヒトと動物の炭素・窒素同位体比からみた弥生時代の食生活」（杉山浩平編『弥生時代食の多角的研究――池子遺跡を科学する』六一書房）
米田穣　二〇一九年a「人骨の放射性炭素年代測定」（千葉県教育振興財団編『市川市雷下遺跡(1)〜(4)・(7)〜(10)』）
米田穣　二〇一九年b「関東平野における縄文時代中期・後期の食生活と社会の変化」（阿部芳郎編『縄文文化の繁栄と衰退』雄山閣）
米田穣　二〇二一年「考古学と自然人類学――縄文時代・弥生時代の生業を考える」（井原泰雄・梅﨑昌裕・米田穣編『人間の本質にせまる科学――自然人類学の挑戦』東京大学出版会）
米田穣・井上貴央　二〇二〇年「青谷上寺地遺跡出土人骨の炭素・窒素同位体と放射性炭素年代」（『青谷上寺地遺跡発掘調査研究年報二〇一九』鳥取県地域づくり推進部文化財局）
米田穣・中沢道彦　二〇二三年a「縄文食におけるサケ・マス類の量的評価」『考古学ジャーナル』七八〇号
米田穣・中沢道彦　二〇二三年b「古人骨の同位体分析からみた農耕文化複合の縄文系集団へのインパクト」（根岸洋・設楽博己編『縄文時代の終焉』季刊考古学別冊四〇号）
米田穣・陀安一郎・石丸恵利子・兵藤不二夫・日下宗一郎・覚張隆史・湯本貴和　二〇一一年「同位体からみた日本列島の食生態の変遷」（湯本貴和編『環境史をとらえる技法』文一総合出版）
米田穣・片桐千亜紀・土肥直美　二〇一七年「沖縄先史人の暮らし――白保竿根田原洞穴遺跡出土人骨の炭素・窒素同位体比分析」（『科学』八七巻六号）
米田穣・菊地有希子・那須浩郎・山﨑孔平　二〇一九年「同位体分析による弥生時代の水稲利用の評価に

むけて：同位体生態学的な背景と実験水田における基礎研究」（設楽博己編『農耕文化複合形成の考古学（下）――農耕がもたらしたもの』雄山閣）

米田穣・覚張隆史・小林謙一・遠部慎・奈良貴史　二〇二〇年「上黒岩人骨の年代と食性」（春成秀爾編『上黒岩岩陰と縄文草創期』季刊考古学別冊三二号）

米田穣・中沢道彦・田中和彦・高橋陽一　二〇二一年「長野県七五三掛遺跡出土人骨の同位体分析で示された、縄文時代晩期後葉の雑穀栽培を伴う低水準食料生産」（『日本考古学』五三号）

米田穣・尾嵜大真・大森貴之　二〇二三年ａ「出土人骨の放射性炭素年代測定と炭素・窒素同位体分析」（谷口康浩編『居家以人骨の研究Ⅰ　早期縄文人の社会と葬制』六一書房）

米田穣・佐々木由香・中沢道彦　二〇二三年ｂ「日本列島における低水準食料生産から農業への移行と農耕文化複合との関係」（設楽博己編『東日本穀物栽培開始期の諸問題』雄山閣）

米田穣・本村航介・本郷一美　二〇二三年ｃ「弥生時代のブタ飼養――神奈川県池子遺跡における試論」（春成秀爾編『何が歴史を動かしたのか第二巻　弥生文化と世界の考古学』雄山閣）

Craig, O. H. Saul, A. Lucquin, Y. Nishida, K Taché, L. Clarke, A. Thompson, D.A. Altoft, J. Uchiyama, M. Ajimoto, K. Gibbs, S. Isoksson, C.P. Heron, P. Jordan 2013 Earliest evidence for the use of pottery. *Nature*, 496.

Eda, M., H. Izumi, M. Yoneda, S. Fujita 2023 The earliest evidence of domestic chickens in the Japanese Archipelago. *Frontiers in Earth Science*, 11.

Mihara, S., K. Miyamoto, T. Nakamura, H. Koike 2004 ^{14}C age determination for human bones during the Yayoi period-the calibration ambiguity around 2400 BP and the marine reservoir effect. *Nuclear*

Instruments and Methods in Physics Research Section B, 223–224.

Smith,B.D. 2001 Low-level food production. *Journal of Archaeological Research*, 9.

Yoneda, M., M. Hirota, M. Uchida, A. Tanaka, Y. Shibata, M. Morita, and T. Akazawa 2002 Radiocarbon and stable isotope analyses on the Earliest Jomon skeletons from the Tochibara rockshelter, Nagano, Japan. *Radiocarbon*, 44(2).

Yoneda, M., Y. Shibata, M. Morita, R. Suzuki, T. Sukegawa, N. Shigehara, and T. Akazawa 2004 Isotopic evidence of inland-water fishing by a Jomon population excavated from the Boji site, Nagano, Japan. *Journal of Archaeological Science*, 31(1).

20 自然科学による年代決定方法の現在

國木田 大

1 考古学における年代

相対年代と数値年代

考古学では、遺物や遺構がいったいいつ頃のものであるかということが重要な関心事の一つになる。このことに対して、考古学では大きく分けて二つの側面からのアプローチ法がある。

まずは、相対年代、編年という方法であり、考古学のもっとも重要な方法論の一つである。相対年代とは、遺跡・遺物・遺構における新旧関係を層位学と型式学を組み合わせて検証した年代のことである。相対年代は年代と呼称されてはいるが、実際には数値ではなく、遺跡・遺物・遺構の新旧関係のみを表している。また、遺構や遺物を時間と空間の系列に沿って配列する作業またはその序列を編年と呼んでいる。編年によりそれぞれのもつ特色などが整理され、旧石器時代・縄文時代・弥生時代・

古墳時代というように時代区分が設定される。各時代区分は、さらに前期・中期・後期あるいは前期前葉や後葉などといった時期に細分化される。

もう一つの方法は、絶対年代もしくは数値年代(測定年代、計測年代など)と呼称されるものである。絶対年代は、紀年銘のある木簡や貨幣、鏡などによる年代と、自然科学的年代測定法を用いて測定された年代とに大別される。「絶対」という名称は、あくまで具体的な数値で示すという意味である。絶対年代は新旧関係のみの相対年代とは異なり、数値で年代値が表される。

自然科学的年代測定法

自然科学的(理化学的)年代測定法の種類には、放射性炭素(^{14}C)法、古地磁気法、ルミネッセンス法、電子スピン共鳴法、ウラン系列法、フィッショントラック法、ラセミ化法、黒曜石水和層法、カリウム―アルゴン法、年輪年代法などがある。それぞれ固有の原理と仮定にもとづいており、①測定原理、試料調製法の基礎的な知識、②測定試料の種類・取扱い、③適用可能な年代範囲、④測定結果の評価などの理解が必要である。本稿では、先史時代でもっとも活用されている放射性炭素年代測定法について紹介する。自然科学的年代測定法を用いる場合、数値年代を鵜呑みにするのではなく、測定試料の履歴、測定方法の問題を十分に考慮したうえで、相対年代やほかの測定法と総合的な検討を行い、年代を決定する慎重さが肝要になる。なお、各年代測定法は一般の概説書も出版されているので、そちらを参考にしていただきたい。

2　先史時代の年代はどのように決まったのか

戦前の年代観の形成

日本の先史時代である旧石器・縄文・弥生・古墳時代の年代はどのように決まったのだろうか。例えば現在、縄文文化の年代は、約一万六〇〇〇年前〜紀元前九世紀頃と考えられているが、この年代を理解するためには、少し考古学の研究史をひもとく必要がある。

近代科学としての日本考古学の始まりは、一八七七(明治十)年のエドワード・モースによる大森《おおもり》貝塚(東京都品川区・大田区)の発掘調査になる。モースは、大森貝塚の年代について、『日本書紀』などに記述がないことから「三万年以前」という相当に古い年代を想像したが、その当時もっとも確からしい年代は、地震学者のジョン・ミルンが提示した「約二〇〇〇年前以前(または最大三〇〇〇年前〜最小一五〇〇年前)」というものであった。ミルンは、隅田川河口における堆積速度を、絵図を利用して計算し、大森貝塚から現在の海岸線が形成されるまでの年数を導き出した。しかし、この年代は、当時の皇国史観における神武天皇が即位(西暦紀元前六六〇年)してから「二五三三年」よりも新しい年代になってしまうことから、当時の歴史学者には受け入れがたいものであった。考古学者の坪井正五郎は、石器時代の研究が、新国家が根幹にすえた天皇の起源に触れることを避けるために、ミルンの算定の最大値である約三〇〇〇年前という年代を選択した。

一九三〇年代までの年代評価

しばらくあとの一九一八(大正七)年には、富岡謙蔵氏により、弥生土器に共伴する中国製の古鏡が、前漢代や王莽代前後のものであることが判明する。そのため、日本の石器時代の終わりは、この中国王朝の年代を参考にして西暦紀元一世紀頃と想定された。浜田耕作氏は、この成果や、その当時欧州で考えられていた新石器時代の年代を参考にして、日本石器時代の開始を約四〇〇〇年～五〇〇〇年前頃と考えた。欧州の新石器時代の始まりは、約一万二〇〇〇年前だったが、浜田氏は中石器時代の存在を考慮して、年代を遅らせて設定した。

一九三二(昭和七)年には、新進気鋭の縄文土器研究者であった山内清男氏が最古の縄文土器を約四五〇〇年前と評価する。これは当時、最古の縄文土器を、朝鮮半島における丸底の有紋土器、シベリアの櫛目土器、北欧の「貝塚期」の土器と関連すると考えて導き出された。浜田氏や山内氏の約四〇〇〇年～五〇〇〇年前という縄文土器の年代は、次節で紹介する放射性炭素年代測定法が登場するまで、日本考古学会で広く定着していく。

3　放射性炭素年代測定法の登場

夏島貝塚の放射性炭素年代値の衝撃

縄文文化が約四〇〇〇～五〇〇〇年前から始まるという理解が定着する中、一九六〇(昭和三十五)年にそれをくつがえす事件が起きる。一九四七(昭和二十二)年に、アメリカのシカゴ大学のウィラード・

リビー氏の研究チームによって、放射性炭素年代測定法という、炭素から年代を測定する自然科学分析法が開発された。この方法は、遺跡から出土する木炭などに含まれる放射性炭素(^{14}C)の濃度から年代を算出する方法で、これまでの年代推定とは異なり、数値年代を直接求めることができる。日本の縄文文化に関しては、一九五一(昭和二十六)年に姥山《うばやま》貝塚(千葉県市川市)、一九六〇(昭和三十五)年に夏《なつ》島《しま》貝塚(神奈川県横須賀市)の年代値が報告される。撚糸文土器も出土した夏島貝塚の年代は、9450±400 BP(カキ貝殻)、9240±500 BP(木炭)という年代値(BPは西暦一九五〇年を基準としてそこからさかのぼった年代を意味する)で、九〇〇〇年以前の結果であった。その当時は、世界で一番古いとされた西アジアの土器でさえ、六五〇〇年前程度と考えられており、東洋の小島で発見された土器がそれより約三〇〇〇年も古いということは、世界的に大きな衝撃であった。

放射性炭素年代測定法の原理

天然には、炭素の三つの同位体、^{12}C・^{13}C・^{14}Cが存在する。このうち^{14}Cは、大気上層部において宇宙線の影響によって生成される。大気中で生成された^{14}Cは、二酸化炭素となり、大気・海洋などに拡散し、植物の光合成や摂食などによって、生きている動植物体に取り込まれる。^{14}Cはこのように生成・混合拡散されると同時に、一方では放射性壊変によって、五七三〇年の半減期で減少する。生きている動植物体は、炭酸同化・呼吸作用・食物連鎖により、環境中の^{14}C濃度と平衡状態にあるが、生命活動を停止すると、新陳代謝がとまって炭素の交換が行われなくなり新たな^{14}Cの供給がとだえる。そして、体内の^{14}Cは半減期に従い一定の割合で減少する。つまり、遺跡から出土する木炭や骨などの^{14}C濃度が現在と比べて半分になっていれば、約五七三〇年経過したことになる。

放射性炭素年代測定に適用可能な試料は、木片・木炭などの植物組織、貝殻・骨・歯などの動物組織、土壌試料や鉄製品と様々である。測定可能な年代は、約五万五〇〇〇年前までになる。

暦年代への変換、海洋リザーバー効果

放射性炭素年代測定法で注意が必要なことは、得られた年代値が必ずしも暦年代ではないということである。この分析法の前提条件の一つに過去の^{14}C濃度は一定であったという仮定がある。しかし実際は、地磁気の変動や太陽活動などの影響により濃度は一定ではなく、経年変動していることが明らかになっている。また、経年変動だけではなく、大気圏・水圏中での^{14}C濃度分布は、拡散・循環の影響を受けるため均一ではないことも判明した。中緯度地域の表層海水は、大気と比較して約五〇〇年程度、深層海水は約七〇〇〜一〇〇〇年以上古い^{14}C年代になり、この差は時代や地域によって異なることが知られ、海洋リザーバー効果(marine reservoir effect)と呼ばれている。例えば、地球規模での海洋大循環によって北太平洋では約一八〇〇年前の海水が湧昇しており、このような局所的な海洋リザーバー効果(local reservoir effect)は、地域オフセットΔR値(local reservoir correction)で補正される。つまり、海洋リザーバー効果は、平均的な海洋リザーバー効果約五〇〇年(global reservoir effect)と、局所的な影響をあわせて評価しなければならず非常に複雑である。

^{14}C年代値を暦年代に変換するためには、樹木年輪、サンゴ年輪、あるいは海洋・湖沼堆積物の年縞構造を用いて、実際の過去の^{14}C濃度と暦年代の対応関係を求めた暦年較正曲線(International radiocarbon calibration curve; IntCal)を作成する必要がある。この暦年較正曲線は、一九八六(昭和六十一)年にはじめて国際的に公表され、^{14}C年代値を暦年代に変換することが可能になった。国際的な暦年較正曲線は、その後、一九九三年・一九九八年・二〇〇四年・二〇〇九年・二〇一三年・二〇二〇年に更新されており、国際的な利用が推奨されている。また、海洋試料の年代を暦年較正する際には、海洋試料専用の暦年較正曲線を用いる。実際に^{14}C年代値を暦年代に較正するためには、年代較正解析ソフトウェア(例えばオックスフォード大学が提供しているOxCalプログラムなど)を用いて算出する。

年代の表記法としては、^{14}C年代値を「ＢＰ」で表すのに対して、暦年較正したあとの年代値は「cal AD」もしくは「cal BC」「cal BP」で表される。「cal」は「calibration」の略である。

4　縄文・弥生時代における実年代論争

縄文土器の「短期編年」と「長期編年」論争

一九六〇(昭和三十五)年に夏島貝塚の^{14}C年代値が報告されて以降、縄文土器が世界最古の土器として議論された。この年代値および放射性炭素年代測定法の是非をめぐり、従来の年代を支持する山内清男氏と佐藤達夫氏の「短期編年」説と、放射性炭素年代測定を採用する芹沢長介氏の「長期編年」説とのあいだで論争が繰り広げられる。山内氏・佐藤氏は、一九六二(昭和三十七)年に、放射性炭素年代測定に対して否定的な見解を発表している[山内・佐藤 一九六二]。最終的には、その後の各土器型式の年代測定が進んだ結果、放射性炭素年代測定法の年代観が多くの支持を得るようになる。事実上、短期編年が誤っていたわけであるが、山内氏の縄文土器型式編年そのものは、今日でも研究の基盤として重要な位置を占めている。山内氏は、縄文土器型式の細別と編年に多大な貢献をし、縄文土器の型式を六期区分(草創期・早期・前期・中期・後期・晩期)とすることを提唱し、現在この区分は広く採用されている。年代を誤った原因は、縄文文化の起源を大陸の矢柄研磨器との類似性などに求めたことによるが、その当時としては説得力のある仮説であった。

加速器質量分析法の登場と暦年較正

一九六〇年代後半頃になると、^{14}C年代値を集成した論文が報告され、旧石器時代・縄文時代・弥生時代の年代区分について議論が行われる。一九八二(昭和五十七)年には、それまでの縄文時代の^{14}C年代値が集成され、地域別にも時期区分がなされた[キーリ・武藤 一九八二]。弥生時代についても一九八九(平成元)年に、大陸渡来遺物、中国史書の歴史的事件、土器様式数、自然科学的年代測定を根拠に暦年代が議論されている[宇野 一九八九]。放射性炭素年代測定法は、開発当初からβ線計数法という方法が用いられてきたが、この当時はβ線計数法の年代のばらつきが大きかったことや、暦年代へ較正する方法が確立されていなかったため、集成以上の議論は進展しなかった。

一九七七(昭和五十二)年には、リチャード・ミュラー氏により、β線計数法に代わる新たな加速器質量分析法(AMS法)が提案される。この方法は従来のβ線計数法と比較して、炭素の量が一〇〇〇分の一以下(約一ミリグラム)でも分析できるようになったため、それまで測定できなかった土器に付着した炭化物(コゲやスス)などの微量試料が分析可能となった(**図1**)。日本考古学界においても急速にAM

S法が普及した。

大平山元Ⅰ遺跡の発見と土器の起源

日本における土器に付着した炭化物の年代値報告は、一九九〇(平成二)年の森ノ下《もりのした》遺跡(岐阜県高山市)の縄文時代中期の事例が最初になる[中村ほか 一九九〇]。その後、一九九九(平成十一)年には、大平山元《おおだいやまもと》Ⅰ遺跡(青森県外ヶ浜町)出土の土器に付着した炭化物のAMS年代測定が実施された[中村・辻 一九九九]。その年代は、約一万六〇〇〇～一万五〇〇〇年前(暦年較正後)であり、日本における土器の発明がさらに古く評価された。

縄文時代の始まりの定義は、各研究者によっていくつか異なったものが提案されているが、大平山元Ⅰ遺跡を縄文時代に含めた場合、縄文時代は約一万六〇〇〇年前から紀元前九世紀頃(北海道・東北北部では紀元前四～前三世紀頃)となり、その期間は約一万数千年間になる。長らく大平山元Ⅰ遺跡の年代は世界最古として取り上げられてきたが、二〇一二(平成二十四)年に中国の仙人洞窟(江西省)で約二万～一万九〇〇〇年前とされる土器が報告され、現在も議論が続いている。近年、主要な土器出現期の遺跡が確認されている地域は、南中国、日本列島、極東ロシア、シベリア、西アフリカなどであり、土

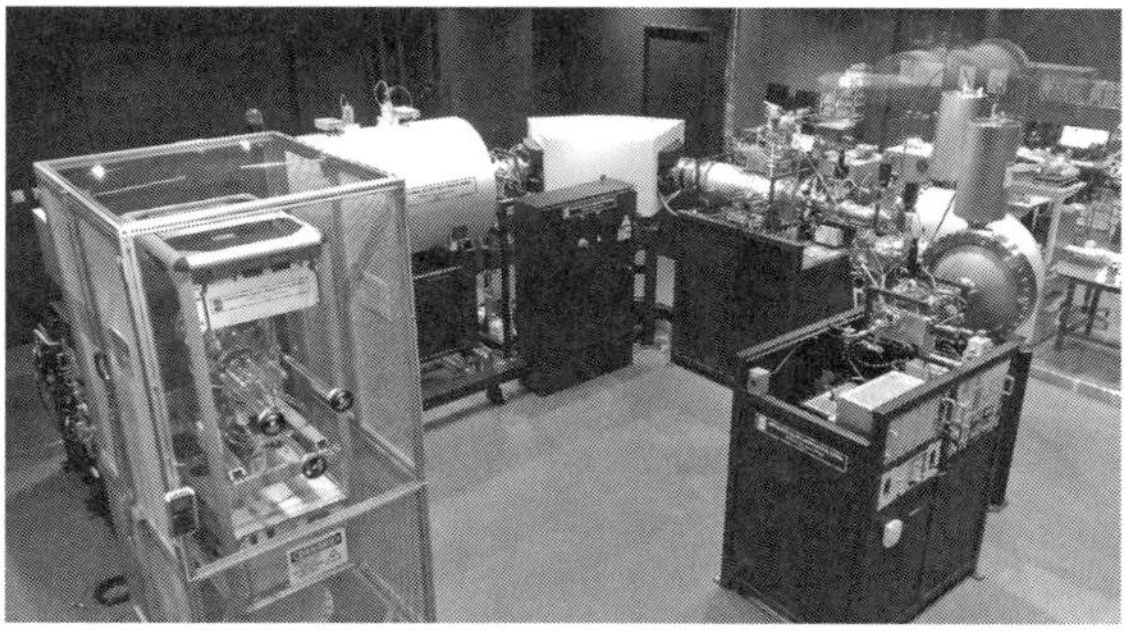
図1　加速器質量分析計(東京大学総合研究博物館)

器の発生は、単一起源よりは同時期に多地域で発生した環境適応戦略とする説の方が有力になりつつある。

図2　橋本一丁田遺跡(2次)より出土した方形浅鉢
(夜臼Ⅰ式土器、福岡市埋蔵文化財センター提供)

弥生時代開始年代論

二〇〇〇年代以降は、加速器質量分析法による年代値が数多く報告され、幅広い考古遺跡資料に対して年代検証が実施されてきた。とくに、二〇〇三(平成十五)年の日本考古学協会では、国立歴史民俗博物館の研究チームによって、弥生時代開始年代の見直しに関する重要な発表が行われ、学界に大きな衝撃を与えた[春成ほか 二〇〇三]。この発表は、おもに土器付着炭化物のAMS年代を根拠に、弥生時代早期の開始を従来の紀元前五世紀から紀元前十世紀にさかのぼらせるというものである。橋《はし》本《もと》一《いっ》丁《ちょう》田《だ》遺跡(福岡県福岡市)第二次調査出土の方形浅鉢(夜臼《ゆうす》Ⅰ式)の外面に付着した炭化物の2765±40 BPという年代値(暦年では紀元前十~前九世紀代の年代)が有名である(**図2**)。

この弥生開始年代については、理化学的な問題として、①暦年較正年代値の解釈、②土器付着炭化物の由来などから批判が行われている[田中 二〇一一など]。橋本一丁田遺跡の暦年較正年代値は、1007~823cal BC(IntCal 20で較正)になり、もっとも新しい年代値を採用すると、紀元前九世紀後半になり、紀元前十世紀まではさかのぼらない。暦年較正年代値は、確率分布で表示されるため、最古値・中央値・最新値のどの値を採用するかによって年代の解釈が多少異なってしまう。今回の年代値単独では一八〇年程度の幅をもった年代範囲になることには注意が必要である。また、その当時の暦年較正曲線が、日本と国際版で相違があるのではないかということも指摘された。これに対して、国立歴史民蔵博物館の研究チームは、黄幡《おうばん》一号遺跡(広島県東広島市)出土のヒノキ加工材の年輪試料を用いて、日本と国際版とに違いがないことを立証している[尾嵜・今村二〇〇七]。このほかに、測定試料が土器付着炭化物の場合、燃料に古い樹齢をもつ材が含まれる可能性(古木効果)や、海産物を煮炊きした際の海洋リザーバー効果により、年代が古くなってしまうことが懸念されている。海洋リザーバー効果の有無については、炭素・窒素同位体分析を併用することで、ある程度は把握することが可能であるが、外面のススに古い燃料材の影響があるかどうかは検討が難しい。ただし、二〇一八年には、宇木汲田《うきくんでん》貝塚(佐賀県唐津市)の弥生時代早期(Xａ層、夜臼Ⅰ式)出土の炭化米が分析され、2700±20 BP・2640±20 BP(900~789cal BC)の年代値が報告されている[宮本二〇一八]。土器付着炭化物以外でも、紀元前九~前八世紀の可能性が示されている。

現状では、弥生時代早期の開始年代は、従来の紀元前五世紀から相当さかのぼり、紀元前九世紀頃までさかのぼるとする説が大半といえる。弥生時代開始年代を議論するうえで重要なことは、考古学的解釈の違いと、放射性炭素年代測定法の方法論的な問題を分けて認識し、両者の根拠を明示しながら議論を深めることである。弥生時代のほかに、二〇〇九(平成二十一)年には、同研究チームによって古墳時代の年代に関する発表も行われ、議論が継続している。

5 放射性炭素年代測定の展望

年輪年代法との連携

年輪年代法は、年輪パターンの比較を用いて、木材の年代を正確に特定する年代法である。標準年輪曲線との一致度が高ければ、その木材の年代を一年精度で決定することが可能である。日本考古学でもっとも著名な年輪年代法の測定結果は、池上曽根《いけがみそね》遺跡（大阪府和泉市）の事例である。一九九六（平成八）年に、同遺跡の大型掘立柱建物の柱材の年代が紀元前五二年と測定された。この測定結果は、のちに放射性炭素年代測定法とのクロスチェックがなされており、両年代測定法の信頼性が確認されている。

前述したように、一九八〇年代以降、国際的な暦年較正曲線を作成するために、過去の年輪の^{14}C濃度が膨大に測定され、データベースが構築された。日本においても国立歴史民俗博物館の研究チームを中心に、年輪年代法と連携して、日本産樹木年輪の分析が進められた。暦年較正曲線は、各年輪の^{14}C濃度の経年変化を反映して凹凸（wiggle：ウイグル）をもつ曲線になっている。年代間隔がわかる試料（木材年輪や年縞堆積物など）を対象に、複数の年代測定を行い、この暦年較正曲線の凹凸パターンと照合して、年代値を確定させる方法をウイグルマッチング法と呼ぶ。暦年較正曲線とのマッチング度合いが高ければ、暦年代を大幅に絞り込むことが可能になる。縄文時代の試料では、三内丸山《さんないまるやま》遺跡（青森県青森市）のクリ材、青田《あおた》遺跡（新潟県新発田市）出土の掘立柱建物、真脇《まわき》遺跡（石川県能登町）出土の環状木柱列などの報告事例があり、成果を挙げてきた。同分析法は巨大噴火の年代を決定する際にも有効で、中国と北朝鮮の国境にある白頭山の巨大噴火が西暦九四六年であったことを解明している。また、二〇一三年の暦年較正曲線「IntCal 13」では、福井県水月湖《すいげつ》の年縞堆積物、二〇二〇年の最新版「IntCal 20」では、日本産樹木の年輪データが採用されている。「IntCal 20」では、西暦一〜三世紀(弥生時代から古墳時代)の範囲が見直されており、日本産試料が大きな貢献を果たしている。

最近では、単年輪の木材試料を利用して、過去の^{14}C濃度変化のイベントを見つける研究が注目されている。三宅芙沙氏らは、二〇一二・一四(平成二十四・二十六)年に屋久スギを用いて西暦七七五(宝亀六)年、西暦九九三(正暦四)年の年輪に急激な^{14}Cの濃度上昇があることを発見した。この原因は、太陽フレアによる大規模な太陽電子放出現象による宇宙線の急増が原因と考えられている[Miyake et al, 2012, 2014]。この急増は、「^{14}Cスパイク」と呼称され、単年での急激な^{14}C濃度変化を用いて、年輪などの年代を決定する方法を^{14}Cスパイクマッチ法と呼んでいる。

このほかに、近年では、中塚武氏によって樹種に依存しない新たな酸素同位体比年輪年代法が提案されている[中塚 二〇二一]。この方法では、おもに中部日本の年輪セルロース同位体比から、過去の気候学的な経年変化が復元されている。今後、日本各地での標準変動パターンが作成され、考古学的な事象と気候変化の関係が解明されることが期待される。

新たな測定資料や研究動向

おもに二〇〇〇年代以降について、弥生時代開始年代に関する理化学的な分析と議論を中心に触れてきたが、新たな測定資料や研究動向についても紹介しておきたい。AMS法導入の考古学における最大の利点は、測定試料量が飛躍的に微量になったことであるが、前述の土器付着炭化物のほかにも、繊維土器や土壌構成物質などの放射性炭素年代測定が試みられている。微量試料へのあくなき追究は現在も進行中である。加速器側の開発では、加速器自体の小型化やガスイオン源に関する課題で進展がみられる。とくに、二酸化炭素を効率的にイオン化できるガスイオン源の開発が進み、マイクログラムオーダー重量の測定が可能になってきている。日本では、二〇一七(平成二十九)年に大森貴之氏を中心とした東京大学の研究チームによって、従来のグラファイトから、セメンタイト・ターゲットに変更した新たな極微量分析法が考案され、すでに成果が挙げられている[大森ほか 二〇一七]。グラファイトでは、通常約一ミリグラムの炭素量を必要とするが、セメンタイトではその一〇分の一(約〇・一ミリグラム)の炭素量でも測定が可能となっている。

海外では、骨資料に含まれるコラーゲンの個別アミノ酸や、土器に残存する脂質などの極微量年代測定がすでに実施されている。また、堆積物中の花粉を抽出し、年代測定する研究も進められている。日本では、縄文時代最末期の江辻《えつじ》遺跡(福岡県粕屋町)出土土器内部に残された極微量の炭化種実など(土器包埋炭化物と呼称)の分析が試みられ、新たな角度から大陸系穀物の渡来時期が議論されており注目される[國木田 二〇二三ａｂ]。また、近年は、暦年較正年代を集成して、旧石器時代や縄文時代の人口動態を復元する研究もあり、年代決定にとどまらない応用研究も進められている。本稿では、考古学における放射性炭素年代測定の研究史や原理を紹介してきたが、同分析法は、考古学や人類学のみならず、古気候、陸上と海洋における炭素循環、生物・医学、美術・工芸品、法医学、野生動物の保護・保全、バイオ燃料評価、贋作同定など多岐にわたる学問分野との連携が進められている。前述した^{14}Cスパイクマッチ法や、酸素同位体比年輪年代法も、日本史と環境変動を考えるうえで重要な方法である。過去の人類活動を議論するためには、研究史や測定原理の理解とともに、新たな分析法にも目を向けていくことが必要であろう。

〈参考文献〉

宇野隆夫　一九八九年「年代」（永井昌文・那須孝悌・金関恕・佐原真編『弥生文化の研究1　弥生人とその環境』雄山閣）

大森貴之・山﨑孔平・椛澤貴行・板橋悠・尾嵜大真・米田穣　二〇一七年「微量試料の高精度放射性炭素年代測定」（『第二〇回ＡＭＳシンポジウム講演要旨集』日本原子力研究開発機構・日本ＡＭＳ研究協会）

尾嵜大真・今村峯雄　二〇〇七年「日本産樹木年輪試料中の炭素14濃度を基にした較正曲線の作成」（『国立歴史民俗博物館研究報告』一三七集）

キーリ（C・T・キーリ）、武藤康弘　一九八二年「縄文時代の年代」（『縄文文化の研究1』雄山閣）

小杉康　二〇一五年「太古の時を追い求めて――時間と考古学」（田山忠行編『時を編む人間――人文科学の時間論』北海道大学出版会）

國木田大　二〇〇七年「年代と時期・時代区分――相対年代と絶対年代・編年・年代測定」（小林達雄編『考古学ハンドブック』新書館）

國木田大　二〇一八年「年代測定・食性分析・遺伝人類学」（日本考古学協会編『日本考古学・最前線』雄山閣）

國木田大　二〇二三年a「極微量^{14}C分析で〝土器を掘る〟」(『考古学ジャーナル』七七九号)
國木田大　二〇二三年b「縄文文化の年代を探る」(『開発こうほう』七一六号、北海道開発協会)
田中良之　二〇一一年「AMS年代測定法の考古学への適用に関する諸問題」(高倉洋彰・田中良之編『AMS年代と考古学』学生社)
中塚武　二〇二二年『気候適応の日本史——人新世をのりこえる視点』(吉川弘文館)
長友恒人編　一九九九年『考古学のための年代測定学入門』(古今書院)
中村俊夫・辻誠一郎　一九九九年「青森県東津軽郡蟹田町大平山元Ⅰ遺跡出土の土器破片表面に付着した微量炭化物の加速器^{14}C年代」(大平山元Ⅰ遺跡発掘調査団編『大平山元Ⅰ遺跡の考古学調査——旧石器文化の終末と縄文文化の起源に関する問題の探究』)
中村俊夫・中井信之・石原哲弥・岩花秀明　一九九〇年「岐阜県森ノ下遺跡出土の縄文土器に付着した炭化物の加速器による放射性炭素年代測定」(『第四紀研究』二八巻五号)
春成秀爾・藤尾慎一郎・今村峯雄・坂本稔　二〇〇三年「弥生時代の開始年代——^{14}C年代の測定結果について」(『日本考古学協会第六九回総会研究発表要旨』)
春成秀爾・小林謙一・坂本稔・今村峯雄・尾嵜大真・藤尾慎一郎・西本豊弘　二〇〇九年「古墳出現の炭素14年代」(『日本考古学協会第七五回総会研究発表要旨』)
藤尾慎一郎　二〇〇九年「弥生時代の実年代」(西本豊弘編『新弥生時代のはじまり第四巻　弥生農耕のはじまりとその年代』雄山閣)
宮本一夫　二〇一八年「弥生時代開始期の実年代再論」(『考古学雑誌』一〇〇巻二号)
山内清男・佐藤達夫　一九六二年「縄紋土器の古さ」(『科学読売』一四巻十二月号)

吉田邦夫　二〇〇五年「^{14}C年代測定の新展開——加速器質量分析（ＡＭＳ）が開いた地平」（『RADIOISOTOPES』五四巻七号、日本アイソトープ協会）

米田穣　二〇一三年「放射性炭素年代による考古科学の実践」（『考古学ジャーナル』七七九号）

Miyake, F., K. Masuda, M. Hakozaki, T. Nakamura, F. Tokanai, K. Kato, K. Kimura and T. Mitsutani 2014　Verification of the Cosmic-Ray Event in AD 993–994 by Using a Japanese Hinoki Tree. *Radiocarbon*, 56(3).

Miyake, F., K. Nagaya, K. Masuda and T. Nakamura 2012　A signature of cosmic-ray increase in AD 774–775 from tree rings in Japan. *Nature*, 486.

あとがき——日本史における考古学の現在と将来

本書はシリーズのうち日本史学における考古学の成果を扱う。独立して一巻を設けたのは、考古学は遺跡から出土した資料を分析の対象にするが、それは時代を問わないことによる。考古学は文字のない時代の研究や歴史叙述にとくにその効果を発揮する。そのための方法論も、ほかの史学と趣を異にした独自性をおびている。放射性炭素(¹⁴C)年代測定をはじめとした自然科学とのコラボレーションもその一つであるが、各種の自然科学系分析の分解能の向上にともなって近年のいわゆる考古科学の進展は著しい。

このような視点から、本書を四つのカテゴリーの論文で構成した。一つ目は先史時代(旧石器時代〜弥生時代)の諸問題、二つ目は古代(古墳時代〜平安時代)から現代の諸問題であり、山川出版社の高校の日本史教科書『詳説日本史』(以下、教科書)の編年的な記述に対応させた。三つ目は国際関係、多文化主義、戦争やジェンダー論といった現代の社会問題に対する考古学のアプローチを扱い、四つ目は動物考古学、植物考古学および年代測定や同位体比分析などの考古科学に関わる論考である。

1 先史時代の課題

日本史に限らず、教科書は新説の掲載に時間がかかる。新説が妥当であると学会が評価し、それが定着するという認知度の高まりが要求されるからである。日本に旧石器時代（当時は「無土器文化」と呼ばれていた）が存在していたことの認識は、一九四九（昭和二十四）年の群馬県みどり市岩宿遺跡の発掘調査を契機とする。一九五〇年代には旧石器時代の遺跡が全国的に続々と報告されるようになったが、高校の日本史教科書に掲載されるのは一九六五（昭和四十）年をまたねばならず、およそ一五年を要した。

日本の旧石器時代がどこまでさかのぼるのかについては、一九六〇年代から前・中期旧石器の可能性のある資料が指摘されていた。一九七〇年代半ばから八〇年代に入ると四万年前以前の石器が発掘調査によって見出されるようになり、徐々に調査例の増加と年代の遡上を重ねてついに七〇万年前にさかのぼった。しかし、それらがすべて捏造であることが二〇〇〇年に判明した。

日本考古学協会が事の重大さに鑑みて迅速に対応し、これらの資料の成否を検証した［前・中期旧石器問題調査研究特別委員会編 二〇〇三］。検証の結果、現在誰もが認める日本列島最古の旧石器はおよそ三万八〇〇〇年前となり、教科書もそう記述している。一方で、そこに旧石器時代の上限を押し込めているのは「羹《あつもの》に懲りて膾《なます》を吹く」前・中期旧石器捏造問題アレルギーではないかとするのが佐藤宏之氏である。岩手県遠野市金取《かねどり》遺跡や長野県飯田市竹佐中原《たけさなかはら》遺跡A地点のような確実性の高い中期旧石器遺跡を含めて、佐藤氏論文（本書の1）では後期旧石器時代をさかのぼる遺跡は六〇カ所ほどになるという。ただし、この中には群馬県伊勢崎市権現山《ごんげんやま》遺跡第一地点出土石器のように評価が分かれる資料を含むので、この問題が決着するにはまだ時間を要するだろう。

工藤雄一郎氏(3)、根岸洋氏(5)、福永伸哉氏(8)の論文は、それぞれ旧石器時代／縄文時代、縄文時代／弥生時代、弥生時代／古墳時代の時代区分を扱う。一般的に歴史学の時代区分は「特徴的で、重要で、普遍化していく考古資料の出現をもって画期とする」という原理にもとづく。教科書ではこの原理に照らして土器の出現を縄文時代の開始の指標とする。

およそ一万年前の後氷期の温暖化の中で土器の使用が開始され、それが縄文時代の幕開けを告げるものであったという後氷期適応仮説は、土器の出現と環境変動が年代的に整合性をもつことから広く受け入れられ、教科書の説明にも用いられた。しかし、AMS法による放射性炭素(^{14}C)年代測定の高精度化と較正曲線による実年代推定により、土器の出現はおよそ一万六〇〇〇年前の寒冷な氷期であることが判明した。土器の出現年代が氷期にさかのぼることと、温暖化を土器の出現の背景とみなす後氷期適応仮説とは矛盾するのである。工藤氏が指摘するように、現行の教科書ではこの矛盾が解消されないままになっているので改める必要がある。ただし、縄文文化が後氷期の温暖な気候に適応して繁栄を遂げたことは事実なので、それと時代区分の整合性をどのようにはかるのかが課題となろう。

教科書では弥生時代の始まりの指標を水稲耕作にしているが、根岸氏が書いているように、そう単純化することについては異論がある。中沢道彦氏論文(4)によると、土器の表面についた種実の圧痕を分析することで、農耕の始原の状況が解明されつつある。こうした研究の結果、中部高地地方や関東地方は弥生時代前期に水稲耕作を導入する一方、アワ・キビの雑穀栽培を積極的に行い、ドングリ類といった縄文時代の豊富な食料資源のバリエーションを維持していたことがわかってきた。佐々木由香氏論文(18)では、植物考古学の立場から教科書と同様にそれを弥生文化の範疇で理解しているが、藤尾慎一郎氏は青銅器による稲作儀礼や階級社会化がともなわないので弥生文化からはずす。たんに水稲耕作を行うだけでは弥生文化といえないというのである[藤尾 二〇一三]。

米田穣氏の論文(19)では、アワ・キビなどをたんなる食料源とする生業体系を低水準食料生産体系とする。それに対して真の〝農業〟とは、そこで栽培される植物が社会資本である状態を指すので、低水準農耕を縄文農耕の延長ととらえて弥生文化の生業とはみなさない。藤尾氏や米田氏の意見を認めれば、教科書も書きかえる必要が生じる。

2 古墳時代以降の課題

巨大な前方後円墳である奈良県桜井市箸墓《はしはか》古墳の成立が古墳時代の幕開けであるとする福永氏の説(8)は、教科書の理解と一致する。近年の年代測定の結果によるとその築造は三世紀半ばを前後するとされる。この説に対して、寺沢薫氏は奈良県桜井市纒向石塚《まきむくいしづか》などそれに先行する全長が一〇〇メートルほどの大型の墳丘墓を前方後円墳とみなす立場に立つが[寺沢 二〇一三]、寺沢説も一定の支持を得ている。

古墳時代の研究はおもに古墳を素材になされてきたが、資料的な制約も手伝って首長の居館や民衆の集落などの研究は手薄であった。若狭徹氏(9)がフィールドとする群馬県域はこの問題を解決する格好の場であるが、それは首長墓系譜をたどりうる豊富な古墳の存在に加えて、古墳時代に噴火した火山の噴出物によって埋もれた遺跡の発掘調査成果が近年急速に蓄積されてきたことによる。

教科書に掲載されている居館跡の高崎市三ツ寺《みつでら》I遺跡、集落跡の渋川市黒井峯《くろいみね》遺跡はともにこの地域の重要な遺跡である。近隣の古墳とともにこれらの遺跡を分析した結果、若狭氏が描いたのは、地域首長の農業王・治水王・産業王という性格モデルであった。王権の膝元である奈良県域でも、葛城氏の本拠地に所在する御所市南郷《なんごう》遺跡群で高殿とされる巨大な建物跡が出土した極楽寺《ごくらくじ》ヒビキ遺跡や水の祭りの跡が検出された南郷大東《おおひがし》遺跡など研究材料が整ってきたので、やがて教科書に反映されるであろう。

林部均氏論文(11)は、藤原京に条坊制による方形の区画が設けられた点がそれ以前の王都・王宮とのあいだの大きな差だとする。都市の体裁が整いつつあることがわかるが、飛鳥京などからすれば都市は一夜にしてできたものではなく、それは前方後円墳体制下における社会を初期国家とみなす国家概念の議論と重なる。都市の概念をめぐって社会学のあいだに歴史学とはまた違うとらえ方があり、社会学との協業による一九九〇年代の弥生環濠都市をめぐる議論が思い起こされる。大阪府池上曽根《いけがみそね》遺跡が都市だという評価はいきすぎだとしても、教科書の注に記載されている奈良県桜井市纒向遺跡は、文献史学の側からも都市の可能性が指摘されている。

文献史学と考古学の協業の有効性は、千田嘉博氏が主導する中近世の城郭考古学にも当てはまり、千田氏論文(12)では考古学と他分野の学際的な協業によって多面的に解決に向かう新しい研究スタイルの必要性を訴えている。

千田氏論文の主張のもう一つの柱は、文化財の保存と活用の問題である。例えば名古屋城の復元はできる限りもとの状態にするというたてまえで進行している。それはよいことだが、そのためにエレベーターを設置しないのは、文化財を利用・活用する者を誰も取り残さないという理念にもとる。櫻井準也氏論文(13)で取り上げられた近代化遺産・産業遺産としての東京都港区の高輪《たかなわ》築堤は、再開発の発掘調査により都心にあって奇跡的に築堤の石垣が延々と姿を現した。その迫力は部分保存ではまったく損なわれてしまう。どこにもない歴史的価値のきわめて高い遺構を壊してどこにでもあるような高いビルを建てるのがよいこととはとても思えない。

3 社会問題

北海道島と南西諸島は、いずれも弥生時代に農耕文化を受容せず、独自色の強い民族社会を築いていった。対外交流によって経済的な繁栄をみせる点も共通し、アイヌ文化とグスク時代がいずれも十二世紀頃に成立するのは、中世的物流の発展的展開を介さないことには説明が難しい。一方、琉球が国家を形成したのに対して、アイヌ民族は国家形成に至らなかったのは大きな違いである。その点を関根達人氏と宮城弘樹氏に対比的に書いてもらった(15)。

アイヌ民族は豊富な天然資源を交易に活用した地域集団であるが、そこに統合の機運がなかったのに対して、琉球では農耕を開始しそれをめぐる各種の調停や対外貿易を司る按司の出現などが国家形成の端緒になったというのが両氏の答えである。交易システムの違いに国家形成と非形成の要因があるようだが、縄文文化以来の社会関係を維持したアイヌ民族に対して、琉球は中国との関係を深めるという弥生文化と同じ社会変化をトレースした差も大きいだろう。

菊池実氏(14)が取り組む「戦跡考古学」の提唱者、當眞嗣一氏は戦跡考古学を「沖縄戦における戦争遺跡や戦争遺留品という過去の物質的資料を認識の手段として、住民を巻き込んだ悲惨な沖縄戦の実相を考古学的手法により記録していくこと」と定義した［當眞 一九九六］。沖縄戦はとくに本島南部が激戦地になったが［外間 二〇一二］、一九七〇年代の前半に豊見城市にある第二四師団の野戦病院があった自然洞窟の探査において、その遺留品の生々しさに圧倒された体験にもとづく提唱であった。

菊池氏は中国ハルビンで対ソ戦に備えて日本軍が設けた虎頭要塞の日中共同調査に参加した。現在では戦跡考古学の定義も広がり、日本の植民地であった海外にも研究の範囲はおよぶ。海外に残された日本軍の戦跡遺跡も調査研究や保護の対象であり、当事国に働きかけてともにその歴史的な価値を引き出し残していくことが望まれる。恩讐を超えた協業が戦争の贖罪にもつながるのではないだろうか。

教科書では国際関係の重視がうたわれる。弥生時代は日本列島ではじめて大陸との交通が恒常化した時代であり、東アジアという国際舞台への登場の画期であった。教科書では三世紀という古墳時代出現前夜の重要な時期を「邪馬台国連合」の見出しで記述するが、その内容はほぼ「魏志」倭人伝によっている。上野祥史氏論文(7)や福永氏論文(8)で扱われた中国鏡など大陸との交渉を物語る考古資料の動向も、記述の参考とすべきであろう。

古墳時代中期の五世紀は、朝鮮半島など大陸との関係が政治的な緊張の高まりを背景にさらに深まった時代である。その一方で、高田貫太氏論文(10)は、近年明らかにされつつある馬匹《ばひつ》生産や渡来系の人々の集落や墓といった生活に密着した交流の知見が教科書にもっと取り入れられるべきだと指摘する。いろいろな角度から対外関係を豊かに描きうる考古学の成果をさらに反映させたいものである。

社会問題の最後はジェンダー論である。光本順氏論文(16)にあるように、考古資料には性に関わる遺物の種類が多いが、これまでは男女二元論的視点からの分析がほとんどであった。奈良県斑鳩町藤《ふじ》ノ木《のき》古墳の石棺合葬例にみる同性合葬をどのように解釈するかなど、このステレオタイプが打ち破れるか否かは考古資料の見方にも左右される。その前提となる古代の婚姻関係はジェンダー論の重要な課題だが、DNA分析がそれを解明する重要な役割を担うようになってきた。

4　考古科学をめぐって

先史・古代の婚姻形態の分析で文献以外に有効な手段は、人骨の分析である。発掘された人骨どうしの血縁関係の有無などの判別に歯冠計測が用いられてきた[田中 一九九五]。それによって、夫婦合葬は五世紀、いわゆる家父長制の成立は六世紀を待たねばならないとされ、古代の婚後居住規定を妻問婚の選択居住婚であるとする古代史の説と整合性が高いことから半ば定説のようになっている。しかし、太田博樹氏(2)によれば、母系遺伝のみに限られるミトコンドリアDNAの分析による血縁関係は集団の系譜関係の分析に適用できる程度であり、親族組織レベルの解明となると核DNA分析を含むもっと精度を高めた分析の必要があるとされ、ましてや歯冠計測では対応することは難しい。

DNAの分析が考古学の立てた仮説を検証し、歴史叙述に貢献するのはそればかりではなく、多岐におよぶ。海部陽介氏論文(2)によると、縄文人骨の形質は北海道島から南西諸島に至るまでかなり共通性があるとされてきた。しかし、ミトコンドリアDNAの系統に明瞭な地域差があることもわかってきた。つまり縄文人のミトコンドリアDNAはM7aとN9bの二つの系統のハプロタイプ(片親由来の遺伝子型)に代表され、それぞれが西日本から南西諸島と東日本から北海道島に多く分布しているという[篠田 二〇二二]。

それらのハプロタイプの成立は旧石器時代にさかのぼるので、佐藤氏論文(1)で示された後期旧石器時代前半期の石器群の二極構造をもたらしたユーラシア北部の現生人類拡散・日本列島への渡来ルートと関係しているのであろう。それは縄文人のルーツを示すものでもあり、太田氏らが進めるゲノム解析に諸問題の解明の期待がかかる。

形質人類学で提唱されたいわゆる二重構造モデルは、在来の比較的均質な縄文人の形質が渡来人によって変化し、大きく分けると在来系と渡来系の二重の状況が生じたという日本人の由来にとっても有力なモデルであるが、これもゲノム解析によってもっと細かいデータが提示されつつある[篠田 二〇二二]。さらに、群馬県域に縄文系のDNAをもつ人々が農耕の定着後もかなりの期間にわたって存在していたことが判明した[藤尾編 二〇二四]。大陸系のDNAをもつ弥生人との共生関係の解明に期待がかかる。一〇年後には教科書を書き改めるような成果が出されることであろう。

DNA分析を含む自然科学的な手法を用いた研究分野は考古科学と呼ばれており、今や考古科学なくしては考古学が成り立たないような状況である。米田氏らが主導する炭素・窒素安定同位体比による食性分析(19)、ストロンチウム同位体による移動論、硫黄同位体による朱の産地推定、鉛同位体比による青銅器の原料産地の研究など各種同位体比による研究も多角的である。

もちろん土器の編年など純粋考古学の重要性は変わらないが、生活史を重視する研究分野で考古科学や動物考古学、植物考古学の成果や役割の重要性は増すばかりであるし、すでに述べたようにその適用は先史時代に限ったことではない。例えば中塚武氏を中心に進められている酸素同位体比分析が、気候変動など地球環境の変化にともなう人間の営みといった通時的な問題群への取り組みにきわめて有効なことに端的に示されている。

教科書は政治史的な記述を基本に構成され、古代以降は重要事項が目白押しになるので、どうしても生活文化の記述が少なくなりがちなのは高田氏(10)や林部氏(11)も指摘するところである。こうした偏った歴史叙述の見直しにとって、植月学氏論文(17)や佐々木氏論文(18)でまとめられているように、文献に現れにくい動物や植物の扱い方の歴史にアプローチしうる動物考古学・植物考古学の生活文化史への貢献は特筆すべきであろう。この二つの学問領域も、やはりＤＮＡ分析や同位体分析を取り込みながら課題解決を推進し、目覚ましい成果を挙げている。現行の教科書に、これらの成果を反映させる工夫を凝らさなくてはならない。

國木田大氏論文(20)にあるように、考古科学は弥生時代実年代論に大きな影響と効果をもたらした。弥生時代開始年代が五〇〇年ほどさかのぼるという問題提起を国立歴史民俗博物館が発してから二〇年を経て、ようやくその成果が教科書の本文に掲載されるようになった。細部調整の問題があるのは設楽博己論文(6)を併読してもらいたいが、これも酸素同位体比年輪年代法[中塚 二〇二一]など同位体を用いた考古科学に負うところが大きい。

〈**参考文献**〉

篠田謙一　二〇二二年『人類の起源――古代ＤＮＡが語るホモ・サピエンスの「大いなる旅」』(中公新書)

前・中期旧石器問題調査研究特別委員会編　二〇〇三年『前・中期旧石器問題の検証』（日本考古学協会）
田中良之　一九九五年『古墳時代親族構造の研究――人骨が語る古代社会』（柏書房）
寺沢薫　二〇二三年『卑弥呼とヤマト王権』（中公選書）
當眞嗣一　一九九六年「戦跡考古学」（『西原町史第五巻』西原町）
中塚武　二〇二一年『酸素同位体比年輪年代法――先史・古代の暦年と天候を編む』（同成社）
藤尾慎一郎　二〇一三年『弥生文化像の新構築』（吉川弘文館）
藤尾慎一郎編　二〇二四年「特集ＤＮＡと考古学」（『季刊考古学』一六六号）
外間守善　二〇一二年『私の沖縄戦記――前田高地・六十年目の証言』（角川学芸出版）

設楽　博己

執筆者一覧（執筆順）

佐藤 宏之（さとう ひろゆき）　東京大学名誉教授
海部 陽介（かいふ ようすけ）　東京大学教授
太田 博樹（おおた ひろき）　東京大学教授
工藤 雄一郎（くどう ゆういちろう）　学習院女子大学教授
中沢 道彦（なかざわ みひちこ）　長野県考古学会員
根岸 洋（ねぎし よう）　東京大学准教授
設楽 博己（したら ひろみ）　東京大学名誉教授
上野 祥史（うえの よしふみ）　国立歴史民俗博物館准教授
福永 伸哉（ふくなが しんや）　大阪大学教授
若狭 徹（わかさ とおる）　明治大学教授
高田 貫太（たかた かんた）　国立歴史民俗博物館教授
林部 均（はやしべ ひとし）　国立歴史民俗博物館教授
千田 嘉博（せんだ よしひろ）　名古屋市立大学教授・奈良大学特別教授
櫻井 準也（さくらい じゅんや）　尚美学園大学名誉教授
菊池 実（きくち みのる）　元四川外国語大学教授
関根 達人（せきね たつひと）　弘前大学教授
宮城 弘樹（みやぎ ひろき）　沖縄国際大学教授
光本 順（みつもと じゅん）　岡山大学教授
植月 学（うえつき まなぶ）　帝京大学教授
佐々木 由香（ささき ゆか）　金沢大学古代文明・文化資源学研究所
特任准教授
米田 穣（よねだ みのる）　東京大学教授
國木田 大（くにきた だい）　北海道大学准教授

日本史《にほんし》の現在《げんざい》1　考古《こうこ》

2024年5月20日　第1版第1刷発行　　2024年7月31日　第1版第2刷発行

編　者　設楽博己《したらひろみ》

発行者　野澤武史

発行所　株式会社　山川出版社

〒101-0047　東京都千代田区内神田1-13-13

電話　03(3293)8131(営業)　03(3293)8135(編集)

https://www.yamakawa.co.jp/

印刷所　半七写真印刷工業株式会社

製本所　株式会社　ブロケード

装幀・本文デザイン　黒岩二三［Fomalhaut］

ISBN978-4-634-59138-7